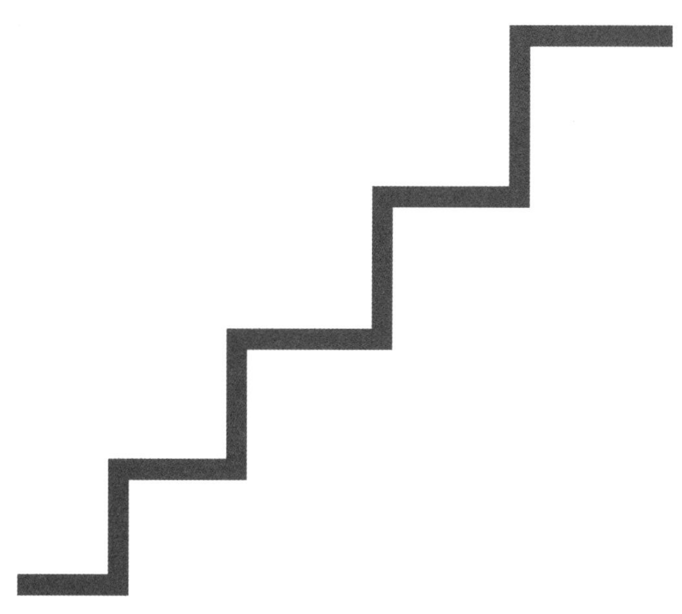

대니얼 카포위츠 Daniel Karpowitz

바드교도소사업단(BPI) 정책 및 학술 국장이며, 바드칼리지에서 법과 인문학을 강의한다. 2001년부터 BPI에서 교수진, 사무국장, 대표로 일했다. 전국적으로 교도소 대학을 설립, 육성하는 조직인 교도소자유교양학협력단 공동 창립자이며, 형사사법과 교도소에서의 고등교육의 이점에 관해 활발히 글을 쓰고 발언해 왔다. BPI에 합류하기 전에는 시카고 변호사인권위원회에서 주거 분리 관련 활동을, 출신지인 필라델피아에서 청년 구금 문제에 대응하는 활동을, 뉴욕에서 인종 기반 보험 보장 활동을 했다. 캘리포니아대학교 버클리에서 수사학을 가르쳤고, 열린사회연구소 소로스 정의 연구원, 미국인문학기금 연구원, 네팔 카트만두 풀브라이트 연구원으로 활동했다. 펜실베이니아대학교에서 최우등생으로 (미국의 우수 학생 및 졸업생 모임인) 파이베타카파 회원 자격 및 학사 학위를 취득했다.

장상미

대학에서 의류학을 전공하고 대학원에서 시민사회 운동을 공부했다. 번역 자원 활동을 하던 시민단체에서 상근 활동가로 일하며 출판 번역을 시작했다. 옮긴 책으로 『가려진 세계를 넘어』, 『거의 모든 안경의 역사』, 『풍요의 시대, 무엇이 가난인가』 등이 있다.

교도소 대학

교도소 대학

대니얼 카포위츠 지음
장상미 옮김

내가 물려받은 것을
나만의 것으로 만들도록
북돋아 준 내 부모님께

[일러두기]

— 외래어는 국립국어원의 외래어 표기법에 따라 표기했습니다.

— 각주는 모두 옮긴이주입니다.

['한국형 교도소 대학'을 꿈꾸며]

어릴 땐 엄마라고 불렀다
어느 순간부터 어머니라 부르기 시작했다
생각해 보니 내 키가 그분보다 커졌을 때부터였던
것 같다

어쩌다 이곳에 들어오게 되었다
그분이 가장 먼저 면회를 오셨다
얼굴을 보자마자 눈물이 쏟아졌다
한참을 울고 난 뒤 '엄마' 하고 불렀다

> 내 키는 여전히 그분보다 크지만
> 마음의 키는 한참 작다는 걸
> 이곳에 들어와서 알게 되었다.
>
> — 교도소 인문학에 참여한 어느 수형인의 시,
> 「엄마와 어머니」 전문

2008년 경희대학교 실천인문학센터 소속으로 경기도 안양시에 소재한 안양교도소에서 2년여 동안 인문학 강좌를 진행했다. 위의 시는 당시 한 수형인이 강의 시간에 낭송한 자작시이다. 시라고 부를 만한 것인지는 모르겠지만, 그가 낭송할 때 수강생 대부분이 눈시울을 붉혔고, 더러는 울음을 터뜨렸다.

강의 첫날 긴장했던 기억이 아직도 생생하다. 그럴 만도 했다. 아무런 사전 정보도 없었고, 경험자의 조언도 듣지 못했다. 어떤 강의를 해야 할지, 목표 혹은 지향점은 무엇이어야 하는지 고민하지 않을 수 없었다. 사전에 자료를 살피고, 함께 논의해야 했지만 준비 기간이 촉박했던 탓에 곧바로 현장에 들어갈 수밖에 없었다.

전례가 없는 건 아니었다. 2007년, 모 단체에서 교도소 인문학 강좌를 시작했고, 민간 교정위원들이 주축이 된 소년원과 교도소, 구치소 교육프로그램이 다양하게 진행되고 있다는 걸 알고 있었다. 그러나 공유된 정보는 없었다. 난감함을 달래는 한편, 뭔가 새로운 시도를 해야 한다는 강박이 컸다. 딴엔 아이디어를 낸 것이 수형인에게 시를 읽고 필사하고 낭송하게 하자는 것이었다.

강의 때마다 시 한 편씩 필사해 오게 했고, 낭송하게 했다. 처음 몇 주는 대부분이 과제를 제출했다. 한 달쯤 지난 뒤부터 과제를 내는 인원이 현저히 줄었다. 이유를 물으니 교도소에 필사할 시집이 더는 남아있지 않다는 것이었다. 그렇게 시 필사가 중단되고 말았다. 고민 끝에 필사 대신 시를 지어보라는 제안을 했다. 과연 써올 사람이 있을지 반신반의하면서. 많으면 다섯, 적을 땐 두 명 정도가 시를 써왔다.

안양교도소 이후로도 교도소 인문학 강좌에 지속적으로 참여했다. 경기도 화성시에 있는 화성직업훈련교도소에서는 대형 강당에 수백 명의 수형인을 모아놓고 강연하기도 했고, 일주일에 한 번씩 소규모의 수형인들과 만나기도 했다. 의왕구치소에서는 일군의 판사와 법무부 직원이 보는 가운데 시범 강의를 하기도 했다. 여전히 긴장되는 일이었지만 의미 있는 일이라 생각하며 열정적으로 임했던 기억이다.

수년 동안 교도소에서 강의했지만, 그게 과연 수형인들에게 어떤 도움이 되었는지 알지 못한다. 인문학 수강 이후의 변화나 재범률 추이 등의 자료를 보지 못했고, 무엇보다 수형인의 직접적인 소감을 들을 기회가 없었다.(교도소 내에서 교도관의 계호戒護 없이 수형인과 직접 대화할 수 없다) 그렇듯 나의 교도소 인문학의 경험과 기억은 서서히 잊혀가고 있었다.

어느 날 유유출판사로부터 추천사를 써달라는 부탁과 함께 두툼한 원고 뭉치를 받았다. 『교도소 대학』이라는 제목의 원고다. 교도소 인문학의 추억을 되살리며 읽어나갔다. 도입부에서부터 충격적이다. 그간 간헐적으로 접했던 교도소 인문학 관련 자료들과 사뭇 다르다.

> 그 사람들이 뭐라고 생각하든 간에 저는 저대로 뚜렷한 상이 있습니다만……. 저는 그게 다르게 사는 것이었으면 해요. 도대체 어떻게 해야 다른 삶을 살 수 있는지 알아내는 것이요. 난생처음으로…… 자기가 어떤 사람이어야 하는지…… 깨닫는 것이었으면 해요, 하지만…… (교도소에선) 그냥 그 사람들이 원하는 대로, 시키는 대로 따르기를 강요할 뿐인 경우가 너무 많아요. (16쪽)

교도소 내 바드칼리지 입학 면접 당시 피터 베이라는

수형인이 면접관 앞에서 피력한 의견이다. 『교도소 대학』은 교수나 연구자의 의견이나 소감이 아닌 수형인의 이야기로부터 출발한다. 바로 그 점이 내가, 그리고 우리가 해왔던 교도소 인문학과 확연히 비교되는 점이다.

『교도소 대학』은 1990년대 말, 바드칼리지에서 맥스 케너와 동료들이 주도한 바드교도소사업단이 처음 시도하고 가장 널리 보급한 교도소 대학 설립 작업을 두루 돌아본 기록이다. 저자 대니얼 카포위츠는 바드교도소사업단의 정책 및 학술국장이며, 바드칼리지에서 법과 인문학을 강의한다. 2001년부터 바드교도소사업단에서 교수진, 사무국장, 대표로 일했으며, 교도소자유교양학협력단 공동 창립자이다.

공유되지 않은 경험은 경험이 아니다. 사회학자 엄기호에 따르면 "체험은 개별적이고 특이해 설명 불가능한 반면, 경험은 오직 관계를 맺을 때 일어난다. 경험은 이야기로 만들어 누군가를 깨닫게 할 수 있다."(엄기호, 『우리가 잘못 산 게 아니었어』에서)고 한다. 국내에서 10여 년 넘게 교도소 인문학이 진행되었고, 지금도 어딘가에서 진행되고 있을 것이다. 그러나 그 소중한 경험들이 사회적으로 공유되지 못한 채 참여 강사와 주관 단체의 개인적, 내부적 체험에 머물러 있는 현실이다. 이제라도 자료가 공유되고, 정보가 흘러서 교도소 인문학에 대한 공론화가 이루어지길 바란다.

『교도소 대학』이 우리에게 던지는 시사점은 뚜렷하다. 그동안 축적한 경험과 정보가 공유되고 공론화되어 사회적 공감대를 형성해 나가도록 하는 것이다. 지난 2005년 한국형 클레멘트 코스(1995년 얼 쇼리스가 설립한 가난한 사람을 위한 인문학 강좌)인 성프란시스대학(노숙인 인문학 강좌)이 설립되었던 것처럼, 이 책의 출간으로 '한국형 교도소 대학' 설립 논의가 본격화하기를 소망한다.

2022년 8월

최준영

최준영 / 거리의 인문학자, 작가, 인문독서공동체 '책고집' 대표. 노숙인, 미혼모, 자활참여자, 교도소 수형인 등 힘겨운 삶을 사는 이웃과 함께 인문학을 매개로 한 만남을 이어 오고 있다. 지은 책으로 『결핍의 힘』, 『동사의 삶』, 『최준영의 책고집』 등이 있다.

[들어가는 말]

교도소 대학은 순응 대 불복, 저항 대 굴종이라는 양극단 사이에 새로운 선택지, 새롭고 대안적인 존재 방식을 창출한다.

연갈색 머리의 피터 베이는 말없이 굳은 채 무표정한 얼굴로 내 앞에 앉아 있었다. 생기 없는 그 눈빛에서 그가 하고 싶은 말이 무엇인지, 얼마나 절실한 마음인지 전혀 드러나지 않았다. 삼십 대 중반 노동 계층 백인 남성인 베이는 9학년 때 학교를 중퇴해 교도소에서 고졸 학력 인정 시험을 통과했다.

베이를 포함해 여러 응시자가 나와 마주 앉은 그곳은

우리가 마련한 대학 입학 면접장이었다. 뉴욕주 북부, 바드 대학 본교에서 한 시간 거리에 위치한 40만 제곱미터 규모의 중경비* 교도소 부지 뒤쪽, 밝은 조명을 켜 둔 휑한 강의실 안이었다. 조그만 탁자를 사이에 두고 마주 앉아 있는데도 윙윙대는 소음에 주고받는 대화가 멀게 느껴졌다. 베이는 지난 2년간 연달아 지원했고 두 번 다 떨어졌다. 기회가 흔치 않은 환경에서 진심으로 원하는 것을 얻으려 노력하는 중이었다. 3년째인 올해 또 지원을 했지만, 상황이 썩 좋지 않았다.

많은 지원자가 그러듯이, 베이는 대학에 지원할 수 있는 곳을 찾아 주 전역의 교도소를 옮겨 다녔다. 1990년대 중반에 의회가 교도소 내 대학을 없애 버린 후로 우리 학교에서 6개 교도소에 설립한 위성대학 외에는 이런 기능을 하는 공간이 거의 없기 때문이다. 교도소 대학 지원자는 논술문 작성 시험을 볼 때나 이후 면접장에 앉을 때나 안간힘을 쓰는 경우가 많다. 어떻게 말해야 '그 대학'에서 좋아할지 아주 사소한 단서라도 찾으려 애쓰고, 자기가 품은 포부와 불안, 의혹을 어디까지 솔직히 드러낼지 고심한다. 그렇게 곤란한 처지에서 선발 과정에 참여하면서도, 지원자들은 언제나 거의 처음 만나는 대학 관계자 앞에서 적극적으로 대화에 임하며 수많은 말을 쏟아 낸다.

* maximum-security, 미국의 교도소 경비 수준은 주별로 조금씩 다르지만 대체로 중경비(maximum), 일반경비(medium), 완화경비(minimum) 순으로 완화된다.

하지만 베이는 거의 말이 없었다. 안간힘 쓰거나 맞서지 않고, 잘 보이려 애쓰지도 않는 게 분명해 보였다. 바싹 마른 입을 축이려고 연거푸 입술을 핥았지만 별 소용이 없었다. 어쩌다 말을 할 때는 마치 말을 잘못 꺼낸 듯이 무겁고 어색한 태도를 보였다. 말투에서는 델라웨어 강변의 탈산업기 항만 지역에서 자란 내 어머니와 아주 비슷한, 식민지 시절의 비음이 섞인 동부 연안 지역 백인 노동 계층 억양이 들렸다.⁑ 면접 시간 내내 베이는 하던 말을 멈추고 자기검열을 하며, 내리 3년째 합격이 어려운 상황을 자초하고 있었다.

과묵한 모습에서 자기를 극도로 억제하려는 노력이 읽혔다. 나는 베이가 앞서 두 차례 응시한 사실을 알고 있었고 지원서류도 다 보았다. 그 베이가 또다시, 동부교도소 내 바드칼리지에 개설될 새 학급의 열다섯 자리를 놓고 경쟁하는 백여 명 사이에 끼어 있었다. 그런데 이번에도 여전히 활기 없고 아슬아슬한 수준의 논술문을 제출했고, 다행히 마흔 명 안에 들어 면접에 와서는 여전히 탈락할 위기를 자초하고 있었다.

멀리 구석에 서 있는 거대한 환풍기가 퀴퀴하고 무거운 공기를 순환시키지도 못하면서 굉음을 내며 돌고 있어 우리 목소리가 묻혔다. 교도소 마당에서 나는 소음도 강화유리창을 뚫고 들어와 맨벽과 타일 바닥을 휘돌며 울려 퍼졌다.

⁑ 미국 남북전쟁 이후부터 제2차 세계대전까지 이어진 공업화, 산업화 시기 델라웨어에서는 공장과 산업도시가 번성했다. 이후 탈산업화하여 금융 및 물류 중심지로 바뀌었다.

베이가 심호흡을 했다.

“저는 이렇게까지” 하고 잠깐 멈췄다가 “이렇게까지 뭔가를 바랐던 적이 없었습니다”라고 말했다. 좀 더 기다려 보았지만 그게 다였다.

내가 말했다. “베이 씨, 입학을 원하시는 건 확실히 알겠고 저희도 그 점을 중요하게 생각합니다. 저희는 고졸 검정고시 성적에는 전혀 관심 없고, 학생에게 이런저런 문제가 있다는 진단도 신경 쓰지 않는 편이에요. 목적을 이루려는 의지와 진지함이 중요하죠. 진심이 아닌 사람, 정말로 공부에 전념할 마음이 없는 사람에게 이 귀한 기회를 낭비하고 싶지 않거든요.” 나는 말을 이어 나갔다. “베이 씨는 이 일을 해 나갈 만한 진정성과 강한 의지를 갖고 있어요. 대학 과정은 정말 어려운데, 베이 씨만큼 그 어려움을 감당하고 앞으로 나아가려는 사람, 한계를 극복하고 우리가 제시하는 만큼 따라오려는 의지를 지닌 사람은 별로 없어요…….”

베이는 더 말이 없었다. 단념한 건 아니지만, 불안에 휩싸인 듯했다.

주변의 말소리에 뒤덮인 채로 생각을 정리할 시간을 주려면 내가 말을 좀 더 해야 할 것 같았다. 그래서 계속했다.

“그렇지만 정말로 하고 싶다는 마음만 가지고는 안 됩니다. 저희는 그것만 보지 않아요. 간절히 원하는 사람이 많고, 그 사람들 모두 웬만큼 진정성을 갖고 있다고 쳐 봐요. 이런 조건에서, 이 자리에 와 있는 사람들에게서 느껴지는 진정성만 가지고 판단을 내릴 수는 없어요. 하지만 기회를 최대한 활용할 사람, 자기가 품은 포부와 저희의 지향 사이에서 공통점을 찾아낼 사람을 찾는 것이 저희로서는 대단히 중요합니다."

베이가 귀를 기울이며 끄덕였다. 내가 그에게 시간을 벌어주고 있는 게 맞기만을 바랐다.

"보세요. 그냥 글쓰기만으로도, 논술문 하나만 잘 써도 대학에 들어갈 수 있어요. 실제로 대학에서 우리가 **하는** 일이 거의 그런 일이니까요. 듀보이스*, 토크빌, 에이드리언 리치⁑ 등등 무엇이든, 저희가 제시하는 지문을 읽고 그에 관해 논술을 작성하는 작업이요."

이제 베이는 할 말을 고르려 애쓰기보다 듣기만 하며 나를 바라보고 있었다.

"베이 씨, 이 면접장을 떠날 때 원래 하고 싶었던 말을 긴장해서 잊어버렸다고 아쉬워하는 일은 없었으면 좋겠어요. 시간은 많습니다."

물론 시간은 많지 않았다. 교도소 복도 양 옆방에 면접 대기자가 가득 들어차 있었다.

* 19세기 말에서 20세기 중반까지 활동한 미국 사회학자이자 인권운동가.

⁑ 20세기 후반 페미니즘 사상가이자 운동가로 활동한 시인.

"본인도 알고 계실 텐데, 베이 씨가 쓰신 논술문을 보면 대학 공부를 할 만한 능력이 보여요. 그러니까 솔직히 말해서, 매번 면접 기회를 얻는 것도 그 때문입니다. 이번이 세 번째잖아요, 안 그래요?"

베이가 말했다. "두 번째예요. 2년 전에는 면접까지 못 왔어요."

잠자코 그다음 말을 기다렸다. 보아하니 베이는 적당한 말을 고르고 있는 것이 아니라 머릿속에 떠오르는 말을 삼키고 있는 듯했다.

"그런데 베이 씨, 논술문은 그래 보이지만 면접에서 그 이상을 보여 주지 않고 있어요. 글을 그렇게 쓰고 **읽는** 것은 대단히 어려운 일이에요. 훈련을 통해 익혀야 하는 습관이고 기술이죠. 근사한 일이라, 결국은 즐기게 될 거예요. 다른 사람이 쓴 글을 머리와 가슴으로 제대로 **읽어 낸다는 것**, 자기 생각과 감정을 글에 녹여 낸다는 것……. 그 어느 것도 '그저' 되는 일이 아니에요. 자연히 **일어나는** 일이 아니란 말이죠. 방법을 배워야 해요." 여기서 잠시 멈췄다. "논술문을 보면 가능성이 있어요. 그러니 면접 기회를 얻으신 거고요."

"첫해는 빼고요." 자기비판과 자책이 뒤섞인 미소를 띠며 베이가 덧붙였다. 그의 입장에서는 우리의 요구사항이 난해하고, 무엇을 선호하는지 불투명하고, 결정 방식이 오락가락한다고 비난할 법도 했다. 나는 베이가 말을 더 꺼내 주기 바라며 기다렸다.

그러다 경솔하고 방어적으로 덧붙였다. "확실히 대학에 자리가 많지 않기는 하죠."

이제 베이는 나 때문에 더 입을 열기 어렵게 되었다. 권한을 가진 사람이 자기 행동을 정당화하려고 희소성을 들먹이는 건 비겁한 짓이다. 나는 내 멋대로 판단하고 결정을 내리려 했다. 그리고 다른 동료들이 그랬듯, 우리 선발 절차의 단점을 실토해야 했다. 바드 같은 대학에서 학생에게 요구하는 학문적 엄격함과 개별화된 학습 방식을 그대로 적용하기 위해서, 우리는 매년 신입생 규모를 작게 유지하려 애썼다. 물론 정말로 '희소성'이 제1원칙이었다면, 학비를 도저히 감당할 수 없는 학생들과 함께 어떤 공공 기금 지원도 없이 중경비 교도소에서 최고 수준의 자유교양대학*을 운영하겠다고 거기 앉아 있지는 않았을 것이다. 데이비드 흄이 **정의는 결핍에서 시작된다**고 했지만 나는 늘 그 말이 틀렸다고 생각했다. 아주 간명하고, 아주 직관적이며, 아주 잘못된 말이라고.

내가 재차 시도했다. "베이 씨, 저희가 논술문을 읽을 때 말이에요. 교수진, 직원 등 학교 운영진 전원이 달라붙어서 한 편 한 편 직접 다 읽어요. 다섯 명이서 각자 순위를 매기고

* liberal arts college. 'liberal arts college'를 인문대학으로 번역하는 경우가 많지만, 미국에서 이는 인문학humanities보다 넓은 의미에서 자유시민의 소양을 키우는 학교를 가리키는 말로 쓰인다. 여기서는 자유교양대학으로 옮긴다.

함께 의논도 하면서 백 편에서 이백 편에 달하는 논술문을 읽는단 말입니다. 해마다 한두 번씩 그 작업을 하는데, 물론 재미있기도 하고 매번 자극도 받지만 상당히 고생스러운 일이에요. 어쨌든 그중에 정말 누가 봐도 준비가 되어 있거나 가능성이 있다 싶은 사람이 보통 네다섯 명 정도 나와요. 우리가 주목하는 건 이런 점이에요. **제시한 지문을 잘 읽고 있는가? 그 내용을 이해하는가? 자기 앞에 놓인 저자의 글에 진정으로 집중할 수 있는가? 통찰력이 담겨 있거나 섬세한 글을 쓰는가? 한 문장, 한 단락을 온전히 쓸 수 있는가? 글에 구조가 갖추어져 있는가**? 이런 것이죠."

말을 계속 이어 나갔다. "하지만 백여 편 중에서 그 네댓 편을 제외하면, 나머지는 굉장히 애매해요. 그래도 저희는 교도소 대학이 '바깥 세계'와 아예 다른 교육과정이 되지 않게, 똑같이 수준 높고 까다로운 선발 과정을 적용하기로 정했어요. 이렇게 면접을 하는 것도 그 때문입니다. 지원자가 자기에게 의미가 있다고 생각하고, 관심을 가지고 자극을 얻는 지점이 무엇인지 말할 기회를 추가로 주는 거예요. 저희가 제시한 지문에 대해. 대학에 대해. 읽기에 대해. 아니면 감옥에 관해서라도. 쓰는 것보다 말하는 편이 더 쉬울지도 모르는 일이니까요."

베이가 진지하게 고개를 끄덕였다.

나는 그동안 백 번은 했던 말을 되풀이하고 있었다.

베이가 입술을 핥으려 했다. 나는 벽이나 내 손목에 있는 시계를 보지 않으려고 애썼다. 시간이 다 되어 가고 있었다.

"그래요. 대학이 어떤 곳인지 상상하기 어려울 수 있다는 걸 이해해요. 들어가 본 적이 없고, 고졸 검정고시도 여기서 통과했으니까요. 그건 괜찮아요. 일단 들어와 보면 알게 될 겁니다." 이 말을 하기 민망했다. 할 말이 바닥났지만 계속 이어 나갔다. "대학이 어떤 곳인지, 나에게 어떤 의미가 될지, 내 삶의 특정 부분에서 얼마나 중요하거나 중요해질지를요."

베이가 경청하면서 살짝 고개를 끄덕이고는, 다시 기다렸다.

"왜 **여기**입니까? 베이 씨, 왜 대학에 오려고 하세요?"

베이가 "그 사람들" 하고 멈추었다가 "그 사람들은 말이에요……"까지 말하더니 입을 다물었다.

"보세요, 베이 씨. 저는 여기서 일하는 사람이 아니에요. 저희 교수진은 교정부 방문자 자격으로 여기 와 있고, 되도록 그 자격에 충실하려고 해요. 하지만 저희 소속은 대학이에요. 교육자이자 학자로서, 새로운 학생을 찾으러 선발 기간에 여기로 온 겁니다. 마음을 털어놔 보세요."

"그 사람들은 갱생이라는 걸 자기들 식으로 해석해요."

나는 기대감에 눈썹을 치켜올리며 베이를 바라보았다.

"그 사람들이 누구죠?" 내가 물었다.

"네." 마른 입술을 혓되이 혀로 축이며, 베이가 느릿느릿 대답했다. “왜 그걸 묻는지 알겠어요. 너무 막연한 표현이죠.”

순간, 베이의 얼굴에 진심 어린 미소가 퍼지는 듯했다.

“‘그 사람들’이라는 건 여기, 이 공간을 운영하는 사람들을 가리킨 겁니다. 교도관. 민간인 직원들 말이에요.”

그날 오전 거의 처음으로, 베이는 내가 듣고 있다는 걸 의식하면서 자기가 하는 말이 타인에게 어떻게 들릴지 가늠하고 있었다. ‘자기의식’과 자기검열을 하는 수준을 넘어 외부의 관점에서, 즉 나와 대학 측의 입장에 서서 사고하고 있었던 것이다.

베이가 말을 이었다. “제가 ‘그 사람들’이라고 할 때는 그냥 이 사람 저 사람을 가리키는 것이 아니라 ‘체제’를 의미하는 것 같아요.” 그는 실제 손동작으로 따옴표를 그리며 말했다.

“저기요, 베이 씨, 저는 항상 ‘그 사람들’이 누구냐는 질문을 해요. 한번은 한 학생이 저를 보고 웃으며 대답하더군요. ‘글쎄요, 제가 어릴 적에 ‘그 사람들’은 55번가와 플랫부시 사이에 사는 사람 전부를 뜻했는데요.’ 그러기에 제가 ‘그래서 지금은요?’ 하고 물었더니 굳어진 얼굴로 답했어요. ‘교도소지요.’”

우리는 잠시 말없이 있었다. 내가 다시 입을 열었다.

“우리가 당연시하는 것이 드러나죠. 저는 ‘그 사람들’이라는 말을 쓸 때마다 제 마음을 들여다보고 주위를 살펴보아요. 그러면 그 말을 할 때 무슨 생각을 하고 있었는지, 무엇을 당연하게 여기고 있었는지 깨닫게 돼요."

베이가 미소가 가신 얼굴로 고개를 끄덕이고는 진지하게 덧붙였다. "자신이 어디에 있다고 생각하는지 알 수 있지요. 어디까지 갈 수 있고." 그가 잠시 멈추었다가 "어디는 못 간다고 여기는지도"라고 말했다.

나는 더 이야기해 주기를 기대하며 베이를 바라보았다.

"경계에 대한 감각……. '우리'와 '그 사람들'을 나누는 선이요." 베이가 말했다.

"따옴표는 왜 계속 붙이는 거예요, 베이 씨?" 손동작을 흉내 내며 내가 물었다. 무척 궁금했지만 베이는 내 질문을 흘려듣는 듯했다.

"감각하는 것은 우리 마음에 달려 있기도 하고 아니기도 해요."

내가 끄덕이며 말했다. "우리 마음속에서 항상 '그 사람들'이 누구인지, 어떤 속셈과 권력, 관심사를 품고 있는지 미루어 짐작하는 이론, 가설이 존재함을 인식할 필요도 있겠죠."

베이가 다음 이야기를 기다리는 듯이 고개를 끄덕였다. 나는 아무 말도 하지 않았다.

그러자 베이가 덧붙였다. "우리가 그 말을 쓰는 방식을 통해 '그 사람들'만큼이나 **우리**에 대해서도 알 수 있어요."

나는 공감하는 뜻으로 눈썹을 치켜올리며 얼굴을 찡그렸다. 베이의 발상이 꽤 마음에 들었다. 그리고 또 긴 침묵이 흘렀는데, 베이는 더 이야기할 의향을 비추지 않았다. 나는 앞서 나온 화제를 다시 끌어와 보았다.

"그 사람들이 갱생을 자기들 식으로 해석한다고 하셨는데요?"

"복종하기를 바라지요." 베이가 이어 말했다. "단순히 규칙을 따르기만 하는 게 아니라, 그러니까 더 나은 인간이 되기 위해서, 그저 사회생활에 필요한 기본 수칙을 지키는 수준을 넘어서. **그게** 뭘 의미하는지, 그 사람들이 뭐라고 생각하든 간에 저는 저대로 뚜렷한 상이 있습니다만……."

베이가 말끝을 흐리다가 다시 이어 나갔다.

"저는 그게 다르게 사는 것이었으면 해요. 도대체 **어떻게** 해야 다른 삶을 살 수 있는지 알아내는 것이요. 난생 처음으로…… 자기가 어떤 사람이어야 하는지…… 깨닫는 것이었으면 해요. 하지만……."

"하지만?"

"그냥 그 사람들이 원하는 대로, 시키는 대로 따르기를 강요할 뿐인 경우가 너무 많아요."

대학을 대표해 베이와 마주 앉아 있던 나는 그 순간 아무 망설임 없이 그를 입학시키기로 결정했다. 그제야 마음 편히 베이를 바라볼 수 있었고, 나를 바라보는 베이의 눈길도 부담스럽지 않았다.

“여기서 벌어지는 일은 전혀 다릅니다.” 베이가 말을 이었다. “제게는…… 그저…… 그저 모욕 주기일 뿐이에요. 그 사람들은 교정이라고 하지만, 그런 게 아니에요. ‘교정’이라는 건. 그건” 하고는 베이가 갑자기 말을 멈추고, 얇은 입술을 다시금 꾹 다물었다. 그다음에 하려던 말은 아마도 “갱생이 아닙니다”일 듯했다. 그 단어를 입에 담고 싶지 않고, 거기서 벌어지는 일을 설명하는 데 쓰고 싶지도 않은 듯했다.

나는 베이의 의견에 너무나도 공감하기에 중립적인 태도를 지키려고 애썼다.

“그 사람들 생각은 그래요.” 다시 입을 연 베이가 잠깐 멈추었다가 말을 이었다. “저는 알고 있어요. 제게 필요한 것은, 변화예요.” 다시 멈췄다. “제 삶. 대학. 달라질 수 있어요.”

베이가 생각의 단편을 모두 꺼내어 놓은 다음, 하나로 꿰었다.

“다른 방식입니다. 그 사람들 방식이 아니에요. 달라요. 제게 필요한 건 그런 거라는 걸 저는 **알아요**. 당연히 알 수밖에요. 저를 보세요. 제가 그동안 무얼 해 왔는지 보세요. 하지만 저는 할 수 있어요. 이 길이 제게 맞을 거예요. 그럴 거라는 걸 알고 있어요.”

나는 아무 말도 하지 않았다.

베이가 말했다. "뭔가에 이렇게까지 매달려 본 적이 없어요. 제가 정말로 원하는 것을…… 이렇게 적극적으로 찾아 나선 적은 단 한 번도 없었어요. 이만큼 중요한 일은 없었단 말입니다."

그러고는 입을 다물었다.

베이는 다시 처음 그 모습으로 돌아왔고, 면접은 끝이 났다.

나중에 기록을 통해 확인한 바로, 베이는 이십 대 초반에 비폭력 중급 범죄인 듯한 죄목으로 수감되었다. 혐의에 비해 수형 기간이 긴 편이었다. 이런 경우가 대개 그렇듯이 사전형량조정제도* 문제였으리라 생각한다. 더 정확히 말하자면 그 조정을 베이가 거부했고, 그래서 그쪽 용어로 엄벌이 내려진 것일 테다. 미국의 형사사법이 그토록 가혹한 이유 중 하나가 지나치게 민주적인, 아니면 적어도 포퓰리즘적인 제도에 있다는 사실이 역설적이다. 그중에서도 가장 민주적인 요소라면 지방 검사에게 부여하는 재량권을 꼽을 수 있다. 지역에서 투표로 선출되는 지방 검사는 대중의 격정과 의견을 형법 집행에 그대로 투영시킨다. 우리에게는 일상적인 여론의 파도에 휩쓸리지 않으며 비용 편익 분석 또는 위험 관리 역량이 뛰어난 전문 검찰 공무원이 없다. 즉

* plea bargain, 형사 사건에서 피의자가 재판 개시 전에 유죄를 인정하거나 수사에 도움을 주는 대가로 검찰과 형량을 협상할 수 있는 제도.

우리 정치 체제 안에서 진정한 민중의 수호자는 형벌 제도의 제일선을 관장하는 검사뿐이라는 말이다.

베이는 일상적인 수형 생활에 필요한 기본 규정과 행동 수칙을 기꺼이 따를 의향이 있었던 것 같다. 그렇지 않았다면 비교적 온건한 동부교도소가 아니라 더 가혹하고 엄격한 데다 교육과정도 별로 없는, 북부 깊숙한 지역에 주로 위치하는 교도소로 이감되었을 것이다. 하지만 베이는 교도소 측의 무수한 요구 사항의 바탕에 깔린 내부 논리 또는 도덕률을 진정으로 따를 마음이 없다고 말했다. 그는 변화를 갈망했지만, 동시에 자신을 '교정'하는 도덕적 기제의 수많은 특성에는 반대했다. **그 기제**에 담긴 갱생 담론과 교정 방식이 베이에게는 변화를 향한 자신의 갈망을 북돋우기보다는 위협하는 것처럼 느껴졌다.

나는 교도소 대학에 지원하는 학생들이 바드교도소 사업단Bard Prison Initiative, BPI 같은 사업이 실은 대학과 교도소장 및 일부 직원 간의 공동작업, 그것도 아주 긴밀한 작업임을 알고 있을 것이라 생각한다. 실제로 이 같은 협력 관계에 분개해 지원을 거부하는 재소자가 많을 것이다. 베이도 분명 이런 사정을 알고 있었을 테지만, 그보다는 두 기관의 차이에 더 주목했다. 내가 이해하기로 베이는 대학에 입학하는 것이 단지 체제에 맞서 싸우는 것뿐 아니라, 자기의 일상을 지금 바로 이길 수 있고 스스로 갈구하는 목적에도 부합하는 싸움으로 바꾸어 놓는 것이라고 말하고 있었다.

내가 수년 동안 그저 막연히 느끼던 지점을 베이가 단숨에, 명확히 짚어냈다. 대학이 교도소와는 다른 참여의 의미와 순응의 방식을 보여 주기에 중요하다는 점 말이다. 우리는 교도소 남용 현상을 개선하고자 일하지만, 내가 큰 틀에서 교도소 대학이 국가 전체에 영향을 끼치는 중요한 **정치적** 공간이라고 보는 이유가 바로 여기에 있다. 또한 나는 베이와 달리 아주 유리한 입장에서, 교정 분야의 전문가 및 공무원 중에는 대안적 규율과 존엄, 존중의 방식으로 대안적 존재 양식을 교도소 내에 구축하는 것이 교정 체계가 맡아야 할 전적으로 공적인 과업에 해당한다고 생각하는 사람이 많다는 사실을 알게 되었다.

베이는 이 지점을 절실하게 지적하여, 내가 오랫동안 추구해 온 일을 그가 정확히 이해하고 있다는 사실을 드러냈다. 처음에 보여 준 애매한 태도, 명확한 표현을 고르려는 노력은 그가 이전에 알던 무엇과도 다른 어떤 것을 향해 접근하고 있다는 신호였다. 내가 이해한 바로, 베이는 대학에 입학함으로써 스스로 그 생성에 기여할 엄격한 규율에 동참하고자 했고, 체계에 굴복하지 않고도 그 체계에 참여할 방법을 찾아내고자 했다. 이는 아마도 최초로, 여럿이 함께 해야 완성하고 이해할 수 있는, 연약하지만 복원력이 있는 무언가를 빚어내는 작업에 동참하겠다는 뜻이다.

그날 우리는 베이 씨의 입학을 승인했다.

나는 헌법을 공부하던 학생 시절에, 이후 교도소 내에 독립적인 자유교양대학을 설립하는 일의 정치적 중요성에 눈을 뜨게 한 교훈을 얻었다. 내가 시카고대학교 법학전문대학원에 다니던 당시, 폴란드 출신 인권 변호사로서 폴란드가 소련으로부터 독립을 쟁취한 1989년에 고국의 새 헌법 제정에 참여한 바 있는 빅토르 오시아틴스키가 초빙교수로 와 있었다. 키가 작고 불룩 나온 배에 발그레한 뺨을 지닌 그는 새끼손가락에 조그만 루비가 박힌 인장 금반지를 끼고 있었다. 빅토르는 '입헌정부는 무엇으로 정의하는가?'라는 주제로 토론 수업을 진행했는데, 그때 그가 내놓은 답이 놀라웠다. 그는 입헌정치란 권력 분립도 아니고, 사람이 아닌 법을 통한 지배도 아니며, 그 밖에 우리가 배워 온 그 어떤 것도 아니라고 말했다.

그리고 이렇게 주장했다. "**입헌주의는 그런 것이 아니라, 복종과 반란 사이에서 가능한 한 많은 선택지를 생성해 내는 정치 형태를 가리킵니다.** 입헌주의 체제는 이 둘을 양극단에 놓고, 그 사이에 최대한 너른 공간을 펼쳐 놓습니다. 이 말은 곧 독재란 인민에게 위반 아니면 복종이라는 무시무시하면서도 아주 단순한 선택만을 허용함으로써 이견의 여지를 없애 버리는 체제임을 의미합니다."

동부교도소 내 바드칼리지 입학 면접 당시 피터 베이가

한 말 중에서 내가 가장 주목한 지점이 바로 이것이다. 베이는 수형 생활을 통해 자기 인생의 책임을 회피하지 않고 존엄하게 받아 안기 위해 나아갈 길을 모색했다. 이 점은 이후에 등장할 여러 사람의 극적인 사연에서도 비슷하게 나타날 것이다.

나는 자유교양대학으로서 바드교도소사업단이 하는 주된 역할은, 적절하다고 여기는 행동의 폭이 넓은 공간을 펼쳐 놓는 것이라고 믿게 되었다. 그 안에서 우리는 칭송하거나 비난하거나 문제를 해결하고자 하는 충동을 미루어 두고, 그 결과 더욱 복잡하고 민감한 태도를 갖춤으로써 판단력을 키워 나간다. 입헌주의 체제에 대한 빅토르의 논증을 바탕으로 하고 미국 정치문화에 내재한 공화주의적 근간을 깊이 존중하는 이러한 학습 및 사회화 방식은 교도소라는 배경으로 인해 한층 더 중요해진다. 이후에 심도 있게 논의하겠지만, 이러한 조건을 충족한다면, 자유교양교육은 사실상 개선할 필요가 없다. 그 자체로 이미 교정기관의 통제 체제와는 폭넓고 심오한 대조를 보여 주기 때문이다.

대학을 이런 곳으로 만드는 요소가 있다면, 아마 입헌주의를 가르쳐 준 나의 옛 스승이 말했듯이 질문, 도전, 개선의 폭을 넓히는 것을 반항이 아닌 참여와 존중으로 받아들이는 태도에 가까울 것이다. 교도소 대학은 학생에게 순응이나 복종이 아니라 자기수련과 단장을 통해 더 폭넓고 보편적인 기관, 즉 대학의 형성에 기여하도록 요청한다.

이는 우리가 속한 세계에서 맞닥뜨리는 권위 그리고 우리 내면에서 속삭이며 추궁하는 권위에 개입하고 대항하는 방법이다.

[일러두기]

이 책은 뉴욕에서 바드교도소사업단이 처음 시도하고 가장 널리 보급한 교도소 대학 설립 작업을 두루 돌아본 기록이다. 나는 지난 20여 년 중 상당 기간을 이 일에 쏟아부었고, 그러면서 학생 전원과 창립자, 사무총장 그리고 최근에는 학계와 자선단체, 미국 전역의 정부 관계자까지 아우르는 훌륭한 협력자들과 한 팀이 되어 일했다. 어디든 학생과 동료의 수고가 깊숙이 미치지 않은 곳이 없지만, 책에 담긴 결점과 오판, 오류는 전적으로 내 탓이다.

본문에 서술한 여러 장면은 내가 교도소에서 교육자로서 학생을 가르치면서, 또 관리자로서 학교 및 정부기관의 동료들과 함께 일하면서 얻은 경험을 바탕으로 재창조한 것이다. 등장인물의 이름은 모두 가명이다. 대화 내용은 기억을 되살려 재현하되, 내가 일한 15년 중 상당 기간에 걸쳐 꾸준히 작성한 일기와 서류를 바탕으로 했다. 일기는 대부분 글로 쓴 것이고, 출퇴근 시간 장거리 운전 중에 소형 녹음기로 녹음한 것도 일부 있는데, 그래도 부족한 부분은 공식 졸업 영상을 통해 보완했다.

출소 후에도 학생 수백 명이 학교와 연락을 하며 지낸다. 하지만 이 책에 어떤 식으로든 등장하는 학생 중에서 나와 연락이 닿는 이는 한 명뿐이다. 그 학생이 원고를 읽고 초고에 담긴 몇몇 중요한 장면에 풍부한 의견을 보태 주었다. 원고의 완성에 끼친 그의 통찰력과 판단력이 저자인 내게는 가늠할 수 없을 만큼 소중하며, 그에게는 그저 빚진 마음이 들 따름이다. 메건 캘러, 크레이그 와일더, 엘런 라그만, 로라 쿤루서 등 누구보다 현장을 잘 알고 깊이 고민하는 학계 동료들이 보태 준 건설적이면서 때로 압도적이기까지 했던 비판도 글을 완성하는 데에 헤아릴 수 없이 큰 도움이 되었다. 이런 최고의 조력에도 불구하고 남아 있을 것이 틀림없는 수많은 오류는 물론 전적으로 내 몫이다.

마지막으로, 이 책은 독특하고도 대단히 복잡한 기관인 바드교도소사업단 자체를 설명하는 데에 상당 부분을 할애한다. 1990년대 말, 바드칼리지에서 맥스 케너와 동료들이 주도한 사업단의 초기 구상과 설립 과정에 나는 전혀 관여한 바가 없다. 바드교도소사업단은 처음부터 무수한 교수, 강사, 운영진, 학생이 두루 참여하는 공동작업으로 탄생했고, 이런 집단적 창조성이 있었기에 사업단이 도전하는 영역의 폭 그리고 교수진과 졸업생이 성취한 업적이 꾸준히 확장될 수 있었다. 나는 바드교도소사업단이 개설한 첫 학기부터 강의를 맡고 학교 설계와 설립을 도왔다. 또한 지난 20년 동안 정책 및 학술국장으로 일하면서 이 일을 최우선적인 소명으로 삼아, 사업의 핵심 요소 대부분을 형성하는 중요한 역할을 맡았다. 나는 내가 생각하는 바드교도소사업단의 작동 방식과 의의에 대해 어느 정도 발언할 자격은 충분히 갖추었다고 할 수 있지만, 그렇다고 해서 내 글이 바드교도소사업단 전체와 대표단, 또는 사업단을 실제로 살아 움직이게 만드는 창의적이고 용감한 수많은 사람을 대표하지는 않는다.

교도소 대학

"역설을 제거하는 데 온 힘을 쏟는 나라, 미국"

— 제임스 볼드윈, 「사라진 수많은 목숨들」 Many Thousands Gone

1

입학: 교도소 대학에 관해 상충하는 의견과 정책

교도소 대학은 불합리하다. 열심히 일하는 사람들이 자녀 학비를 대느라 허리가 휘고 신용카드 대금보다 대학 등록금 때문에 더 큰 빚을 지는 시대에 범죄자에게 무상 교육을 제공한다는 것은 격분할 일이다. 범죄를 저지르고 무상교육을 받는다고? 규칙을 준수하는 사람에게는 보상을 주고, 어기는 사람에게는 벌을 주어야 마땅하다.

1980년대 이래로 미국의 수감률은 500퍼센트, 교정 직원 인건비는 400퍼센트 증가했다. 현재 정부가 교도소에 들이는 비용은 연간 총 800억 달러 수준으로 고등교육 예산을 곧잘 넘어선다. 교정 직원 노동조합 중에는 자녀의 대학 등록금 인상에는 항의하면서 교육 분야 공공투자 감소에 교도소가 끼친 영향에 관해서는 입을 다무는 경우가 있다.

교도소 안에서 대학 교육 기회를 제공하는 일은 비용이 크게 들지 않고 국가 재정에 미치는 유익은 크다. 교도소에서 대학에 다니는 사람은 대부분 출소하며, 다시 교도소로 돌아오는 경우가 거의 없다. 대중의 감정을 자극하는 비판의 화살이 대학 이외에 수백만 달러가 드는 치료 요법, 치유 캠프,

복음주의 '인격 함양', 기타 행동 교정 기법 같은 사업을 향하는 경우는 별로 없다. 분노를 자극하는 요인은 아마도 비용이 아니라 단지 고등교육에 뒤따르는 존엄과 사회적 지위일 것이다. 교도소 수감자가 고등교육을 받을 기회를 막으면 다른 누군가가 이득을 볼 것처럼 호도할 게 아니라, 모든 국민이 대학 교육을 받을 수 있고 감당할 수 있는 사회로 만드는 것이 우리가 할 일이다.

교도소는 악한 자가 타인에게 저지른 잘못으로 인해 고통받으러 가는 곳이라야 한다. 치안 강화, 중형 처분, 교도소 확대를 통해 우리는 범죄를 줄이는 데 성공했다. 이렇게 강력한 대응은 효과가 있기도 하지만, 높은 도덕적 잣대를 드러내는 것이기도 하다. 1960년대에 과잉 지출과 복지 정책 실패를 겪은 미국인은 다시금 마음을 다잡았다. 범죄자가 환경이나 불평등, 인종주의의 피해자라는 하소연을 더는 참아 주지 못한다. 자유주의자들은 질색하지만, 복수욕은 인간 본성과 우리 종교적 전통에 뿌리를 두고 있다. 교도소에 대학을 세우면 범죄가 개별 남성 및 여성이 아니라 '사회'의 책임처럼 보이게 된다. 이는 허술한 도덕성과 과거 실패한 자유주의적 감성으로의 퇴보를 나타내는 표지다.

대량 구금은 "새로운 짐크로법*"이다. 대학이 현 교정 행정 체계 안으로 들어간다는 것은 손쓸 수 없을 정도로 부패한 체제의 하수인이 되는 것이다. '바깥 세계'에 존재하는 자유교양대학은 계급적 인종적 특권의 수호자이다. 그런 대학이 겨우 한 줌에 불과한 수감자를 돕겠다고 교도소로 들어가는 것은 철폐해야 할 체제를 덮어 주는 짓이다.

아프리카계 미국인 남성 세 명 중 한 명은 생애의 일부를 철창 안에서 보낼 것이다. 오늘 태어난 아프리카계 미국인 아이는 비슷하게 태어난 백인 아이에 비해 교도소에 갈 확률이 여섯 배 높고, 미국 모든 주에서 유독 흑인이 제지당하고 체포당하고 구금당하는 비율이 높다. 심지어 캘리포니아는 향후 교도소 설립 계획을 초등학교 재학생 중 가난한 유색인종 아동 수에 맞추어 세우는 지경에 이르렀다.

미국 고등교육 체계의 책임자들은 대량 구금을

* Jim Crow laws, 짐크로는 백인이 흑인 분장을 하여 희화하는 행위에서 비롯한 말로 이후 흑인을 겨냥한 멸칭으로 발전했고, 19세기 후반에는 실제로 미국 남부 지역에서 주법으로 제도화한 흑인과 백인 사이의 인종분리정책을 통칭하는 단어가 되었다. 짐크로법은 20세기 중반이 지나서야 점차 사라졌다.

포함해 광범위한 구조적 불평등의 소극적 방관자 노릇을 하곤 한다. 수감 중인 흑인 중 극소수를 돕는 시늉을 한다고 누구나 평등하게 누릴 수 있는 고등교육을 제공하는 데 실패한 미국의 대학들이 책임을 피할 수는 없다. 특권층 및 백인이 주를 이루는 교육기관이 이 나라의 감금 산업에 뛰어듦으로써 하는 역할이란 이 미친 듯한 현실을 그런대로 괜찮은 것처럼, 고칠 수 있고 고친 것처럼 보이게 만드는 것뿐이다.

더 심각한 문제는 고된 노동과 개인적 절제로 악인을 교화할 수 있다고 여기는 교도소에 대학이 존재한다는 사실이 처벌의 논리를, 그리고 미국의 법체계가 인종을 불문하고 공정하다는 환상을 강화하는 역할을 한다는 데 있다. 이러한 조건하에서, '자유교양학'은 다루기 힘든 재소자를 '변신'시키는 일로 희화된다. 교도소 그리고 그 안에 있는 자기만족적인 교육개혁가들을 전부 쓸어버려야 한다.

"미국에서 교육은 근사하고 보편적인 보상책으로 전락했다. 심지어 연방 교도소의 처벌을 대체하기까지 한다. (……) 사나운 호랑이와 훈련받은 말*이 교차해 종말 속에서

> 상상도 못한 혼종을 빚어낸다"라고 조롱하듯
> 선언한 솔 벨로가 옳았다.
> 대학과 교도소는 양립할 수 없고, 해서도 안 된다.

여기에 제시한 각각의 진술은 교도소 내 교육 사업을 두고 지난 15년 동안 내가 실제로 접한 세간의 시각이다. 서로 상충하기는 하지만 전적으로 틀린 견해도 없다.

교도소 대학은 교육에 관해서만 아니라 민주주의 자체에 관해서도 거의 모두가 마음에 품고 있는 한 가지 질문, 즉 사람이 진정으로 변화할 수 있는가라는 의문을 불러일으킨다. 내 목표는 기존의 지지자들을 흡족하게 하는 것도, 회의주의자를 설득하는 것도 아니다. 분명 나는 교도소 안에 자유교양대학을 세우기 위해 더 많은 일을 해야 한다고 생각하지만, 이 책을 옹호자 입장에 서서 쓰지 않으려고 주의했다. 또한 기회가 될 때마다 계속 이 일에 내재하는 복잡성을 드러내려 애썼다. 교도소 대학에 참여한 학생은 거의 다 중범죄로 형을 받았고, 죄목은 대부분 폭력이었다. (절대적 정당성을 갖고 대량 구금을 비판하는 이들은 폭력 범죄에서 비롯하는 윤리적 정치적 복잡성을 무시하거나 최소화하는 유감스러운 경향을 보인다.) 한편, 나는 거의 모든 처벌 형태가 불행히도 거울을 비추듯

* 이성적 가르침과 훈계보다 분노와 혁신을 옹호하며 "사나운 호랑이가 훈련받은 말보다 현명하다"라고 한 윌리엄 블레이크의 시구를 원용한 것이다. 솔 벨로는 이 둘을 각각 징벌과 교육에 빗댄 것으로 보인다.

대상자에게 폭력을 되돌려 주는 행위라고 생각한다. 내가 발을 들여 본 교도소는 죄다 인종적 계급적 불평등을 영속화하고 강화하는 폐기물 처리장 같았다. 그 결과 교도소는 이 시대 가장 중요하고 널리 퍼진 공공기관으로서 우리 사회의 민주주의를 좀먹고, 본래 복무해야 할 대상인 공화국에 위해를 가한다.

처음 교도소 대학에 들어오는 학생들은 우리가 함께 하는 일이 논란을 야기한다는 사실을 잘 알고 있는 편이다. 하지만 교정 체계 안에서 일하는 사람들 중에, 공직자와 직업공무원 중에, 더 나아가 일반 시민 중에 대학 및 중등 이상 교육과정을 끈질기고 열정적으로 지지하는 사람이 얼마나 많은지는 아직 모른다. 반대로 재소자가 그런 기회를 누리는 데 분개하거나 반대하는 사람이 많다는 사실은 대체로 정확히 인지한다. 내 경험상 재소 학생들은 유독 그런 비판을 놀랄 만큼 예민하게 감지하곤 한다. 그리고 그 기회를 얻으려고 자신이 쏟은 노력, 원칙과 정책 차원에서 대학의 필요성을 지지하는 입장과 별개로, 비판자의 논리를 이해하고 일부는 동의하며 공감하는 경우가 많다.

이런 학생들은 오래 미뤄 두었거나 좌절당했던 의지를 되살리거나 깨닫기 위해 개인적 투쟁을 치르며, 반항심과 냉소주의, 소외감을 주로 불러일으키는 기관의 한가운데에 있으면서도 소중한 무언가를 돌보고 키우는 데에 몰두한다.

취지는 둘째 치고 작동 방식에 반감을 품었을 법한 체계 안에서 그들은 새로운 형태의 자율권을 경험한다. 보통의 학생이라면 짊어질 일이 없을 부담을 지는 것이다. 사실, 재소 학생이 처한 바로 그러한 상황이 그 학생으로 하여금 교육 참여를 둘러싼 이해관계를 훨씬 잘 인지하게 하고, 자유교양학 공부로 이룰 수 있는 성취의 수준을 크게 끌어올리도록 만드는 경우가 많다. 학생이 자기가 짊어진 부담을 계속 인지하면서도 자기수양에 필요한 역량과 책임감을 키우기 위해 스스로 도전하고 잠재력을 한껏 발휘하도록 북돋우는 일이 이 영역에서 일하거나 가르치는 모든 사람에게 주어진 어려운 과제다. 많은 학생이 심지어 공식적으로 학업을 개시하기 전부터 이런 문제를 무겁게 느끼고 인지한다. 이 같은 조건은 학문적으로나 개인적으로나 재소 학생이 이룬 성취를 훨씬 더 특별하게 만들고, 교도소와 그 안에 있는 학생에게 적합한 교육 방식으로서 자유교양학의 중요성을 손상시키기보다는 도리어 드높인다.

범죄와 처벌을 바라보는 시각에 따라, 교도소 대학을 대하는 미국인의 입장은 무척 다양하다. 재소자 교육이 매우 효과적인 갱생 방법이라 믿는 사람이 있는가 하면, 감옥은 고통과 박탈의 공간이어야 한다고 여기는 사람도 있다. 대량 구금이 대단히 인종적인 현상인 한편, 대학이 거주 지역 및 주관적 지위와는 상관없이 노동계급에서 중류층 사이의 미국인에게 점차 감당하기 어려운 곳이 되었다는 사실은 문제를 더 어렵게 만든다.

도덕 감정은 인종과 계층을 따라 나타나곤 한다. 범죄와 처벌에 대해서만 아니라 예술, 인문, 역사, 문학, 과학 등 간단히 말해 자유교양교육 전 분야에 걸쳐서도 가지각색의 입장이 드러난다. 이런 교육이 무용하거나 엘리트주의적이라고, 아니면 그보다 더 나쁘다고 생각해 그저 경멸 어린 시선을 보내는 경우도 많다.

사람들이 재소자와 교도소 대학이라는 개념에 대해 갖는 견해는 교도소 내 자유교양대학 간의 관계망을 형성하는 데 보낸 10년 하고도 5년에 걸친 나의 활동에 대한 찬반 논쟁과 맞먹을 정도로 다양하다. 뉴욕 바드칼리지에 기반한 바드교도소사업단은 주 내 여러 주립 교도소에서 위성대학을 운영한다. 남녀 재소자 300명이 교도소 안에서 전일제로 바드칼리지에 다닌다. 모두 바드 동문으로 인정받으며, 준학사* 및 학사 학위를 취득한다. 최근 몇 년간은 주정부 내부 협력자들과 연계해 비슷한 과정을 도입하고자 하는 타 대학들과도 함께 일했다.

바드교도소사업단의 재학생 인적 구성은 우리가

* Associate of Art, 2년제 지역 전문대학 졸업 시 부여하는 학위. 이후 학사 과정으로 편입이 가능하다.

일하는 교도소의 일반적인 인구 구성과 동일하다. 그렇다 해도 그들이 바드교도소사업단을 통해 받는 교육과 그 과정에서 이루는 수준 높은 성과는 대개 엘리트만이 누릴 수 있는 특권이다. 이러한 교육은 인문학, 과학, 사회학적으로 통용되는 엄격한 방법론에 따른 훈련, 기존의 관습과 통념에 의문을 제기한다는 원칙의 실천, 비판적 연구를 통한 자아의 성장 및 전환을 향한 몰두로 이루어진다.

2001년 가을, 맥스 케너가 내게 바드칼리지에서 준비한 교도소 대학 과정의 첫 학기 교수진으로 참여해 달라고 요청했다. 맥스는 그보다 2년 앞서 바드교도소사업단을 설립한 바드칼리지 재학생 모임의 대표였다. 강의, 글쓰기 실습, 신학 세미나 참석 등 교도소 안에 들일 수 있는 모든 자원을 끌어모으면서 그들이 항상 품었던 목표는 교도소 내에 학위를 수여하는 대학을 세우는 것이었다. 이 학부생들은 특권층도 있고 그렇지 않은 경우도 있었지만, 대학이 세상과 관계 맺는 방식에 있어서 자기가 할 역할이 있다는 데에 공감했다. 이들은 1994년 빌 클린턴 대통령이 연방 예산 수십억 달러를 교도소 증축에 쏟아붓는 한편 재소자의 무상 학비 보조금⁑ 수급 자격을 즉시 박탈하는 범죄통제법Crime Control Act에 서명한 후로 방치되어 온

⁑ Pell grants, 재정적으로 어려운 대학생의 등록금을 보조하는 제도로, 일정 수준의 성적을 유지하는 한에서 경제 형편에 따라 무상 보조금을 지원한다. 재소자 대상 보조금은 버락 오바마 행정부에서 재도입을 추진했고 2021년 조 바이든 행정부에서 결국 되살아났다.

커다란 공백을 대학이 일부 메울 수 있다고 보았다.

무상 학비 보조금은 미국의 교도소에 상당한 영향을 끼쳤다. 수감 중 대학에 다닌 사람이 재입소하는 경우가 거의 없어 재범률 저감과 대학의 관련성이 꾸준히 확인되었기 때문에, 고등교육은 미국에서 적정 비용으로 효과를 볼 수 있는 가장 효율적인 교정 '사업'으로 빠르게 자리 잡았다. 비용이 얼마나 적게 들었던지, 규모가 가장 컸던 1994년에 전국적으로 이 사업에 들어간 돈은 무상 학비 보조금 총액의 1.5퍼센트였다. 그런데도 의회는 1995년 수감자의 보조금 수급 자격을 박탈했고, 세금 100억 달러를 교도소 증축에 책정했다.

아마도 특권과 불평등이 뒤섞이는 1990년대 뉴욕시와 바드칼리지의 현실을 마주한 탓에, 학생들은 이 도시의 청년이 두 가지 상이한 경로를 따라 '주 북부'를 오르내리고 있음을 피부로 느꼈을 것이다.* 일부는 바드 같은 대학교에 다니는 특권을 누리러 올라가고, 나머지는 갈수록 더 자주, 그 어느 때보다 긴 수형 생활을 하러 실려 갔다. '대량 구금'이라는 문구가 지금처럼 흔히 쓰이는 시대가 아니었음에도, 이 학생들은 형사사법제도가 자기 세대의 주요한 시민권 문제로 떠오르고 있다는 것을 비교적 일찌감치 깨달았다. 결정적으로, 그들은 학교에서 어느

* 바드칼리지는 뉴욕시에서 북쪽으로 약 160km 떨어진 지역에 있다.

방향으로든 차로 조금만 이동하면 나타나는 교도소에 대학을 재건하는 일이 학생으로서 자신이 지역에 기여할 방법인 동시에, 대학이 제공해야 마땅한 최상의 자원을 동원할 수 있는 실질적 지역 활동의 일종이라고 확신했다.

학생들은 학교 인근에 위치한 '동부'라 불리는 중경비 교도소에서 교정 공무원 및 예비 학생과 관계를 형성하기 시작했다. 협력자들은 대학 교육 사업이 갑자기 폐지되기 전인 몇 년 전까지만 해도 그 사업을 담당하던 사람들이었다. 정치적 환경이 혹독하게 변했지만, 여전히 이런 기회를 되살리는 데 기여하고픈 마음을 깊이 품고 있는 공무원이 많았다.

강의차 동부교도소에 처음 발을 들였을 때, 나는 백년 역사를 품은 고딕 양식의 중경비 교도소 건물 전면에 압도당했다. 그 엄청난 물리적 정신적 존재감에 말문이 막혔다. (뉴욕에서는 불과 몇 년 사이에 25개소에서 70개소까지 늘어났을 정도로) 교도소가 우리 시대를 대표하는 공공사업이 되었다는 사실을 알았을 때는 비참한 기분이 들었다.

하지만 교도소 안에서 만난 학생들 그리고 수업에 대한 감상은 아주 달랐다. 학생은 그저 학생이었고, 강의는 그대로 내 강의였다. 교수 경력이 짧았던 당시의 나는 누구에게든 어디에서든 가르치는 일을 대단히 좋아했다. 강의실로 들어간 내 등 뒤로 무거운 철문이 닫힌 후, 헌법의 역사와 그에 결부된 19세기 노예제 및 영토 확장 문제에 대한 개론 수업을 시작했다. 2년 앞서 버클리에서 남북전쟁 이전 시기에 초점을 맞추어 진행했던 것과 동일한 법과 인문학 강의였다. 학생들은 강의에서 제기하는 문제와 원전을 해석하고 재해석하는 골치 아픈 과제에 큰 관심을 갖고 열정적으로 뛰어들었다. 가르치는 내 입장에서는 교재를 통해 펼쳐지는 우리의 여정이 그보다 더 자연스럽고 친숙할 수 없었다.

요즘은 교도소 건물에 들어가 미로 같은 복도를 통과하노라면 숨이 막힐 듯 답답하다. 15년 전과 달리 이제는 거대한 교도소의 음울한 광경을 견딜 힘이 나지 않는다. 부모를 만나려고 교도소 정문을 통과하는 재소자 자녀를 마주하는 것은 더욱 괴롭다. 그러나 강의실만은, 대학 공부를 하는 학생들을 만나는 기쁨을 안겨 주는 그 공간만은 다른 어떤 근사한 학습 공간과 다를 바 없이 즐거운 곳으로 남아 있다. 교도소에서 강의를 해 달라고 교수를 설득하기는 어려울 수 있다. 하지만 일단 한번 해 본 사람은 거의 예외 없이 또 강의를 맡고 싶어 한다. 한때 가르치는 일을 좋아했던 이유를 떠올리게 하는 그런 강의실, 그런 학생들이기 때문이다. 본교 교정을 벗어나 교도소 강의실로 들어가는 이동 과정이 주는 부담이 이 일의 도덕적 정치적 의미를 한층 극적으로 만드는 게 틀림없다. 교수로서 자기 일에 담긴 가치를 더 크게 느끼게 해 주는 면도 있다. 그러나 무엇보다도 강렬한 인상을 심어 주는 요소는 교도소 안에 있는 학생들이다. 그들은 수감 중이라는 처지를 견뎌내고, 무수한 위험을 감수하면서 대학 공부에 도전한다. 과거 자신이 저지른 잘못과 깨어진 꿈을 정면으로 마주하며, 감금 상태에서 기회를 찾아내리라는 다짐을 품고 찾아왔을 사람들이다. 상징적 실체적으로 다가오는 엄청난 억압 속에서도 이 학생들은 오직 눈앞에 놓인 이 기회가 얼마나 소중한지 절감하며 대학에 들어온다.

바드교도소사업단은 바드칼리지의 일부로서, 본교의 교과과정과 학습문화를 가능한 한 동일하게 적용한다. 모든 학생이 바드의 준학사 및 학사 학위 취득을 목표로 한다. 바드 같은 [자유교양]대학에서 학생에게 요구하는 학습 강도를 그대로 적용해, 인류학, 문학, 과학, 정치학, 역사학, 시각예술학 전공 과정을 운영한다. 전공은 서류를 집중 검토하는 '조정'이라는 절차를 통해 결정한다. 성적은 과목별로 제출하는 서술형 과제로 평가한다. 교과과정에는 '언어와 사고', '시민과학' 같은 각각의 필수 예비 학습과 1년 차 토론수업이 포함된다. 전공과목에는 보충학습이 거의 완벽히 포함되어 있다. 미적분학3을 끝낸 후에 시작하는 수학과에는 전공생이 이미 수십 명 있지만, 예비 대수학에서 시작해 미적분학까지 다 가르친다. 외국어학과 중 처음 개설한 스페인어, 독일어, 중국어과에는 능숙한 정도를 넘어서는 수준에 다다른 학생이 수십 명이다. 학사 학위는 1년 내내 졸업논문 작성에 매진해야 받을 수 있다. 그밖에 특별활동으로는 미국 전역에서 초빙한 선진 학자의 강연이나, 육군사관학교, 버몬트대학교, 하버드대학교 같은 타 대학과 경쟁하는 토론회에 참여한다.

나는 바드칼리지의 교도소 대학 운영 방식과 내가 이 책을 쓰는 데 들인 노력 그리고 최고의 성과를 거둔 우리 학생들이 자기 삶을 바꾼 방법 사이에서 공통점을 찾아보았다. 바드교도소사업단은 감금 상태를 교육과정이나 교육학에 반영하기를 거부하거나 저항했다. 사업 성공이나 실패의 기준을 교도소와 교정 산업에 두는 것도 거부했다. 나는 이런 태도가 수많은 우리 학생들이 이룬 성취, 그것을 글에 담아내고자 하는 나의 열망과 무척 닮아 있다고 생각한다. 나는 학생들이 자기 삶에서 이루어 낸 일, 즉 진부한 통념에 저항하는 일, 우리 자신을 규정하는 그 관념을 거꾸로 바꾸어 놓는 일을 이 책을 통해 하고자 했다. 베이 씨가 면접에서 한 것이 바로 이것이라고 생각한다. 그는 자신을 통제하는 체계에 내재하는 통념을 거부하는 한편, 새롭게 나아갈 길을 찾고자 하는 끈질긴 노력을 설명하는 데에 또 다른 통념을 끌어들이지 않으려 애썼다.

앞으로 소개할 '학생들'은 모두 자신을 '재소자'나

'범법자', '수감자'라고 인식하며, 주위에서도 그렇게 본다. 교도소 대학에 다닌다는 것은 대체로 이처럼 각축하는 정체성에 둘러싸여 투쟁하는 것을 의미한다. 내 생각에 이러한 투쟁에서 대학의 역할은 엄청나게 복잡한데, 학문적 도전이란 이처럼 각축하는 정체성을 인식할 뿐 아니라 초월하고 비판하고 탈피하고 변화할 수 있는 공간을 열되, 그러한 학습 활동을 직접 규정하고 제한하는 개념이 되어서는 **안 되는** 역설적인 과업이기 때문이다. 무엇보다 대학과 학생 간의 첫 만남을 그런 개념으로 정의해서는 안 되고, 그것을 대학과 교수진이 재소 학생에게 갖는 상이나 포부의 원천으로 삼아서도 안 된다.

바드교도소사업단에서 우리는 자유교양대학 재학생을 대하는 방식 그대로 재소 학생을 대하고자 노력한다. 따라서 학문적 교류는 교도소이기 때문이 아니라 교도소임에도 불구하고 이루어지는 것으로 설정한다. 학생은 저마다 다른 어떤 학생 못지않은 '낙인' 또는 딱지를 단 채로 대학에 들어오지만, 우리의 임무는 그럼에도 그들을 사립 자유교양대학에서 공부하는 1퍼센트 학생과 똑같이 대하는 것이다. 대학은 뚜렷한 정체성을 상정하지 않은 채로 각 학생을 만나고, 학습 과정에서 각자가 드러내는 고유의 역동을 열린 자세로 받아들이고자 한다.

이 책에 소개한 일부 사례에서 보듯, 교도소 대학에서

뛰어난 성취를 이룬 학생들은 사상가이자 실천가로서 자신의 과거에 대해, 변화에 대해, 선택에 대해 그동안 품고 살아온 상징을 탐구한 덕에 성장할 수 있었다. 이런 상징은 대단히 강력하며, 교도소와 그 안에 담긴 처벌과 낙인의 장치로 인해 더욱 무거워진다. 자유교양대학의 학생이 되면서 그들은 또 다른 정체성 그리고 타인과 공존하는 또 다른 영역을 부여받았다. 절제된 일상과 비판적 관점을 통해 자기를 변화시키고, 자신을 둘러싼 교도소 안팎의 세계를 새롭게 이해하는 작업을 해냈다.

교도소 대학 사업에 관해 주로 나오는 이야기가 몇 가지 있다. 공무원과 교정 전문가는 교육 사업을 마치 탈피를 앞둔 번데기처럼 재소자를 교화시키고 재범 가능성을 낮추는 변화의 과도기로 바라보곤 한다. 그런가 하면 활동가–학자는 "억압받는 사람들의 교육학"*을 실천하고, 학생과 교수진이 동지로서 인종, 계층 또는 '통치성'⁑ 구조에 저항하며 권력에 맞서 진실을 외친다는 감상적인 태도로 교도소에 접근하기도 한다. 우리가 권력과 정체성에 대한 근대적 분석으로 '추락'하기 전인, 이른바 객관적인 지적 탐구와 보편적 추론의 시대를 그리워하는 보수적 지식인은 교도소에서 고전을 통해

* pedagogy of the oppressed, 파울루 프레이리의 『페다고지』의 영문 제목이다.

⁑ governmentality, 통치는 필연적인 실체가 아니라 그것을 가능하게 하는 특정한 사유를 전제한다고 본 푸코의 개념이다. 이에 따라 근대에는 개인이 권력의 주체로 인식되고 기능할 수 있다.

영혼을 치유하고 자유란 육체가 아닌 정신의 상태임을 다시금 증명할 수 있는 거점을 마련하려 들 것이다. 나는 교도소 대학과 재소 학생들이 이러한 통념의 함정을 피해 갈 수 있는 통로를 바드교도소사업단에서 제시해 왔다고 믿고 싶다.

교도소 대학이 사람을 변화시킬까? 나는 확실히 그러하다고 생각한다. 교도소에서 일하거나 수감 생활을 하거나, 아니면 자유교양대학에 다니는 것 자체가 그러하듯이 말이다. 어떤 식으로든 일정한 규율과 새로운 환경, 새로운 관계망이 잘 조합될 경우 한 사람과 그 사람의 이후 삶의 궤적을 바꾸어 변화를 일으키는 힘이 생긴다. 사실, 교육적 시도라면 어떤 것이든 그 중심에 변화가 가능하다는 믿음이 자리한다. 민주주의 전통에서 언제나 학습이 중심 역할을 맡아 온 이유가 여기에 있다. 그러나 역설적이게도 자유교양학이 교도소와 그 내부의 강압적 기제가 지닌 '기관으로서의' 성격을 버텨 내려면 초점을 다른 쪽에 맞추어야 한다. 교도소 대학의 정당성이 '변화'와 관련이 있다면, 우리의 최우선 목표는 재소자를 변화시키는 것이 아니라 교도소 자체의 환경을 변화시키는 것이어야 한다.

교도소와 자유교양학

대학이 이 사업을 하려면 사실 위험을 감수해야 하는데, 그 위험이란 물질적인 것이 아니라 지극히 도덕적이고 정치적인 것이다. 낯설지만 대단히 장래성 있는 학생을 찾아내고, 대학이 추구하는 최고의 지적 민주적 목표를 공유하는 핵심적 존재로 그들을 바라볼 용기를 내야 한다.

바드교도소사업단이 7년 차에 접어든 2005년, 우리는 뉴욕시 여성 재소자 단체와 협력자들로부터 맨해튼 10번가에 있는 베이뷰 교도소에 바드 위성대학을 열어 보자는 요청을 받았다. 사업에 쓸 공공기금도 전혀 없고, 굳이 하겠다고 나설 이유도 별로 없었다. 민간기금을 모으는 일이 만만치 않지만, 바드교도소사업단 창립자 맥스 케너가 참 잘하는 일 중 하나가 바로 이것이었다. 학내에서는 교도소에서 최고 수준의 교육이 가능하겠냐는 저항에 맞닥뜨렸다. 뉴욕 시내에서 재정이 넉넉하고 명망 있는 대학교 중에서 베이뷰에 관심을 보이는 곳이 하나도 없었고, 공립대학교는 여전히 그런 활동에 참여하는 것이 대체로 금지되어 있었다. 160킬로미터 떨어진 거리에 있는 바드교도소사업단은 참여할 의지가 충만했다. 처음으로 여성 재소 학생들을 발굴하고, 맨해튼에서 우리 사업의 인지도를 높이고, 우리가 진입로만 내어 놓으면 기여할 수 있는 뉴욕시 전역의 교수진을 불러 모으고 싶었다.

맥스와 나는 바드가 하려는 일이 무엇인지 설명하러 여성 재소자 200여명이 모여 있는 교도소 체육관을 찾았다. 교도관들과, 이번 기회를 마련하도록 도와준 여성 몇 명이 우리를 소개했다. 우리는 조금 어색한 모습으로, 접이식 의자에 줄지어 앉은 여성들 앞에 섰다.

발표를 시작하고 얼마 지나지 않아서 어느 나이 든 여성이 질문했다. "바드에서 이런 일에 관심 갖는 이유가 뭐죠? 무슨 이득이 된다고?" 몇 명이 고개를 끄덕였다. 모두가 답을 고대했다.

맥스가 나서서, 바드는 상당히 명성이 높고 농담을 보태자면 좀 지나칠 정도로 자부심이 큰 대학이지만, 재정적으로나 명성에 있어서나 경쟁상대인 노스웨스트 소재 자유교양대학들에는 못 미친다고 말했다. "그러니 저희는 직접 나서서 평판을 높여야 하고, 그에 뒤따르는 위험을 감수할 의지가 있습니다. 이곳을 포함해 주 전역의 시설마다 대단한 잠재력을 지닌 학생들이 있다고 확신합니다. 저희는 저희가 누려 온 학습 기회를 그분들도 똑같이 누릴 수 있게 해 드리기로 다짐했습니다."

"그러니까 댁들이 우리를 등에 업고 평판을 얻겠다는 거군요?" 질문자가 웃으며 도발했다.

"**여러분과 함께**, 이렇게 말하고 싶네요." 맥스가 대답했다. "함께 얻고, 서로에게 이득이 되도록. 열심히 공부하면서, 정말로 우수한, 정말로 야심만만한 대학에 다니는 즐거움을 누리면서 말입니다."

몇 명은 회의적인 시선을 보냈고 나머지는 웃었다. 누군가 손뼉 치며 소리를 지르자 고개를 젓는 이들도 있었다.

우리가 교도소 내의 예비 학생들 앞에서 대학을 소개할 때 꺼내는 이야기는 여러 가지가 있었다. 다른 곳에서는 기피하는 위험을 감수해 명성을 얻어야 하는 입장이라든지, 이후에 내가 맞닥뜨리게 될, 적대적인 환경 속에서 자유교양대학을 설립하는 전통 같은 것을 언급하는 식이었다. 그때그때 설명을 달리하더라도 중요한 요소를 꼭 담았고, 형사사법제도나 재소자 지원, 재범률 저감 같은 이야기는 일절 꺼내지 않았다.

맥스가 목소리를 높였다. "바드는 자유교양대학이 없는 곳, 이런 종류의 학습 기회를 접할 수 없거나 배제당한 곳 그리고 자유교양대학이 있느냐 없느냐에 따라 학생과 그들을 둘러싼 교육 환경이 상당히 달라지는 곳에 대학을 세운다는 원칙을 지켜 왔습니다. 그래서 바드는 현재 상트페테르부르크에 있는 스몰니에 구소련 최초의 자유교양대학을 설립했고, 아파르트헤이트 철폐 후 남아프리카공화국에서 연구 중심 종합대학으로 손꼽히는 요하네스버그의 비트바테르스란트대학교에 자유교양학 과정을 설치했습니다. 뉴욕시에서는 조기 대학 입학 고등학교를 개설해 운영하고 있습니다. 시내 어느 지역에 사는 학생이든 재학 가능한 공립학교이고, 졸업 시 바드의 준학사 학위를 받을 수 있습니다. 따라서 이처럼 넓은 범위의 흐름 속에서 바드교도소사업단을 판단해 보시면 좋겠습니다. 교도소는 우리가 이런 맥락에서 우연히 마주친 공간이지, 1차 목표로 삼은 대상은 아닙니다."

젊은 여성 한 명이 일어나 맥스와 내가 쓰지 않고 두었던 무선 마이크를 들었다. 목소리는 떨렸지만 단호하고 직설적이었다. 앞서 큰 소리로 말했던 나이 든 여성과 달리 스무 살 정도밖에 안 되어 보였고, 스페인계 뉴욕 억양이 느껴졌다.

"여기 와 계신 걸 상당히 만족스러워하시는 느낌이 드네요. 그런데 요점이 뭔가요? 자유교양학이며, 역사학, 문학, 철학 같은 온갖 아름다운 학문을 늘어놓으셨는데요. 저희는 가난합니다. 유색 인종 여성이라고요. 이런 근사한 학문이 저희에게 무슨 의미가 있죠? 나가서 이어받을 가업이라든지 신탁기금 같은 것도 없는데요. 저희에게 필요한 건 미래를 대비할 직업 교육이에요. 이런 세상에서

---

1 입학: 교도소 대학에 관한 상충하는 의견과 정책

먹고살고, 주위 사람을 돌볼 방법도 찾아야 하고, 원래 살던 가난한 동네로 돌아가야 하니까 전문 기술이 있어야 한다고요. 돈 많은 백인들이나 다니는 바드칼리지가 저희가 출소해서 살아가는 데에 무슨 도움을 줄 수 있다는 거예요?"

박수도 웃음도 없이 무겁고 심각한 침묵만이 감돌았다.

맥스가 나를 돌아보며 답변을 해 보겠냐고 묻는 듯한 몸짓을 했다. 긴장한 모습이었다.

나는 최선을 다해 대답했다. "맞는 말씀입니다. 바드가 돈이 없다고 우는소리를 자주 하지만, 갖가지 부와 기회의 관계망으로 뒷받침되는 특권을 지닌 기관이라는 점도 부인할 수 없지요. 제가 감히 질문자께 필요한 것이 무엇이라고 단정하거나 제일 중요한 것이 뭐라고 생각하시냐고 물을 수는 없습니다만, 저희가 질문자께 가치 있는 것을 제공한다고 확신한다는 말은 할 수 있습니다. 심지어 질문자께서 그저 살아남기 위해 당장 필요하다고 지적하신 그런 일을 하는 데에도 어느 정도는 도움이 되는 일이죠."

질문자는 눈썹을 치켜올린 채 기다렸다. 내가 생각을 가다듬고 있는 사이에 그녀가 헛웃음을 지었다.

"최소한 바드는 **어렵습니다**. 그리고 바로 그렇기 때문에 저희 교수진을 통해서 배울 기술이 진정한 가치를 지닙니다. 대학은 여러분이 완전히 낯설고 지독히 어려운 교재를 붙들고 씨름해서 익히도록 요구하거든요. 한 가지 방법론이나 기술을 익히고 그 장단점을 이해하고 나면 또 다른 것을 배우고 그 상대적 이점을 가늠해 보게 되지요. 이곳에서 이미 매일 겪고 계실 압박과 장애물을 그대로 안은 채로 시간을 짜내어 공부해야 해요. 다만 가능한 한 다르게 느끼고 다르게 존재하도록 설계된 대학 강의실이라는 공간에서 말이지요."

"그래서 그게 여기 있는 수많은 여성분이 바로 써먹고 구직도 할 수 있게 해 주는 직업 교육, 육아 교실보다 나은 게 뭔가요?"

"더 낫지는 않을 겁니다. 하지만 바드는 그런 교육을 하지 않고 저도 해 드릴 수가 없어요. 그런데 이 분야에 특화된 전문가 중에는 실제로 자유교양학이 현실 세계의 실용적인 직업을 준비하는 데에 아주 유용한 예비 과정**이 된다**는 사실을 또렷이 보여 주는 분들이 계세요. 상당히 엄격하고 열정적으로 몰두할 경우에 특히 그렇지요. 반대로 지나치게 협소한 훈련만 받아서는 직업 활동을 하면서 반드시 겪어야 하는 상황, 세상에서, 시장에서 필연적으로 맞닥뜨릴 **변화**에 제대로 대비할 수 없다고 주장합니다. 이른바 '직업훈련'이라는 것의 이점이 과대평가되었을 수 있다는 말이지요."

질문자는 미심쩍은 모양이었다.

나는 계속 이어 나갔다. "그러니까 대학은 학생이 졸업

후 직업을 찾게 해 주려는 곳이고, 바드교도소사업단도 더 많은 졸업생이 그렇게 할 수 있도록 도우려고 애쓰고 있습니다. 하지만 자유교양학 자체에 대해서도 드릴 말씀이 있어요. 자유교양학이 다루는 다양한 주제는 바로 여러분과 같은 여성과 남성이 오랜 시간 발전시켜 온 지식, 방법론, 비판적 열정의 다양성을 드러내는 것이라고 볼 수 있습니다. 이 같은 주제와 분야의 다양성은 대단히 복잡한 세계의 일부분을 아우릅니다. 여러분 그리고 우리 각자가 품고 있는 재능과 역량의 복잡성을 보여 주는 것이기도 합니다. 즉 이것은 여러분을 통해 전해 내려온 것이며, 마찬가지로 여러분이 기여할 수 있고 해야 하는 유산의 일부로서, 바로 여러분의 것이라는 말입니다."

질문자는 좋게 말해 회의적이었다. 하지만 그러면서도 자리를 지켰다. 소그룹으로 나뉘어 대화하는 시간에 우리는 한쪽 구석에서 좀 더 이야기를 나누었다. 질문자는 자기 이름이 소피아라고 했다. 그러고는 교도소에서 제공하는 부실한 대책에 얼마나 좌절감을 느꼈는지, 출소할 준비가 얼마나 부족하다고 느끼는지 같은 이야기를 더 들려주었다. 그리고 아까는 평소 이런 문제를 놓고 열띤 대화를 나누던 그 자리의 수많은 여성을 대신해서 나선 것이라고 밝혔다. 대화를 끝내기 전에 내가 직설적으로 말했다. "도전해 보세요. 머지않아 더 나은 무언가가 따라 나올 거예요.

그러기를 바라고요. 지금 저희가 갖고 있는 것, 할 수 있는 일은 이게 답니다. 해 보고 허접하고 쓸모없다 싶으면 관두셔도 돼요. 그래도 지원은 꼭 해 주세요."

소피아는 지원서를 제출했고, 무기명 검토 결과 논술문 점수가 아주 잘 나왔다. 맥스와 다른 동료가 면접을 보고 심사위원회에서 합격시켜, 소피아는 출소할 때까지 몇 년 동안 바드에서 공부했다. 그리고 얼마 후 바드 본교에서 학사 과정을 계속 이어나갔다. 경제학에서 시작해 문화인류학 전공으로 졸업했는데, 졸업 논문에는 교도소 개혁을 옹호하면서 기존의 재소자를 재현하고 활용하는 방식을 비판하는 내용을 일부 담았다. 몇 년 사이에 소피아는 뉴욕시 형사사법제도 개혁을 추진하는 분야에서 승승장구했다. 그러면서 이렇게 말했다. "브루클린에서 자라면서, 저는 늘 제 인생이 교도소에서 끝날 줄로만 **알았어요**." 이제 옛 동네로 돌아가 교사, 조언자, 조직가로 일하는 소피아는 버클리와 미시건에서 박사 과정을 시작했지만 법학대학원으로 진로를 바꿀 예정인 듯하다.

자유교양학을 무시하거나 깎아내리는 경향이 대중적으로나 정치 현상으로나 상당히 자주 나타나곤 하지만, 바드 같은 대학은 소피아가 우리에게 강하게 제기했던 문제의 한 가지 해법이 될 수 있다. 더 협소하고 실용적으로 보이는 훈련을 선호하며 자유교양학을 폄훼하는

1 입학: 교도소 대학에 관한 상충하는 의견과 정책

태도는 강력한 증거에 기반한 냉철한 현실주의가 아니라 이념이나 편견의 문제에 더 가까운 인상을 주곤 한다.

특정 영역에서 훈련받는 대신에 대단히 깊고 폭넓은 열정으로 자유교양학을 공부한 바드교도소사업단 졸업생들이 현재 다양한 분야, 사업, 직업군에서 활약하고 있다. 한편, 출소 전에 우리가 협력자들과 함께 개발한 혁신적인 자유교양학 후속형 직업훈련을 이수한 학생들은 해당 분야에서 활발히 경력을 쌓고 있다. 바드교도소사업단 졸업생 중 출소 후 취업률은 65퍼센트에서 80퍼센트 사이로 나타난다. 일회성이 아니라 전반적으로 그러한 만큼, 집중적이고 수준 높고 장기간에 걸친 자유교양학 공부와 장래 '업무 현장'에서의 성공 사이에 강력한 연관성이 있음을 짐작할 수 있다. 구금의 시대가 야기한 추가적인 장애물은 차치하더라도, 교육이 아니었다면 졸업생 중 상당수가 **최악의** 실업률과 소득 저하에 직면했을 것이다.

이렇게 감동적인 성과가 바드교도소사업단에서만 나타나는 것은 아니다. 이런 결과는 실제로 이공계열*이나 특화된 직업훈련이 자유교양학보다 장기 고용 및 소득에 더 유리한지 아닌지에 관한 기존의 통념에 도전하는 일부 직업 관련 연구 성과에도 부합한다. 가장 주목할 점은 바드교도소사업단이 거둔 성과가 펜실베이니아대학교

* STEM, 전망이 좋은 분야라는 인식이 있는 과학Science, 기술Technology, 공학Engineering, 수학Math 분야를 가리킨다.

와튼스쿨의 고용 및 경영 공공정책 전문가인 피터 카펠리가 발견한 광범위한 경향과 맞아떨어진다는 사실이다. 카펠리의 체계적 연구 성과와 바드교도소사업단이 지난 15년 동안 직접 겪은 경험에 비춰 보면 자유교양학은 특히 현재 수감 중인 학생들에게 향후 취업 및 경력을 위한 최선의 대비책일 수 있다. 적어도 성인 재소자 및 출소 예정자를 위한 체계적 교육법의 일환으로 자유교양학 학습 방식을 적극 도입하기를 거부하는 것은 확실치 않은 추론으로 상당한 손실을 초래하는 행동임이 드러난다. 바드 같은 선별형 학교*든 우리의 협력기관인 주립 미네소타대학교처럼 개방형인 4년제 공립 종합대학교든, 기존 대학기관과 협력해 제공할 때 이 교육의 효과는 배가된다.

자유교양학은 특히 경제적으로 어렵고 인종적으로 다양한 재소 학생을 위한 교육을 논할 때 가장 먼저 폄하당하는 대상이다. 이런 현상이 당사자의 장기적 복지를 위한 올바른 정책과 신중한 고민의 산물일까, 아니면 대중이 선출한 공직자와 다수의 엘리트 자유주의자가 자유교양학과 빈곤층에 대해 가진 편견이 작동한 결과일까? 바드교도소사업단 학생 상당수가 수감 중에, 그리고 출소 후에도 자유교양학 공부에 매진한 결과 시장에서 성공을

* 소수 정예로 성적이나 특정 역량이 뛰어난 학생을 선별해 교육하는 대학을 가리킨다. 이와 상대적인 개념인 개방형은 성적에 크게 상관없이 많은 학생을 받아들이는 대학으로, 공립 종합대학교가 이런 경우가 많다.

거두기 적합한 인재로 성장했고, 그에 따라 이런 공부로 얻을 수 있는 개인적 정치적 지적 창조적 보상도 받았다. 우리 졸업생이 가장 뛰어난 성과를 보여 준 영역으로는 지역사회 보건, 역학, 컴퓨터 프로그래밍 등이 있다. 그러나 민간기업, 상사, 소기업, 학계에서 인사 업무 및 상급 관리직으로 활약하는 졸업생도 많다. 한때 소피아와 같은 교도소에 있던 동급생 중에 현재 영리기업 부사장이 된 이는 바드교도소사업단의 남성 및 여성 동문 수십 명이 매장과 관리직에서 일할 수 있도록 도와주었다.

소피아를 포함한 베이뷰 재소자들이 그토록 깊이 알고 격정적으로 토로했던 냉엄한 현실에서, 교도소에 밀려 들어가고 나오는 사람이 직면하는 대단히 현실적인, 사실상 광범위하며 단단하게 얽힌 문제들이 드러난다. 또한 학생의 눈에 비치는 교육의 모습이 그가 누구이며 어디에 사는가에 따라 특권과 불평등으로 왜곡되는 현상도 실재한다. 바드교도소사업단을 설립하고 이 일에 관심을 보이는 곳이라면 어디든지 찾아가 교육과정을 개설하는 사람들이 보기에, 일반적으로도 그렇지만 특히 재소자 및 출소자 교육에서 빈곤층을 위한 직업 교육 '훈련' 정책이 지나치게 강조된다. 가장 큰 문제는 수형 기간이 끝나기 몇 달 전부터 집중적으로 실시하는 단기 교육이다. 나는 여기에 기회의 폭을 좁히는 교도소 자체의 특성이 반영되어 있다고 생각한다. 그리고 이는 학생이 자율성을 함양하는 창의적인 학습과 장기적이고 다양한 직업 인생을 위한 실질적인 대비라는 두 가지 방향을 가장 의미 있고 폭넓은 형태로 추구할 수 있게 해 주는 중요한 기회를 허비하게 만든다. 실질적으로나 원칙적으로나, 바드교도소사업단은 '직업'과 '자유교양학' 교육이라는 안일한 구분을 깨트리려 애써 왔다. 폭넓고 강도 높은 자유교양학 학습을 통해 학생이 지닌 지적 창조적 역량을 최대한 깊고 넓게 길러 내는 동시에, 다른 곳에서 언급했듯이 공중보건과 정보기술 부문을 우선으로 하여 보다 집중적인 직업훈련을 위한 슬기롭고 혁신적인 접근법을 개발함으로써 말이다.

우리가 제시한 대학 교육 사업을 용감히 딱 부러지게 비판한 소피아의 능력은 역설적이게도 소피아를 그 사업의 아주 강력한 후보자로 만들었다. 몇 년이 지나서도 소피아는 자기가 지닌 창조적 지성과 비판적 열정, 자립 역량을 확장하고 발휘할 수 있는 직업 영역을 계속 개척해 나가고 있다. 궁극적으로 바드교도소사업단은 소피아가 제기한 질문의 해답을 찾지도, 그 학생들이 매일 마주하며 살아가는 문제를 해결하지도 않는다. 그러나 교육의 가능성과 한계, 그리고 공립이든 사립이든 선별형이든 개방형이든 우리 사회의 모든 고등교육 기관이 제 역할을 더 잘 할 수 있는 방법에 관한 질문에는 답을 제시할 수 있으리라 생각한다.

이 일을 하면서 내가 크게 놀란 일이 두 가지 있다. 하나는 우리가 함께하기를 바라고, 합리적이고 전문적인 '교정' 방법의 일환으로 교도소 내에 대학이 존재하기를 바라는 교정 직원이 상당히 많다는 사실이다. 더 나아가 이들은 대학이 학습 목표를 설정하고 교육 내용을 구성할 때 매우 균형감 있고 적절한 방식으로 함께 일할 준비가 되어 있었다. 게다가 우리가 학생들에게 요구하는 엄격한 학습 규칙, 지식의 폭, 기대 수준을 인상적으로 보고 이에 감동받기도 했다. 정부가 설계하는 공공교육과정은 우리가 바드에서 학생들과 함께 추구하는 야심 찬 자유교양학 학습이나 국내에서 가장 혁신적인 교육기관에서 찾아볼 수 있는 수준 높은 직업훈련 과정과 거리가 대단히 멀다. 하지만 상당수의 교정 공무원과 선출직 대표가 우리 방식을 환영하고, 우리와 함께한다는 사실을 자랑스러워한다.

두 번째로 크게 놀란 일은 이만큼 기운 나는 이야기는 아닌데, 자선활동이나 교육운동가로서 교도소에 교육 사업을 하러 들어가는 사람들이 지적으로 협소한 시각을 가진 경우가 많다는 점이다. 교도소 대학에 누구보다 열린 마음으로 적극 참여할 준비가 되어 있는 교수진과 관리자 중에 본교의 전통적인 교육학에서 아주 멀리 떨어져 있거나, 엄밀함 또는 질적인 면에서 기존의 요구 수준에 대단히 회의적인 사람이 많다. 그렇지 않으면 교도소 교육을 다른 무엇보다도 대량 구금이나 구조화된 인종주의와 계층 불평등 같은 문제에 저항하는 방법으로 생각하고 접근한다. 기존 교육 방식을 비판적 관점으로 바라보거나 사회 불평등을 줄이겠다는 야심을 품는 것 자체는 전혀 문제가 아니다. 교도소 대학이 미국인의 고등교육 접근권을 확대하는 중요한 방법 중 하나라는 믿음에는 나도 공감한다. 문제는 학계에서 새로운 무언가를 만들어 볼 기회로서, 본교에서는 찾아볼 수 없는 교육학이나 주제를 실험할 기회를 찾아 교도소에 발을 들이는 경우가 너무 많다는 사실이다.

교도소 내부 혁신이라는 것도, 교수진이 생각하기에 교도소라는 공간의 정치에 있어서, 또는 재소자가 지녔으리라 예상되는 욕구, 관심, 포부에 있어서 특별히 진보적이거나 급진적이거나 '유의미'할 듯한 무언가를 실행했다는 뜻일 때가 많다. 교육학 또는 교육 내용에 담는 그러한 실험이 교도소 밖, 본교에서 실시하는 것과 일치한다면 전혀 반대할 생각이 없다. 그러나 교도소 내부의 교육 현장이 본교에서 보이는 것과 지나치게 다르거나, 더 낮은 학문적 기준을 적용하거나, 다른 운영 구조를 갖춘 공간이 되어서는 안 되며, 무엇보다 재학 중의 지적 성취나 졸업 후의 직업적 성공을 판단하는 기준을 다르게 적용하는 곳이어서는 안 된다.

제일 큰 문제는 재소자들을 강의실에 불러 모아놓고는 자격이나 학위를 부여해 주지 못하는 경우로, 특히 본교에서 실행하는 주요한 학문 관행과 극단적으로 다른 방식으로 운영하는 교육과정이 그러하다. 좋은 의도로 진행하는 그런 교육과정에서는 교도소 자체와 그 내부 문제가 학생과 대학의 만남에서 중심을 차지하는 경우가 많다. 자격과 학위를 부여하지 않거나 본교의 학문적 기준과 관행에서 벗어난 그런 과정은 만들기가 대체로 훨씬 더 수월하다. 사회봉사나 봉사 학습, '현장 지원'과 연계하는 경우가 많으며, 본교의 명망이 손상될 위험이 적거나 아예 없기 때문에 대학 주변부에 존재하기 더 쉬울 수 있다. 교육적 성취가 아니라 사회 정의 또는 인종적 평등, 종교적 소명을 가장 중요시하는 이런 사업은 학내에 한결 쉽게 자리 잡고 성장할 수 있다. 이런 식이면 학장과 총장은 대학이 교도소 안에 '속한다'거나, 그런 수준 높은 대학교에 재소자가 '재학'할 수 있다는 사실을 보여 주는 계획을 승인할 필요가 없다. 교육기관으로서 대학이 지닌 가장 중요한 자본을 내놓지 않은 채로 이 사업에 참여하는 타 대학들과 달리, 바드는 처음부터 자격과 학위를 제공하기로 하고 교직원 모두 재소 학생을 본교와 동일한 기대 수준, 기준, 목표를 갖고 대하도록 했다.

바드교도소사업단은 자유주의적 교육을 교도소에

맞추거나 교도소에 '개입하기'에 적합하도록 변형하는 방식이 아니라, 아무리 좋은 의도라 하더라도 대학이 기존에 제공하는 학습 기회의 범위나 목적을 축소하지 않고 그 폭과 다양성을 충실히 지킬 때 학생과 대학의 사명 실현에 더욱 기여할 수 있다는 전제를 가지고 출발했다. 바드교도소사업단 교수진은 바드 본교와 동일한 범위와 다양성을 반영해 학생을 선발하며, 학생에게 제공하는 혜택도 본교에서 시행하고 개선하는 사항을 그대로 적용한다. 따라서 똑똑하고 젊은 학생이자 재소 여성인 소피아가 요구했던 방향과 달리, 이 사업은 특정 '인구 집단'을 위한 특별한 개입을 상정하지 않았다.

본교에서 적용하는 기존의 학문적 요구 수준과 학습 구조를 가능한 한 그대로 따른다는 원칙은 설립 당시 맥스를 위시한 바드 구성원들이 수립한 것이다. 학생, 특히 성인이 된 사람이 학습 방향을 스스로 판단할 수 있고 해야 한다는 생각을 부정하기 때문은 아니다. 바드교도소사업단에는 이미 그렇게 하는 학생이 많다. 그러나 우리는 본교에서 수립하는 학문적 원칙, 방법론, 기대 수준을 계속 복제하고, 어디서 공부하는 누구이건 상관없이 **모든** 학생에게 이러한 과제를 제시하는 것이 기관의 사명이라는 전제하에 교도소 대학을 운영해 왔다. 재소자가 학생으로서 성장해 감에 따라 대학은 그들이 품은 바람과 재능, 고민에 부응한다.

이에 따라 바드에서 운영하는 바드교도소사업단 교과과정에는 1년 차 집중 토론 수업, 문법 실습, '시민 과학' 훈련, 수학 문해 과정 등 학생이 의지를 갖고 있는 한, 학사 학위 취득에 필요한 엄격한 학술적 기준에 맞는 개인 졸업 논문을 작성하기 위해 들어야 하는 필수 과목이 많다. 그 외에는 학생의 요구를 그대로 반영한 과목들을 제공한다. 외국어 중에서는 제일 먼저 독일어, 두 번째는 스페인어, 세 번째로 중국어를 개설했고, 학생 요청에 따라 실험과학, 경제학, 컴퓨터 프로그래밍뿐 아니라 밀턴, 마술적 사실주의, 문화학, 디아스포라와 탈식민기 연구도 도입했으며, 당연히 우리 학생들이 일상 경험 속에서, 그리고 자신이 속한 지역사회에서 맞닥뜨리는 도전과 밀접한 논쟁적이고 대립적인 주제까지도 받아 안았다. 세상이 부여하는 기존의 지위를 그대로 받아들여야 한다는 관념을 거부하면서, 학생을 향한 대학의 존중과 배려를 담은 접근법이다. 이는 가난하고 기회가 부족한 배경에서 자라나 성인이 되어서야 미국의 대학에서 제공해야 할 모든 영역의 학습 기회를 최초로 누리게 된 학생들에게 더욱더 큰 의미를 지닐 것이다.

한 가지 인상적인 점은 바드칼리지 재소 학생들이 제기하는 새로운 주제와 추가 교과목 요구 사항이 한두 학기가 지나면 처음과 달라지고, 이내 교도소 관련 운동가들이 빠져 있는 관념과는 거의 무관해진다는 사실이다. 우리가 최초로 개설한 외국어 과목이 독일어인데, 이는 고학년 역사인류학 토론 수업을 듣던 학생 한 명이 듀보이스가 막스 베버와 함께 진행했던 심층 연구가 독일어로 되어 있다는 사실을 알았기 때문이다. 듀보이스가 거둔 대단히 깊고 넓은 학문적 업적에 경외심을 품은 학생들이 그의 사회 이론을 원어로 직접 접하고 싶다고 요구했다. 나중에는 졸업 및 출소 후에 마주할 세계에서 가장 인정받는 언어가 중국어일 거라고 생각해 중국어를 공부하려는 야심 찬 학생들도 나타났다.

미적분학 과정을 마친 뒤에 시작하는 고등수학 과목을 개설한 것 역시 우리 학생의 선호와 성취에 따른 것이다. 이따금 대량 구금에 대한 비판적 사회학이나 처벌에 관한 사회 이론을 공부할 추가 교재를 요구하는 학생이 있으면 그에 맞는 교재를 제공했다. 하지만 졸업 논문을 통해 자기가 가장 관심 있는 특정 주제에 몰두할 기회를 얻었을 때 자신이 가진 경험과 환경을 훨씬 폭넓은 연구 성과와 방법론에 멋지게 연결해 내는 학생이 더 많았다. 최근 졸업반 학생 중에는 재건 시대* 교육 개혁에서 로마 가톨릭교회가 맡은 역할에 관한 역사학 논문을 완성한 학생이 있다. 브라운 대 교육위원회 재판⁑과 그 밖의 정책 실험 이후 인종차별 철폐의 성공과 실패에 관해 논문을 쓴 학생도 있다. 이들과 함께

* Reconstruction, 19세기 중후반, 미국 남북전쟁 이후 시기를 가리킨다.

⁑ Brown v. Board of Education, 공립학교에서 백인과 유색인종을 분리 교육하는 것은 불법이라고 한 1954년 미국 연방대법원 판례다.

졸업한 다른 학생들이 작성한 논문 주제로는 추상 대수학, 갱스터 랩과 미국 서부의 평행 관계, 제2차 세계대전 후 유럽 경제의 회복력, 베를린 거주 튀르키예 이주민 문학 등이 있다.

바드교도소사업단은 빈민층이나 수감자를 대상으로 하는 사회사업이 대부분 기대 수준을 낮게 잡는다는 사실을 대단히 예민하게 받아들였다. 학생들이 중등교육을 견디지 못하고 뛰쳐나오면서 이미 거부한 바 있는 그 교실과 너무나 흡사한 모습을 한 '개발' 또는 '교정 교육'을 우리는 강하게 거부했다. 그 대신 수학과 문해 부문을 집중 훈련하는 동시에 최고 수준의 지적 열정과 실천을 유도하는 교육과정을 개발하는 데 공을 들였다. 지적 탐험과 도전을 우선으로 하고 '교정'은 그다음으로 두었기 때문에, 학생들은 첫날부터 교수진이 진지한 태도로 대한다는 사실을 인지하고 대학문화와 학문의 재미에 빠져든다. 자신의 결점에 초점을 맞춘 훈련에 압도당하기 전에 최고 수준의 학업이 주는 전율을 먼저 체험한다.

최근 몇 년 동안 나는 비슷한 사업을 시작한 미국 전역의 교수와 총장에게 조언을 해 왔다. 누구보다 선한 의도로 참여했음에도 첫발부터 잘못 내딛는 경우가 너무나 많다. 명성 있는 어느 대학의 교수는 교육에 대한 학교 측의 '보수적인' 입장을 받아들이기 힘들어했다. 그 학교의 학장이 교내에서 새로운 교육학과 '민주적인' 방법론을 실험하려는 시도를 불허했기 때문이다. 혼란에 빠진 교수는 그런 실험이 재소자에게 더할 나위 없이 적합하다고 생각해, 본교에서 금지당한 일을 교도소에서 할 수 있기를 기대하고 있었다. 지금 생각해도 그렇지만, 재소 학생의 관심에 부응하는 게 아니라 절충하려 드는 자세가 당시 내게는 충격적으로 다가왔다. 그 교육 '실험'이 좋은 의도에서 출발했는지, 그 자체로 좋은 방안인지와는 별개로, 내 눈에는 교도소라는 공간을 오용하는 행태로 보였다. 설령 선한 의도에서 출발한 경우라도, 명성 있는 대학의 운영진이 재소 학생의 결점을 미리 상정해 두고 거기에 맞추어 본교의 기준과 목표를 조정하고 수정하며, 솔직히 말해 하향평준화하고 나서는 경우가 많다.

우리는 교도소를 본교의 관행과 동떨어진 실험의 장으로 사용하려는 잘못된 충동에 저항하기를 권한다. 선의라 해도 편견에 기반해 기대치를 낮추려는 시도 역시 거부하기를 요구한다. 교도소가 이미 보상에 전혀 걸맞지 않은 위험을 감수하게 만드는 온갖 '차이'와 분리의 대상이었다는 점을 염려하기에, 교도소를 진보적이지만 이상화한 교육적 상상을 실행하는 장으로 여기지 않으려면 어떠한 결함이 있든 간에 기존의 교육 관행을 지키는 것이 최선이라고 생각한다. 만약 이미 그러한 교육학을 본교에서 실행하고 있는 상태에서 교도소에 적용하고자 하는 경우라면, 학생들이 본교에서 펼쳐지는 학교생활을 똑같이 경험할 것이므로 이런 우려는 신경 쓸 필요가 없을 것이다.

교도소 대학을 창립할 때 바드칼리지가 품은 기본 이념은, 새로운 것을 창조하는 일과는 상관없이 그저 교도소 안에 뛰어난 잠재력을 지닌 학생들이 있다는 것, 미국에서 대학 교육 접근권을 충분히 보장하려면 훨씬 더 적절한 일을 해야 한다는 것, 스스로 가장 잘 할 수 있는 일을 하고자 하는 우리 대학의 사명에 부합하는 일이라는 것이었다. 기존의 교육 방식이나 미래상만이 현실성이 있다거나 대학이 다른 어떤 기관보다 결함이 적다고 생각해서가 아니라, 교도소에 발을 들이면서 별도의 교과과정이나 교육학 또는 사명을 수립한다면 우리 자신과 학생들을 배반하는 일이 되리라고 생각해서다.

바드교도소사업단도 다른 어떤 교도소 대학도 대량 구금 문제를 해결할 수는 없다. 미국의 거의 모든 주에 퍼진 이 치명적인 현상에 대응할 방법은 재소자 수를 줄이고 형기를 낮추고, 우리 경제의 징벌적 속성을 덜어 내고, 미국의 불평등, 특히 형사사법제도를 속속들이 손상시키는 극심한 인종 격차를 일소하는 것뿐이다. 게다가 우리가 하는 일이 유일하게 실행 가능한 교육적 개입이 아닐뿐더러, 대량 구금이 드러내는 구조적 부정의의 수준을 고려할 때 이것이 만병통치약이 되기는 거의 불가능하다. 그러나 이 일은 공익에 기여하는 민간기관으로 간주되는 자유교양대학이 구조적 억압이나 개인적 결점을 우선시하기보다 각 학생의 내면에 존재한다고 믿는 특별한 재능에 대한 애정으로 학생을 대한다는 기존의 강점을 발휘하기만 해도 해낼 수 있는 것이다. 우리는 이런 공간, 더 나쁜 표현으로는 '이런 집단'에 적합하리라고 짐작한 내용에 근거해 우리 자신을 재창조하지 않고, 바드 총장의 표현을 빌리자면 그저 우리가 가장 잘 하는 일, 즉 가르치는 일을 하는 쪽을 선택했다. 그렇게 하면 근사하고도 예측 불가능한 일이 뒤따르리라는 확신을 품고서.

분위기 형성

바드교도소사업단이 '바깥'에 있는 바드 본교의 규범을 충실히 지키기 위해 쓰는 방법 중 하나는 까다로운 선발 정책을 도입하는 것이다. 사실 이 일은 지원자를 효과적으로 '거르는' 일이라기보다 수감 상태와 상관없이 학생을 대하는 분위기를 형성하는 일에 더 가깝다. 타 기관이나 자선단체의 재소자 대상 사업과 얼마나 다른가 하는 것만이 아니라, 다른 무엇보다도 바드교도소사업단을 통해 학생이 되기를 선택한 재소자들을 바라보는 교도소 측의 인식과 판단으로부터의 단절을 보여 준다는 것이 매우 중요하다. 이러한 단절을 시작하는 것, 교육과정을 이런 식으로 바꾸려는 시도를 하도록 돕는 것이 대학에서 할 수 있고 해야 하는 핵심 역할이다. 이 작업은 개강일보다 훨씬 앞서서 시작된다.

매해 여름 바드는 허드슨 계곡을 따라 들어선 여러 교도소 내의 위성대학에서 신입생 모집 전형을 실시한다. 해당 교도소 재소자 중 최대한 많은 사람에게 이 기회를 알리고 지원하도록 권한다. 의무는 전혀 아니고, 가능한 한 많은 사람이 자발적으로 지원하기를 기대한다. 동부교도소에서는 1000명 정도 되는 '일반 재소자' 중 120명 정도가 바드에 지원한다. 워싱턴주에서 미주리주까지 미국 전역의 협력 사업처에서도 비슷한 과정을 실시한다.

지원자는 자의로 나서야 하며, 그렇게 함으로써 실패를 제대로 맛볼 각오를 해야 한다. 고등학교를 졸업한 사람이 거의 없기 때문에 성적 증명서를 제출하지는 않는다. 대학입학자격시험을 치르지 않으며, 주 정부가 요구하는 자격 요건인 고졸 검정고시 성적도 요구받지 않는다. 그 대신에 즉석에서 시, 정치 평론, 역사, 문화 분석, 소설 등 대학 1, 2년 차에 공부하는 원전에서 뽑아낸 한 쪽 정도의 짧은 지문을 읽고 정해진 시간 내에 논술문을 작성하는 시험을 치른다. 그러면 심사를 맡은 교직원이 논술문을 읽고 지원자 중 40명 정도를 추려 면접을 본다. 한 해 최종 선발 인원은 학교별로 15명이다. 동부교도소의 경우 그 15명이 전체 100명 정도인 재학생 집단에 합류한다. 중경비 교도소인 이 시설의 재소자 중 15퍼센트가 전일제로 바드칼리지에 출석한다.

선발 과정에 참여하는 교수진은 평점 및 표준화한 시험 성적이라는 사립학교의 전형적인 틀에서 벗어난, 다소 불안정하고 임의적인 우리의 전형 과정을 전적으로 신뢰한다. 인종이나 가족의 학력, 우수한 교육적 성취에 주목하는 일반적인 기준은 거의 고려하지 않는다. 교수진은 입시 논술문을 읽는 데 익숙한 사람들이지만, 여기서는 상황이 좀 다르다. 이 논술문은 시험장처럼 꾸민 커다란 방에서 1년 차 교과과정을 반영한 낯선 지문을 읽고 제한 시간 내에 작성한 것이다. 상시 감시를 당하는 감금 상태에 놓인 작성자가 특히나 낯선 대상인 대학 관계자를 독자로 삼아 쓴 글이다. 주어진 지문을 어떻게 읽고 논술해야 하는지 거의 또는 아예 아는 바가 없을 것이다. 그러나 장문의 논술과 뒤이은 짧은 면접 외에 심사단이 참고할 자료는 아무것도 없다.

새로 심사에 참여하는 교수는 대개 지원자의

1 입학: 교도소 대학에 관한 상충하는 의견과 정책

논술문에서 우리가 무엇을 찾고자 하는지 묻는다. 나는 어떤 형태든 지문에 대한 생생한 반응, 즉 섬세한 집중력, 그리고 지문을 주목할 만한 대상으로 다루는 능력이 있는지를 살펴본다고 답한다. 크게 보면 앞으로 만날 학생들을 대하는 태도와 똑같은 마음가짐으로 지원자의 논술문을 대한다. 적어도 맨 처음에는 눈에 띄는 약점과 결점은 제쳐 둔 채 전망을 보고 장점에 집중하는 것이다. 글의 구성, 문장 구조, 언어 능력 등 기술적인 작문 실력이 있다고 볼 만한 증거를 찾아본다. 나는 특히 구문을 중시하는데 이는 깊고 넓게 사고하는 능력, 한 가지 이상의 주제나 개념을 동시에 다루거나 병렬시키는 능력을 보여 주는 증거라고 생각하기 때문이다. 어조나 문체, 통찰력도 점검한다. 때로 지극히 평범하지만 단단하게 쓴 글이 강한 힘을 발휘하고, 거의 문맹이라고 봐도 될 만큼 형편없는 글이라 해도 지문을 읽고 거기에 다른 견해나 통찰을 부여해 더 넓은 세계로 확장시키는 능력을 보여 주거나 글을 읽는 교수진의 시선을 확 끌어당기는 경우가 있다. (심사할 때 무엇을 보느냐는 질문에 대해 나는 자주, 나 자신이 유대인이니만큼 맘 편히 다음과 같은 유대인 농담으로 답하곤 한다. “식당에 앉은 유대인 두 사람에게 종업원이 다가가 묻습니다. ‘안녕하세요. 혹시 **안 부족한 것** 있으신가요?’”*) 지원자의 논술문을

* ‘혹시 부족한 것 있으신가요’라는 질문을 뒤집어 유대인의 까다로움을 비트는 농담으로, 여기서는 결점이 가득한 글 속에서 장점을 찾아낸다는 뜻으로 읽힌다.

읽으면서 우리는 단점을 찾거나 실수를 골라내는 것이 아니라 강점과 가능성의 표식을 최대한 찾아내려는 자세를 취한다.

이 책의 서두에 등장한 피터 베이처럼 면접장에서 과묵한 모습을 보이는 지원자는 흔치 않다. 아무리 긴장을 했더라도 지원자는 대체로 말이 꽤 많고 적극적인 편이다. 15년 동안 이 일을 하면서 나는 뉴욕뿐 아니라 전국 곳곳의 면접장에서 수백 명의 지원자를 만나 보았다. 뉴욕에서 우리가 읽은 지원자의 논술문은 5000편 가까이 되고(나는 아마 거의 다 읽었을 것이다), 어림잡아 그중 3분의 1가량의 작성자를 면접했다. 세금 정책에 관한 당시 언론 기사 한 편을 읽고 뛰어난 논술문을 작성한 한 남성이 기억난다. 면접장에서 그는 자신이 논술문에 쓴 행동경제학에 관한 예리한 비평 내용을 공들여 설명했다. 나중에 밝힌 바로는 어머니가 뉴욕의 대형 영리회사에서 일한다고 했다. (이후 이 학생은 수학과 중국어를 복수 전공했고, 지금은 코드를 짜는 개발자로 일하고 있다.) 매우 흥미로운 논평에 이어 다음과 같은 글을 덧붙여 놓았던 또 다른 지원자도 떠오른다. "교도소에서 지내기가 점점 편해지고 있다는 걸 깨달았습니다. 그 사실이 몹시 두려웠습니다. 다시 이 공간을 불편하게 느낄 최선의 방법이 무엇일지 고민했고, 그 결과 대학에 지원하기로 했습니다." (이 학생은 상당량의 독일어 1차 자료를 바탕으로 베를린 거주 튀르키예 이민자 문학에

관한 졸업 논문을 작성했다. 현재는 맨해튼에 위치한 홍보 회사에서 일하고 있다.)

재소자 대상의 '교정 교육' 유형에 따른 표준화된 대학 선발 절차를 학술적 논술문과 개별 면접으로 대체했을 때 얻을 수 있는 이점이 무엇인지는 존 스미스라는 지원자의 사례를 통해 알 수 있다. 스미스 씨는 안경을 쓰고 적갈색 염소수염을 길렀고 문신도 여러 군데 있었다. 켄터키주와 맞닿은 인디애나주 남부 애팔래치아 지역 출신이었는데, 인디애나주 북부, 시카고와 게리에서 동쪽으로 뻗어 나온 낙후된 공업 지역에 수감되었다. 그는 노터데임대학교에서 바드교도소사업단의 도움을 받아 추진 중이던 대학 과정에 지원했다. 나는 경험 많은 학계 동료들과 함께 첫 신입생 선발 과정을 도우러 그곳에 가 있었다.

스미스 씨는 10학년까지 다니고 학교를 그만두었는데도, 미국 헌법을 경제적으로 해석한 지문을 읽고 쓴 논술문으로 지원자 중 최고 점수를 받았다. 만장일치로 면접 자격을 부여받았지만, 대화는 그다지 잘 풀리지 않았다. 스미스 씨는 방어적이고 상당히 미심쩍어하는 모습을 보였다. 나는 분위기를 풀어 보려고 논술문이 무척 인상적이었다며 책을 많이 읽었느냐고 물었다. 그는 아니라고 말했다.

"흠, 그러면 글쓰기는요?" 내가 물었다. "꽤 규칙적으로 글을 쓰신 것 같은데요?"

"아니요. 글은 전혀 안 씁니다." 딱딱한 말투로 그가 답했다.

"단편소설이나 시, 노래, 뭐 그런 것도 전혀요?"

"안 씁니다."

"편지는요? 편지는 분명히 썼을 듯한데요."

"아니요."

"흠." 궁금해진 내가 또 물었다. "그럼 일기는 어때요? 일기는 꾸준히 쓰시나요?"

잠시 침묵이 흐른 다음, 그가 고개를 끄덕였다.

"일기는 두 권 씁니다."

"두 권이요? 아, 그래요. 그러니까 그건 논술문도 편지도 아니고, 스미스 씨가 생각하기에 '대학교에서 쓸 법한 글'도 아니라는 거군요. 그렇지만 글을 꽤 많이, 꽤 잘 써 오신 것처럼 보여요. 그런데 일기를 **두 권** 쓰신다고요?"

스미스 씨가 다시 머뭇거리다 대답했다. "여기서 매일 일과가 끝나면 감방에 앉아서 그날 있었던 일을 기록합니다. 써 둘 만한 일이 있을 때도 있지만, 안 그런 날도 더러 있죠. 그래도 매일 그날 있었던 일을 일기장에 써서 아홉 살짜리 딸에게 보냅니다."

"그렇군요. 그것참 인상적이네요. 쓰는 양도 많고요. 그럼 **두 번째** 일기는요?"

"똑같은 걸 반복합니다. 그날 있었던 일정, 일어난 일을

---

1 입학: 교도소 대학에 관한 상충하는 의견과 정책

적는 거죠. 재미난 것도 있고 아닌 것도 있고. 그건 다섯 살짜리 딸에게 보냅니다."

그 말을 듣자 나는 말문이 막혔다.

"그러니까 더 어린 딸을 위해서 같은 내용을 다르게 쓰신다는 말이에요?"

"당연하죠."

당연하다니. 자유교양대학에서 제대로 공부할 준비가 되어 있는 사람의 마음가짐을 이보다 뚜렷이 보여 주는 사례를 찾을 수 있을까 싶다.

이 선발 과정을 통해 바드가 대학 자체를, 미래의 학생을, 대학과 교도소와의 관계를 어떻게 바라보는지가 드러난다. 실력이나 역량, 열정 면에서 비교적 준비된 지원자를 찾아내는 수준에서 그치지 않는다. 이 과정은 교정 체계 내부에 자리 잡은 대학이라는 낯선 존재감, 축소하기보다는 확장해야 할 그 희한한 위치를 정의하기 시작하는 선언적인 행위다. 지원자에게 우리가 누구이고 어떤 존재인지, 나아가 그들을 어떻게 바라보고 무엇을 기대하는지 선언하는 것이다. 모든 선발 과정이 그러하듯이, 소망을 드러내는 행위이기도 하다. 이 분야에서 어느 정도 명망과 상당한 사회 자본, 유난히 강한 자부심을 지닌 대학이 재소자에게 학교의 현재와 미래를 건다고 처음으로 밝히는 순간이다.

여기서 특히 유의할 점은 이 과정의 선별 능력을

과장하거나 곡해하지 않는 것이다. 선발된 학생 중에 대학의 '일반적' 선별 기준을 뛰어넘는 경우는 고사하고, 부합하는 학생도 거의 없다. (바드뿐 아니라 현재 우리가 협력하고 있는 다른 공립 및 사립 학교의 선발 과정도 마찬가지다.) 나아가 개별 대학의 지원자 후보군이 아무리 다양하더라도 우리는 처음부터 모든 집단을 아울러 학생을 뽑으려고 노력하며, 선발된 학생은 모두 다 전액 장학금을 받고 공부한다. (뉴욕 소재 위성대학을 통틀어 매년 여름 선발하는 전일제 신입생은 70명 정도이다.) 현재 우리가 협력하는 미국 전역의 다른 교육과정도 마찬가지다. 따라서 언제나 각 집단을 아우른다는 원칙을 통해, 상대적 준비 상태와 의지 같은 요소를 판단하도록 설계한 선발 기준의 균형을 맞춘다.

우리가 진행하는 수업의 지적 수준과 학생들의 우수한 학업 성과 그리고 출소 후 그들이 어떤 업계와 대학원으로 진출했는지를 알게 된 사람들은 바드가 상대적으로 특권층이나 '중류 계급' 출신인 재소자만 골라내는 '우수생 가려 뽑기'를 하는 것뿐이라고 생각한다. 그러나 조사 결과에서 보듯이 이 판단은 틀렸다. 주 공식 자료와 우리 학생 정보를 바탕으로, 초창기부터 입학한 700명 정도 되는 바드교도소사업단 학생 전원의 일반적 특성을 뉴욕주 재소자 일반과 비교해 보았다. 그 결과 인종, 출신 지역, 수감

전 가계 소득 및 학업 성취도 측면에서 바드가 뽑은 학생 집단은 재소자 일반을 완벽히 대표하는 것으로 나타났다. 안타깝게도, 이는 곧 바드에 입학한 학생들이 절대 다수의 재소자와 마찬가지로 단지 가난하고 교육받지 못한 사람일 뿐이라는 뜻이다. 뛰어난 학문적 성과를 보여 주기는 하지만 이미 갖고 있던 사회적 이점을 바탕으로 선발된 학생들이 아니다. '우수생 가려 뽑기'는 없다. 이보다 훨씬 불편한 가설은 교도소 안에 대단히 우수한 학업 성취 역량을 지닌 재소자가 많은데도 기존 고등교육기관, 특히 재정적 정치적 자본을 가장 많이 보유한 학교들이 지나치게 안일한 태도를 보인다는 것이다. 교수진으로 보나 사명 또는 면세 기부금 규모로 보나 그런 학생의 존엄과 야심을 채워 줄 만한 특권적 지위에 있는 대학들이 제 역할을 못 하고 있다는 말이다.

2015년 여름, 오바마 행정부에서 실험적으로 재소 학생에게 강의를 제공하는 모든 대학에 무상 학비 보조금을 지급하는 놀라운 시도를 했는데, 당시 앞으로 나서는 대학이 충격적일 정도로 적었다.

피터 베이가 면접에서 그토록 예리하게 표현했듯이, 교도소에서는 자기 삶을 바꾸려는 열망이 대단히 높은 수감자조차도 수형 생활을 감독하는 기관의 지시에 따르기를 지나치게 요구받는다. 교도소 대학이 안정적으로 자리 잡는다는 것은 이처럼 심하게 왜곡된 권력 구조를 돌이킬 수 없을 정도로 뒤집어 놓는 일이다. 그러나 동시에 이 작업은 재소자가 자신의 개인적 야망을 충분히 반영하고 미래의 입학생에게도 영향을 줄 교육기관을 설립하는 일에 동참함으로써 자기 미래를 스스로 설계하고 대안적인 '자아의 기술'*에 참여할 무수한 기회를 창출하도록 돕는다.

이렇게 자기주도적인 협력의 기회를 만듦으로써 재소자들은 복잡하고 피할 길 없는 통제의 장을 유지하고 휘두르는 것을 자기 직무로 여기는 교정 직원에게 대항할 수 있다. 최소한 그 임무를 더 어렵게 만들 수 있다.

언젠가 뉴욕 외부의 협력기관 중 한 곳을 대표하여 대학 신입생 선발 규정을 협의하기 위해 중서부 지역의 교정 공무원과 만나서 우리가 원하는 방식을 설명한 적이 있다. 늘 그렇듯 대학과 교수진 그리고 입학을 원하는 재소자에게 일부 권한을 이전한다는 내용이 세부 운영 방침에 포함되었다. 이는 곧 전도유망한 신입생이 된 재소자가 성가신 방식으로 권한을 행사할 수 있고 실제로 그렇게 **해야 하는** 공간을 새롭게 창출한다는 것을 의미했다. 여기서는 지원을 할 것인지 안 할 것인지, 선발 과정에 어느 정도 열정을 가지고 참여할 것인지, 교도소가 아니라 대학이라는 환경을 우선적으로 고려하여 자신을 어떻게 표현할 것인지를 재소자가 스스로 결정해야 한다.

* arts of the self, 개인이 자기 행위를 설계하고 실행하는 일을 가리키는 푸코의 개념이다.

그날 회의에서 다른 사항에 대해서는 호의적이던 교정 공무원이 난색을 표했다. 잠시 무거운 침묵이 흐른 뒤에 그가 말했다. "글쎄요. 무슨 일이 일어나든, 주도권이 **저희에게** 있다는 사실을 범법자들이 알아야 해요."

교도소를 관리하는 공적 임무를 맡은 사람은 조직 내부의 핵심 결정 사항을 지킬 책임이 있다. 따라서 가능하면 언제나 재소자와 대학, 주 정부 공통의 이해를 기반으로 하여 이런 공무원과 공감대를 형성하는 일이 대학과 학생에게 무엇보다 중요하고 까다로운 과제 중 하나다.

대학의 선별성은 교도소 **내부** 형평성에 대한 염려를 훨씬 넘어서는 놀라운 문제를 야기한다. 대학에 지원하기로 마음을 먹었다는 것은 그 재소자가 자기를 남들과 다르게 인식하고, 자기 삶을 변화시킬 방법을 적극적으로 찾고 있다는 뜻이다. 기존의 명성 있는 대학들은 이 점을 좋게 볼 것이다. 선별형 대학에서는 학교와 학생을 정확히 이런 관점으로 이해한다. 선별성은 해당 대학의 사회적 지위와 밀접한 관련이 있으며, 이를 통해 학생, 교수진, 관리자가 일상적으로 관계 맺는 방식과 관계를 구성하는 방식이 드러난다.

그러나 형사사법정책 또는 사회과학 방법론을 통해 사안을 바라보는 수많은 전문가가 바로 이 점을 문제 삼는다. 학교 측에서야 자신을 자주적이며 장래성 있는 존재로 인식하는 재소자를 학내에 친숙한 관념에 부합하고 자율성과 포부를 중시하는 대학의 가치에 적극 참여할 학생으로 볼 것이다. 그러나 재범 가능성 저감에 '효과적인' 방안을 찾아내는 것이 목표인 사람들은 이러한 '자기선택'이 사회과학의 기반을 무너뜨린다고 생각한다. 그들의 관심사는 교도소 대학이 '재범 가능성 저감'에 '효과'가 있고, 따라서 범죄를 줄이고 비용을 절감하는 데 도움이 된다는 사실을 입증함으로써 사업의 정당성을 뒷받침할 증거를 추출해 내는 것이다. 실제로 이런 식으로 생각할 경우, '대학 공부를 선택했다면, 그 사람은 이미 재범 가능성이 없다는 뜻이 아닌가?'라는 판단이 따라 나온다. 독립 변인(대학)과 종속 변인(재범 가능성) 사이의 인과관계를 입증하려는 시도가 진정한 교육의 생명력이라 할 욕구, 자발성, 자유에 기반한 선발 과정 때문에 오염되고 만다.

전문가가 '투입량'에 집착한다는 것은 적절한 비용을 들이는 선에서 재범 가능성을 낮추려면 최소한 몇 개의 대학이 필요한가라는 고민에 매몰되어 있다는 표지다. 논리적으로 추론해 보면 이는 우리가 교육을 (특히나 의심할 바 없이, 자유교양학을) '남용'하는 처참한 결과를 피해야 한다는 압박에 시달리고 있다는 뜻이다. "공공정책이란 죄다 비합리적이지만, 형사사법정책만큼 비합리적인 것은 없다"라고 꼬집은 변호사이자 사회이론가인 오토

키르히하이머의 말에 공감하는 사람이 있을 것이다. 그러나 이보다 덜 비관적으로 본다고 해도, 재범 가능성 저감과 효율적인 교육 '투입량' 파악에 사로잡힌 현재의 형사사법 체계가 교수진과 학생뿐 아니라 자유교양학 정신과 고등교육 자체와도 다른 방향을 향하고 있는 것은 틀림없다.

이 사업을 지지하는 사람들은 대학과 교도소가 본질적인 차이를 인지하고 서로 존중하는 태도로 거리를 지키며 합의점을 찾아나가는, 번거롭고 때로는 조마조마하며 적당히 거리감이 느껴지는 협력 관계를 통해서만 교도소 대학의 가능성이 충분히 실현될 수 있다는 점을 반드시 인식해야 한다. 협력 관계가 지나치게 밀접하고 기관 사이에 구별이 모호하면 그 기회는 날아간다. 이런 식의 거리 두기와 그 과정에서 발생하는 서로에 대한 조심스러운 긴장감은 이로우며 사실상 핵심적이다. 대학과 교도소가 서로 지나치게 얽히거나 심지어 하나로 뭉쳐질 정도로 거리감을 상실한 상태는 해당 사업이 교육의 한계를 벗어나 또 하나의 교정 사업으로 접어들었다는 가장 뚜렷한 징표다.

뉴욕주의 피터와 소피아, 또는 인디애나주의 존 스미스처럼 선발 과정을 통과한 지원자는 교도소 우편을 통해 편지를 한 통 받는다. 그리고 신입생 설명회에 참석한 후 날마다 달마다 해마다, 거의 대부분의 시간을 수업을 들으며 보낸다. 이상적인 경우라면 출소할 때까지 가능한 한 오래 이 생활이 지속된다. 기본적인 요건은 간단하다. 학생이 수업을 잘 따라가고, 대학의 규범에 적응하고, 학위를 따기까지 교수진이 요구하는 실력을 키울 수 있는가? 피터 베이는 이제 자신의 신념에 도전하고 사고와 언어 습관을 뒤흔들어 놓을 수많은 인물과 저서를 마주하게 될 것이다. 다른 종류의 권위자들과 새로운 대립, 새로운 동맹을 경험하게 될 것이다.

이것이 대학에 입학한 베이가, 그리고 비슷한 길을 선택한 100여 명의 다른 재소자가 공통적으로 맞이할 일상이다. 그들은 대학 생활이 어렵고, 상당히 공개적으로 자신의 단점과 한계에 꾸준히 직면해야 하는 일이라는 것을 깨닫게 될 것이다. 매일같이, 대학에서 시간을 보내다가 교도소 체계가 지배하는 시설로 돌아가는 생활을 할 것이다. 날마다, 학생이 모여 있건 아니건 교수가 있건 없건 유동적으로 별개의 권위, 담론, 관계 속에서 활기를 띠는 대학의 임시 교정과 교도소 사이를 오갈 것이다.

거의 예외 없이, 바드 교도소 대학 졸업생은 출소 후 절대 되돌아오지 않는다. 학생들이 학문적 경력을 통해 쌓은 모든 개인적 성취를 제쳐 두고 대부분의 사람이 관심을 갖는 유일한 사실이자, 정작 학생들이 다닌 대학에서는 거의 관심을 두지 않는 지표인 재범률은 15년 동안 대학에 입학한 모든 학생 중에서 4퍼센트, 졸업생 중에서는 2퍼센트로 나타났다. 학생은 집으로 돌아가고 나면 대학의 시야에서 사라지는 경우가 많다. 우리가 그 자취를 확인할 방법은 주 형사사법 기록에 이름이 올라와 있는지 아닌지를 살피는 것뿐이다. 하지만 활발히 활동하는 모임의 일원으로 참여하거나, 출소 후 바드 또는 다른 대학에서 학사 과정을 마치거나, 직업을 갖고 경력을 쌓아 나가거나, 사회 복지 분야에서 자신의 뒤를 따라오는 이들의 조언자가 되거나, 자기가 일하는 민간기업에서 일자리를 구할 기회를 열어 주거나, 학문 분야 또는 전문직 관련 대학원을 준비하는 이들을 도우며 여전히 학교와 연락을 취하는 졸업생도 많다.

바드교도소사업단 졸업생은 공립과 사립을 불문하고 지역전문대학*부터 우수한 국제 연구 기관까지 35개 이상의 학교로 진학했다. 이 중 몇 명은 컬럼비아대학교에서 역학 전공으로 석사 과정을 마쳤거나 진행 중이며, 뉴욕시립대학교 연합 체계⁑를 통해 헌터대학교에서 사회복지학으로, 뉴욕대학교에서 도시 계획 및 사회학으로, 예일대학교에서 신학으로, 석사뿐 아니라 박사 학위까지 취득한 이들도 있다. 퍼블릭시어터Public Theater에서 연극을 제작하고 교육과 윤리에 관한 학술 논문을 발표한 학생이 있는가 하면 컴퓨터 프로그래머도 있고 소기업을 성공적으로 운영 중인 이도 있다. 철판을 생산하는 사람, 영리회사 이사로 일하는 사람, 사회 복지 또는 법제 개혁

* community college, 미국의 2년제 공립 전문대학.

⁑ CUNY system, 뉴욕 시내 곳곳에 흩어져 있는 20여 개 공립대학교를 아우르는 연합체이다.

관련 단체에서 활약하는 사람도 있다. 수학자, 전기기사로 성장하고 있는 사람도 있다. 이러한 직업 다양성이야말로 학생들이 맞이한 기회의 포괄성과 탁월함을 보여 주는 증거다.

사실 자유교양학은 위기에 처하지 않았다. 자유교양학이 다루는 내용과 방법론은 앞으로도 일부를 제외하면 전체의 관심을 끌기 어려울 것이며, 어떤 경우에도 충분히 누릴 수 있을 사람은 극소수일 것이다. 지난 수 세기 동안 그랬듯이 자유교양학의 의미는 그것을 누가 어떻게 추구할지를 결정하는 기술 및 사회관계와 함께 진화할 것이다. 만연한 불평등으로 인해 학습하는 삶을 구성하는 노동 및 여가가 계속 무너질 것이고, 차별의 경제는 교육의 정의와 그 안에 담긴 가치를 계속 일깨울 것이다. 이 모든 상황 속에서도 자유교양학의 의미는 지속될 것이며, 심지어 인류 해방에 핵심적인 요소로서 존재할 것이다.

우리에게 시급한 문제는 자유교양학의 전망이나 정의에 있지 않고, 앞으로 계속 그 역할을 대체해 나갈 기술에 있지도 않다. 중요한 문제는 민주적인 사회에 걸맞은 방향으로 이 전통을 이끌어 갈 책임이 있는 고등교육기관 내부에 있다. 대단히 사적이고도 공적인 역할을 위임받은 우리 사회 최상위 교육기관들이 그들을 둘러싼 특권화한 세계를 뛰어넘으려는 시도를 충분히 하지 않고 있다. 학계에서 느끼는 위기는 전통의 결핍이나 경직화가 아니라, 우리 대학들이 비전형적인 공간에서 학생을 발굴하고 인생의 중요한 순간으로 그들을 이끌어 가기 위해 감수해야 할 위험에 직면하지 못하는 데에 있다.

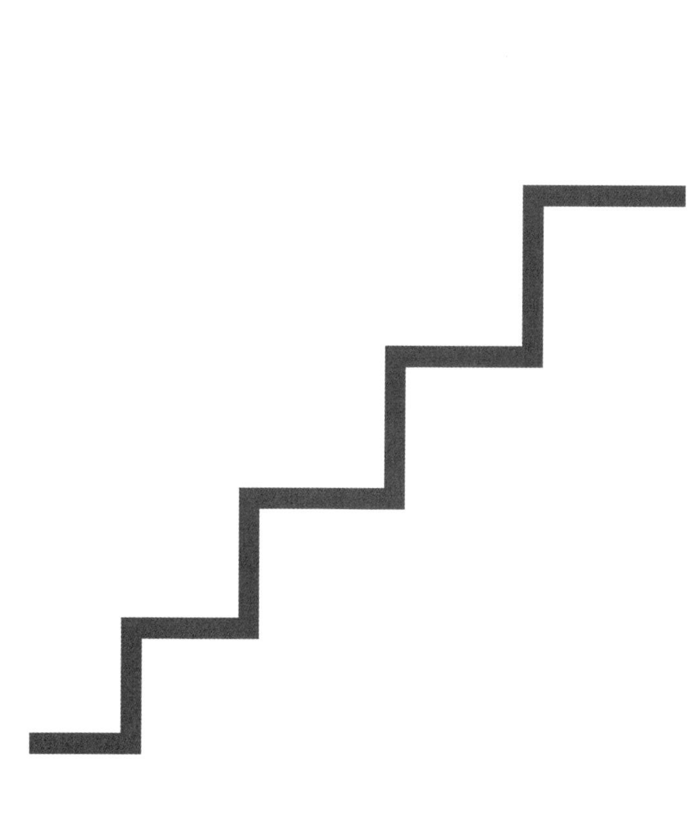

2

배경:
바드교도소사업단과 대량 구금

인종이란 대단히 강력한 착오로서, 떼어 낼 수 없을 정도로 미국인의 삶 속에 단단히 얽혀 들어 있다. 이 문제에 관여한다는 것은, 「사라진 수많은 목숨들」Many Thousands Gone에서 제임스 볼드윈이 쓴 표현에 따르면 "우리가 살아가고 만들어 가는 세계의 그 짙고 다면적이며 종잡을 수 없이 변하는 진실을 빚어내면서 (……) 생애와 전설의 힘에 휩쓸려 들어가는 것"이다.

미국의 교도소에서 이 사업에 참여하는 대학은 예외 없이 인종 불평등을 유발하는 대표적인 기관에 발을 담그게 된다. 게다가 지난 40년에 걸쳐 '통제문화'뿐 아니라 징벌적 경제 불안정이라는 특성이 미국과 가까운 국가들의 경제를 지배해 왔다. 수많은 미국인이 전에 없이 다양한 일상의 면면에서 갈수록 심화하는 감시, 징벌, 불안을 경험하는 가운데, 주관적 지위를 불문하고 점점 더 많은 사람 사이에서, 특히 노동 계층을 중심으로 이러한 통제문화가 인종적 편견과 구조적 인종주의를 넘어설 정도로 무성히 번져 나가고 있다. 교도소 안에 자리한 대학으로서 바드교도소사업단은 인종 및 인종 불평등의 영향을 크게 받는다. 물론 넓게 보면 중류층 백인 남성인 나는 이 세계에서 인종적으로 주도적인 위치에 있으며, 이 점이 아마도 이 일에 대한 나의 경험과 인식의 거의 모든 단계를 규정하고 영향을 미쳤을 것이다. 이와 동시에 바드교도소사업단의 중요성(또는 그 안에서 내가 맡은 역할)을 전적으로 그러한 전제로만 바라본다면, 오로지 대량 구금 현상만이 인종 불평등을 재생산하는 기제라고 판단하는 것과 똑같은 실수를 하게 될 것이다.

자유교양학 교육 실천에 몰두하려는 기관으로서 바드교도소사업단은 바로 그 학문이 추구하는 지적 민주적 목적을 폭넓고 충실히 이루기 위해 인종 불평등의 복잡한 현실에 분명히 개입해야 한다. 인종, 불평등 그리고 우리가 세계 속에서 존재하고 행동하는 무수한 방식에 대한 경험과 그 결과를 분석하는 작업은 자유교양학이 수많은 이론과 실천을 통해 해 온 일과 상당 부분 일치한다. 바드교도소사업단은 대학이 맡는 이러한 주 역할을 다하는 한편, 지적 분석적 창조적 활동의 다양성과 활력을 모두 아우르는 과정을 설계해야 한다. 이런 관점이 내가 강의, 자문, 대학 설립 작업에 참여할 때마다 나만의 대응 방식을 결정하는 데 영향을 주었다. 교도소 대학에서 일정한 역할을 맡는 사람, 재학생, 나아가 지지자도 이 점에 대해 나름의 고민을 안고 있을 것이다. 자유교양학의 전통에 대한 신념을 지키고 함께하는 학생들에게 인정받고자 노력해 온 나로서는 수년에 걸친 지난 활동의 성공 또는 실패를 평가하는 데 중요하게 생각하는 요소가 바로 이것이다.

교도소 재소자 중에는 아프리카계 미국인이 놀라울

정도로 많다. 백인, 아시아계, 중남미계도 많다. 사실 미국 전역에서 아프리카계 미국인이 재소자 중 다수를 차지하는 주는 별로 없는데, 이는 대량 구금이 인종적 불평등에 기인하기도 하지만 인종적 배경에 상관없이 모든 미국인, 그중에서도 가난한 미국인에게 두루 영향을 미치는 광범위한 현상이라는 뜻이다. 아프리카계 미국인은 극히 불균형하고 유례없이 심각한 경제적 불평등을 겪고 있지만, 그와 동시에 형법, 치안 유지 체제, 징벌적 형사사법제도의 영향력은 언제나, 특히 1970년대 이래로 최상층 미국인을 제외한 모두의 삶에 파고들고 있으며, 통제문화는 심지어 최상층의 삶까지도 좌우하고 손상시키고 있는 모양새다.

인종화한 교도소 공간과 관련해, 그 안에서 활동하는 바드교도소사업단의 입지는 대단히 복잡하다. 학생이 자기 삶과 사회에 대해 사려 깊은 비판을 가하도록 훈련하는 것이 자유교양대학으로서 바드교도소사업단의 사명 중 하나다. 따라서 미국, 특히 교도소에 내재하는 불평등의 인종적 속성에 대항하는 것은 피할 수 없는 수준을 넘어 교육의 핵심에 해당한다. 이 때문에, 그리고 이와 관련한 여러 이유로 인해 교도소 안에서 자유교양학은 독특한 역할을 담당한다. 게다가 우리 사회의 학문기관들은 오랜 시간에 걸쳐 인종 및 여타 불평등의 재생산에 있어서 고유한 역사적 현재적 역할을 맡아 온 당사자다. 그리고 마지막으로,

자유교양학이란 이처럼 특정한 평등주의적 또는 해방적 활동, 내 식으로 표현하자면 광범위한 교육적 포부를 받아 안을 뿐 아니라 뛰어넘기도 하는 학문이다.

바드교도소사업단 학생 집단 중에는 아프리카계 미국인이 유난히 많은데, 이는 인종 불평등이 두드러지는 뉴욕 형사사법 체계의 특성이 반영된 결과다. 그렇지만 뉴욕에 있는 바드교도소사업단 위성대학들과 우리가 도움을 준 외부 협력 사업단이 진입한 교도소 중에는 다른 인종 정체성을 가진 재소자가 다수를 차지하는 곳이 많으며, 해당 교도소 대학의 재학생 집단에서도 그 비율이 똑같이 나타난다. 앞 장에서 논의했듯이 바드교도소사업단은 교도소 대학을 규모만 작을 뿐 본교의 교육적 특징이 그대로 드러나는 공간으로 만들기 위해, 본교에서 제공하는 교육 내용을 교도소에도 똑같이 적용한다. 바드교도소사업단에 들어온 학생들은 학습 중에 인종 및 불평등의 다양하고 복잡한 측면을 다룰 기회를 풍부하게 누린다. 학생 스스로 이런 주제를 찾아서 공부하는 경우도 많고, 교과 교재, 강의 계획서, 교수진의 학문적 훈련 속에 이미 녹아들어 있는 경우도 많다. 덧붙이자면, 상당히 인종차별적이고 계급성이 뚜렷한 공간인 교도소에서 진행하는 교과과정이기 때문에 이런 주제를 특별히 다루는 것이 아니다. 오히려 그것이 현대 자유교양대학의 특성이어야 하며, 실제로도 그렇게 작용하는 내재적 요소이기 때문에 교과과정에 반영되고 드러나는 것이다.

이 장에서는 특히 대량 구금의 인종적 속성 면에서 바드교도소사업단에 독특한 성격을 부여하는 복잡성을 살펴보고자 한다. 이를 위해 2000년대 초반 바드교도소사업단에서 내가 맡았던 미국 법사학legal history 수업을 들여다보려 한다. 역사학, 문학, 법학 분야에서 내가 공부한 내용과 바드에서 법과 인문학을 강의하는 교수로서의 입지를 반영해 준비한 수업이었다. 교재는 대부분 헌법과 노예제도 사이의 정치적 법적 관계에 초점을 맞추어 남북전쟁 이전 미국 법의 역사를 살펴볼 수 있는 자료를 활용했다. 교도소 대학에서 강의를 맡기 훨씬 전, 캘리포니아대학교 버클리의 수사학과Rhetoric Department에서 처음 개설했고 이후 바드 본교에서도 하던 강의였다. 이 강의를 바드교도소사업단에서 한다는 것은 내게는 교육적 전망의 연장이자 일탈이었다. 나는 바드교도소사업단에서 미국 정치 전통에서의 자유주의나 '헌법 담론' 같은 강의를 맡아 왔다. 하지만 이 강의는 전반적으로 교도소를, 특히 대량 구금을 시사하고 있어 바드와 바드교도소사업단에서 주로 제공하는 강의들과 거리가 멀었다. 그렇기 때문에 자유교양대학에 관한 가장 일반적인 인식과 현대 미국의 교도소에서 활동하는 바드교도소사업단을 둘러싼 맥락이 맞닿는 지점을 탐험하는 수단으로서 이 강의를 활용하기로 했다.

신입생 설명회

2002년, 동부교도소를 넘어 바드교도소사업단의 활동 범위를 확장하기 시작한 맥스와 나는 바드에서 북쪽으로 30분 거리에 있는 그린교도소에서 시범 과정을 개시했다. 그린은 젊은 재소자와 형기가 짧은 수감자 비율이 높은 일반경비 교도소였다. 교도소의 경비 수준은 대개 재소자가 받은 판결의 유형보다는 수감자의 출소 가능성이 얼마나 되는지를 의미한다. 일반경비 교도소가 대체로 그러하듯, 그린은 동부에 비해 보다 단기적이고 유동적인 환경이었다. 바드교도소사업단에서 육성하는 대학과 학생이 장기적 안정적으로 관계 맺기에는 동부 같은 중경비 교도소 환경이 더 나을 때가 많다.

동부교도소와 대학의 관계는 소장 및 상급 직원들과 맥스 사이에 직접적으로 형성되었다. 공공기금이 빠져나간 빈 자리를 맥스가 끌어모은 민간자본이 채워 준 덕에 우리는 대학이 지닌 고유의 학문적 전망과 학내 문화에 발맞추어 사업을 설계하고 실행할 자유를 누렸다. 그린에서는 달랐다. 우리가 거기에 가게 된 것은 뉴욕과 워싱턴에 있는 정당들이 직업 교육에만 배정된 연방 재정 일부를 자유교양대학 도입 비용으로 돌리도록 올버니에 있는 주 교정국 책임자들을 압박했기 때문이다.

'정액 보조금'이 다 그렇듯 그린에서의 시범 대학은 주 공무원이 현장에서 통제하는 공공연방기금으로 운영해야 했다. 무엇보다 이 연방기금은 18세에서 24세 사이의 연령 집단만이 받을 수 있는 것이라, 우리가 동부에서 익히 보아 온 이들에 비해 대상자의 연령대가 상당히 낮아질 예정이었다. 게다가 교도소 대학의 필요성을 두고 시설 책임자 사이에 의견이 갈린 듯했는데, 이 현상은 역시나 재소자를 위한 고등교육이라는 발상에 대한 큰 틀에서의 정치적 입장 차이를 바탕으로 작동하고 있었다. 모처에서 따로 벌인 협상에 따라 그린에서의 시범 과정은 학위를 수여하지 않는 대신 논란이 덜 하고 실제 학위보다 더 적합하다고 여겨지는 '학사 과정 수료증'을 발급하는 것으로 결정되었다. 이 사업은 최대한 출소가 임박한 재소자만을 대상으로 하기에 장기 과정을 운영하는 동부 같은 곳이 아니라 그린처럼 '일반'경비 수준인 교도소에 도입한 것이었다. 결국 그린에서 하는 사업은 정책 개입의 폭이 넓은 대신 대학의 자율성이 축소되었고,

강의실에서의 역동보다는 누가 어떻게 참여할 수 있는가만이 관건이 되었다.

시 교정국은 우리가 동부에서 개발한 접근법과 뚜렷이 대조되는 방식으로 그해 그린의 참여자를 선발했다. 표준화한 시험과 학습 상태 진단, 연방 당국에서 이 실험에 적용하는 엄격한 요구사항을 채울 수 있는지에 대한 판단을 바탕으로 했다. 우리가 동부에서 주의 깊게 적용했던 대학 선발 절차는 흔적도 찾아볼 수 없었다. 따라서 처음부터 동부와는 전혀 다른 그린교도소 자체의 기풍에 따른 교과과정이 형성되었다. 스스로 지원 의사를 밝히고, 논술문을 쓰고, 대학의 공개 발표에 따라 면접에 응하는 과정의 주도권을 재소자에게 주는 동부의 선발 절차는 거의 제거되었다. 가서 만나 보니 그다지 열의가 없는 학생이 많았고, 교도소 측에서 어떤 우호적 유인책과 적대적 강제력을 동원해 그들을 그 자리에 앉혀 놓았는지 나는 거의 알지 못했다.

그러다 보니 바드교도소사업단의 선발 절차 중에서 처음으로 그린에 적용한 것이 당시 맥스와 내가 맡았던 대학 측 대표자와 신입생 전원이 함께하는 신입생 설명회였다. 이 설명회는 언제나 개인적 차원에서 개최해 왔고, 그래야 했다. 골치 아픈 선발 절차가 다 지나갔으니 이제 본격적으로 새로운 동료이자 미래의 친구를 만들 때다.

행사는 익숙한 방식으로 진행한다. 우리는 대학을 대표해, 지원자들이 개인적 제도적으로 남다른 장애물에 부딪치는 위험을 감수하고 도전한 점, 그리고 대학 생활이 유익하리라 기대할 만큼 우리를 믿어준 점에 감사를 표하고 함께 입학을 축하한다. 그런 다음 대표자로서 맥스와 내가 각자 맡은 역할과 이 일에 참여하게 된 계기 한두 가지를 언급한다. 이 순서가 오면 나는 늘, 내가 한평생 교육에 열정을 보이면서도 정작 교육 기관, 특히 학교에 대해서는 매우 불신하는 데다 반감까지 품고 있던 가정에서 자라는 다소 역설적인 특권을 누렸다는 이야기를 꺼냈다. 뒤이어, 자유교양학이 가진 힘과 중요성을 향한 훨씬 더 큰 소명의 일환으로서 교도소 안에 소규모 대학 공간을 만들고 어쩌다 구금 상태에 처하게 된 우수한 학생을 찾아내는 일에 대해서, 그리고 자유교양학 교육이 부재하거나 의도적으로 배제된 공간에 대학을 설립할 때 얻을 수 있는 이점에 대해서 대학이 어떤 관점을 갖고 있는지 설명했다.

그다음에는 학생들에게 우리를 향해, 또 서로에게, 그리고 가능하면 대학에 지원하도록 이끌어 준 주 정부를 향해 자기를 소개해 달라고 요청했다. 그 시간에 들은 소개말 중에서 가장 인상적이었던 것은 교도소에서 지낸 지 몇 년이 지나자 슬슬 '편해지고 있다'는 사실을 깨달았다는 한 학생의 말이었다. 학생은 그 사실이 충격적이고 당황스러웠다고 했다. “그래서 제가 이곳을 다시 **불편하게** 느낄 방법이 있을지 찾아보았어요”라고 말한 뒤, 웃으며 이렇게 끝맺었다. “확실한 선택지는 대학이더라고요.” 소개를 마치고 나면 편하게 담소를 나누다가 입학허가서를 작성하는 흡족한 의식을 치른 다음, 개강과 1년 차 교과과정, 기본적인 대학 학사 행정을 살펴보는 시간으로 넘어간다.

그린에 오기 전까지 이런 모임은 항상 들뜬 기분과 새로운 시작에 대한 흥분, 합격의 기쁨을 감추지 못하는 학생으로 가득했다. 더 깊은 이면에는 아직은 모르지만 무언가 대단한 일을 도모하기 위해서 낯선 이들과 함께하는 모임이 주는 짜릿함도 있다. 스스로 대학에 지원하기로 결정하고 합격하고자 노력했던 다양한 학생들의 존재가 모임의 분위기에 커다란 영향을 끼쳤다. 그 결과 교도소 내의 거의 모든 연령, 인종, 종교 집단을 고루 대표하면서 설명회에서 처음 만나는 사이인 신입생들로 이루어진, 특별하지 않을지 몰라도 색다른 집단이 형성되었다. 정체가 무엇이든 정치적 종교적으로 어떤 견해를 가졌든 상관없이 대부분 스스로 결정하고 스스로 원해서 대학에 온 사람들이었다. 이 교육과정이 법원에서 명령한 것도 아니고 처벌법상의 참작 사항이나 교도소 측이 주도하는 활동도 아니라는 사실 그리고 기존의 종교적 인종적 정치적 입장에 따라서가 **아니라** 자발적으로 결정하고 참여한 사람들로 구성된 집단이라는 사실에서 중요한 의미와 활기가 생겨났다. 학생들이 품고 있는 다양한 인생 경험, 포부, 불확실성, 그 강의실에 들어서기까지 들인 노력, 이 모든 것이 앞으로 할 공부의 내용과 구조를 이루는 자유교양학의 정신 및 실천과 대단히 깊이 관련되어 있다. 대학이 지닌 특유의 역동에 기반하지 않고 교정 영역 안에서만 선발 과정을 진행한 그린에서는 당연히도, 이 같은 설명회의 마법이 힘을 발휘하지 못한 채 헝클어지고 말았다.

우리는 지난 몇 년간 동부에서 수차례 개최한 설명회에서 늘 하던 대로, 교육과정을 소개하는 순서에 뉴욕 교도소 대학의 역사에 관한 짧은 토론 시간을 배정했다. 특히 이 교육과정의 불안정성에 관해, 그리고 범죄와 관련한 정치적 격변이 최고조에 달한 1980년대 말에서 1990년대 초에 교도소 대학을 두고 벌어진 논란에 대해 토론했다. 당시 대단히 복잡하고 치열하게 펼쳐진 1994년 종합범죄법안Omnibus Crime Bill 논쟁으로 결국 무상 학비 보조금 수급권이 폐지되기에 이르렀다.

앞서 중경비 교도소인 동부의 신입생 설명회에서 이 문제를 제기했을 때 대화의 흐름은 그린에서와는 전혀 달랐다. 나이 많고 수형 생활을 오래 한 학생 중에는 1990년대 당시 교도소 대학 사업이 폐기되는 것을 직접 경험한 사람이 많았다. 나이 든 학생들이 젊은 학생들에게 그간의 역사를 들려주고, 보조금이 있던 시절에 학생으로서 경험한 일, 사업 폐지 후 느낀 분노와 심적 고통을 털어놓으면서 토론이 활발히 진행되었다. 그러나 그린에 있던 젊은 학생 중에는 이런 역사를 직접 겪은 사람이 아무도 없었고 전해 들은 바도 전혀 없는 듯했다.

나는 그린의 이 학생들과 둘러앉아서 1994년 해당 범죄 법안이 통과된 직후 뉴욕의 한 교도소 대학에서 열린 '마지막 졸업식' 이야기를 들려주었다. 뉴욕 교도소 대학의 정치적 기원과 학생들이 거둔 성과를 조명한 바버라 잰 감독의 다큐멘터리 『마지막 졸업식』The Last Graduation 내용을 간추린 것이었다. 다큐멘터리에 출연한 졸업생들은 자신과 가족의 삶을 재건하는 데에 교도소 대학이 얼마나 중요한 의미를 지녔는지, 사업이 갑자기 폐지되었을 때 어떠한 심적 고통을 느꼈는지 생생하게 증언했다. 모든 학생이 한마음이 되어 앞으로 시작할 대학 과정이 얼마나 소중하고도 위태로운지 마음에 새기던 동부와 달리, 그날 그린의 신입생들은 내 이야기에 아무런 반응도 없이 조용히 앉아만 있었다.

며칠 뒤, 공식적으로 학기를 시작하기 전에 우리가 강의 외의 목적으로 학생들을 한자리에 모이게 했다는 교도소 현장 직원의 보고를 받은 주 정부 공무원이 맥스에게 연락해 그날 행사에 관해 물었다. 그들은 대학이 들여오는 새로운 역학 그리고 대학 관계자와 학생이 직접 교류할 수 있다는 다소 낯설고 비정상적으로 보이는 방식에 여전히 적응을 못하고 있는 게 틀림없었다. 이런 장면이 '사업'의 정상적 작동 과정의 일부였던 동부에서는 익숙한 일이었지만, 그린에서는 생경했던 것이다. 아마도 공공기금으로 진행하는 흔치 않은 실험을 성사시키기 위해 벌여야 했던 협상 때문에 모두가 예민해진 상태였던 것 같다. 맥스가 신입생 설명회의 성격에 관해 가감 없이 설명하자 공무원이 불편한 기색을 표했다. 그들은 새로운 협업 방식에도, 뉴욕 교도소 대학의 역사와 10년 전 그 사업이 폐지된 과정의 논쟁적 성격을 강조하려는 우리의 결정에도 관심이 없는 듯했다. 무엇보다도, 우리가 학생들의 눈에 대학과 교도소 측 협력자들이 적대적 입장에서 있는 것처럼 비치게 함으로써 분열을 초래했다고 보았다.

1990년대에 의회가 학비 보조금 수급 자격 폐지를 놓고 논쟁할 당시만 해도 미국 전역의 교도소장들은 교도소 대학 사업을 제일 크게 옹호하는 집단에 속했다. 이 사업이 교도소 안에서 진행한 외부 사업 중 가장 훌륭하며, 큰 틀에서 볼 때 교정이 추구하는 사명에 완벽히 부합한다고 주장했다. 하지만 이때의 나는 사립대학과 주 정부 측 협력자 간의 입장 차를 두고 골머리를 앓았던 게 사실이다. 이 차이는 실재했고, 때때로 대단히 뿌리 깊었다. 뉴욕과 미국 전역의 정부 부처가 재소자에게 교육 기회를 제공하기 위해 사립 및 공립 대학교와 협력해 온 오랜 전통이 있었던 것은 맞다. 하지만 1994년에 정치인들이 전문직 공무원의 의견을 묵살한 후로 이런 사업에 예산을 투여하는 정책은 여전히 논쟁거리로 남아 있었다. 우리가 그린에서 시범 사업에 착수할 때까지도 이 갈등을 둘러싼 열기가 꽤나 뜨거웠다. 공무원이 보이는 강경하고 적대적인 태도에 맥스는 한순간 그린에서의 실험이 제대로 시작되기도 전에 끝날지도 모른다는 생각을 했지만, 결국에는 질책이 멈추어 예정대로 사업을 진행하게 되었다.

지금 생각해 보면 내가 학비 보조금 폐지를 둘러싼 정치적 역학과 그 사건이 교도소 내의 인접 분야에 끼친 영향을 깊숙이 다루는 바람에 해당 부처 협력자들의 입장이 난처해졌을 법도 하다. 그리고 내 이야기가 분열을 조장하는 것처럼 들릴 수 있었던 것도 사실이다. 나아가 학생들 입장도 곤란했을 것이다. 학생들이 자신과 어떤 관계에 있는지도 잘 모르는, 바드에서 왔다는 생전 처음 보는 젊은 교수들에게 솔직하게 반응하리라고 기대했다니! 그런 마당에 교도소 대학이 근래 미국의 역사에서 얼마나 중요하고 의미 있는 일이었는가에 그치지 않고 현재 그들이 수감되어 있는 교도소에 투입할 기금이 연방 정책의 변동으로 어떻게 날아가 버렸는지까지 다 이야기해 버린 것이다. 우리가 함께할 사업에 자극을 일으킬 만한 민감한 측면이 있다는 이야기를 처음부터 꺼내고 시작한다는 발상 자체가 나쁜 것은 아니었다. 하지만 아주 최근에 그토록 훌륭한 대학 교육 기회가 생겼다가 얼마 못 가 폐기되고 말았다는 사실을 대하는 학생들의 입장이 얼마나 난처할지 파악하지 못한 것은 나의 잘못이었다.

처벌의 지형

그린에서 시범 사업을 시작한 이후 바드교도소사업단의 위성대학은 허드슨 계곡을 따라 남학교 5개, 여학교 1개를 포함해 총 6개교로 늘어났다. 결정적으로 이 남학교 5개가 서로 연결되어 있어, 주 북부 더 먼 곳에 있는 중경비 교도소에서 대학에 등록한 재소자라도 시간이 흘러 경비 수준이 완화될 경우 역시 바드칼리지가 있고 뉴욕시와 더 가까운 남쪽의 교도소로 옮겨 갈 수 있기 때문에, 이런 식으로 계속 대학에 적을 두고 긴밀한 관계를 유지하면서 장기간 집중적으로 출소 시기까지 공부를 이어 나갈 수 있다.

이런 면에서, 나는 바드교도소사업단이 하는 일을 '처벌의 지형'geography of punishment에 따른 개입으로 이해할 수 있다고 본다. 이 개념은 정치적 지형political geography에 따라 대학이 대량 구금 정책에 대응해 수행해 온 역할을 조금 다른 형태로 비추어 본 것이다. 거칠게 말해, 내가 보기에 뉴욕의 재소자들은 형이 무거울수록, 수형 생활이 초기일수록 뉴욕시에서 더욱 멀리 떨어진 캐나다 국경 인근 또는 서북쪽 끝으로 방출되는 경향이 있다. 집에서 멀리 떨어져 있다는 점, 인근의 자원이 희박하다는 점, 재소자와 직원 간의 사회적 거리가 멀다는 점이 전반적으로 수형 생활의 징벌적 속성을 강화하는 데 기여한다. 그러나 출소 시기가 다가올수록 외딴 지역을 떠나 뉴욕시와 더 가까운 지역의 교도소로 이동할 자격이 주어진다. 교정 체계 자체의 속성을 뚜렷이 보여 주는 '유인책', 보상, 처벌의 끝없는 역동에 따라, 재소자들은 수형 생활 중에 주 남부로 이동하는 보상과 한층 더 멀리 추방당하는 처벌을 받을 수 있다. 시간이 흐름에 따라 점차 더 남쪽에 있는 교도소로 이감되는 재소자는 면회를 간절히 원하는 가족뿐 아니라 교회 모임, 변호사, 공중보건 종사자 등 교도소 체계 안으로 끌어들일 수 있는 대도시의 각종 사회 자본에 더 가까이 다가갈 수 있게 된다.

뉴욕의 교도소에 있는 재소자가 상담자와 관리자의 도움을 받아 바드칼리지가 있는 교도소로 옮겨 가는 데 필요한 준비를 하는 경우는 드물지 않다. 이는 바드교도소사업단이 더 큰 틀에서 향상시키고자 하는 제도에 대하여 재소자가 행사하는 권한 중 하나가 된다. 통제 체계를 핵심으로 하는 교도소라는 환경에서 학생과 대학이 상당히 다른 형태로 중간적인 관계를 발전시킴에 따라 이 현상은 거듭 증폭되었다. 입학한 학생들은 교도소의 시공간 중 일부가 대학이라는 시공간으로 전환되는 경험을 한다. 학생과 대학이 맺는 관계의 길이, 지속성, 목적성은 교도소 영역 내에서 기관과 맺는 그 어떤 관계와도 다르다. (바드 인류학과 학사 졸업 논문 중에 대학 입학이 교도소 시공간 경험에 미치는 영향에 관한 민족지적 탐구를 주제로 한 논문이 있었는데, 수감 중에 그 논문을 쓴 학생은 현재 뉴욕시에 있는 한 제조회사의 부사장으로 일한다.) 그렇게 형성되는 대학에서의 관계는 교도소와 그 안에 구금된 사람들 사이에 항시 존재할 수 있고 그래야 한다. 따라서 나는 수감자가 교도소 체계 **내부**를 따라 이동하는 과정과 바드교도소사업단에서 체계의 단층을 재정립하는 방식으로 위성대학 구조를 형성해 온 과정을 표현하기 위해서 '처벌의 지형'이라는 말을 쓴다.

바드, 재학생 그리고 교정 대상자 이동 관리 방식 사이의 역동은 인종 및 계층과 연관된 더 큰 폭의 인구 집단 관리 방식 안에서 전개된다. 이러한 대량 구금의 정치 지형에 다양한 학문 분야에서 관심을 보이고 있다. 대표적으로 캘리포니아의 교도소 증가 현상에 관한 루스 윌슨 길모어의 획기적인 연구 그리고 '학교 보호 구역'처럼 지리적으로 표적을 두는 처벌법이 미치는 불평등한 영향과, 그보다 훨씬 악명 높은 중범죄자 선거권 박탈에 따른 기형적 선거구 획정 문제*에 관한 피터 와그너 등의 연구를 들 수 있다.

내가 바드교도소사업단에 오기 전에 뉴욕시에서 함께 일했던 에릭 카도라는 체포 및 구금 실태로 인한 인구 이동과 공공자금 흐름을 시각적으로 표현하는 고급 기술을 사용해 '사법 지도'Justice Mapp-ing라는 대단히 상세한 그래픽 정보 체계를 개발했다. 이 지도는 바드교도소사업단이 막 출범할 무렵, 범위를 뉴욕에 한정해 처음 제작되었다. 카도라는 주와 시의 세세한 정책 자료를 활용해 뉴욕시 구석구석에서 체포되어 주 북부에 감금되는 범죄자 체포 건을 보여 주는 섬세하고 정돈된 지도를 추출해 냈다. 이 자료는 나중에 연간 1인당 구금 비용을 포함한 형사사법 관련 **지출** 기록과 병합되었다. 컬럼비아대학교 공간정보디자인연구소Spatial Information and Design Lab의 로라 커건이 한 작업으로, 현대 형사사법정책으로 인한 인구 및 자금의 흐름을 한 푼 한 푼, 한 명 한 명 일일이 추적해 제작한 것이다. 이 결과물을 보면, 범죄와 가해가 가장 많이 발생하는 도시 최빈 지역에서 책정되는 형사사법 관련 정부 예산의 상당금액이 실제로는

* gerrymandering, 특정 정당이나 후보자에 유리하도록 선거구를 기존의 지형이나 기타 조건에 반하여 변경하는 행태를 가리킨다.

수백 마일 떨어진 또 다른 빈곤 지역에서 집행된다는 사실을 확인할 수 있다. 작가 제니퍼 고너먼의 표현으로는 "시내 특정 구획 거주자를 구금하는 데만 한 해 100만 달러가 넘는 돈을 쓸 정도로 예산 집행 대상지가 크게 치우쳐 있다." 브루클린에는 이 '100만 달러짜리 구획'이 35개나 되었는데, 그 예산은 해당 구획이 아니라 수백 마일 떨어진 교도소에 전액 투입되었다. 가장 심각한 경우는, 구획당 형사사법 관련 인구 이동 비용이 연간 500만 달러를 초과하기도 했다.

범죄와 가해는 빈곤 주민 밀집 지역에서 발생하는데 구금 비용은 멀리 떨어진 지역에 투입되는 이 극단적인 불균형을 보면 현재 우리 사회가 범죄를 어떻게 다루고 있는지 명확히 알 수 있다. 뉴욕의 교도소 중 상당수가 1970년대 이후 가족농업 및 제조업의 쇠퇴로 가장 심각한 타격을 입은 농업 지역이자 교외 지역인 '북부'에 위치한다. 이 지역에서는 지난 수십 년에 걸쳐 일자리가 줄고 젊은 층이 떠나갔다. 주지사 넬슨 록펠러는 주 의회와 손잡고 교도소 수십여 개를 새로 지었다. 1970년대에 20개소이던 뉴욕의 교도소가 1990년대에는 70개소로 늘었다. 같은 시기 미국의 전체 수감자는 30만 명에서 250만 명으로 늘어났다. 이러한 교도소 기반 시설은 저널리스트 에릭 슐로서가 글을 써 널리 알리고 길모어 등이 한층 깊이 분석한 바와 같이 대단히 바꾸기 어려운 사회 기반 위에 자리 잡고 있다. 점차 고립되는 백인 위주의 북부 지역 주민들이 남부 및 도시 빈민 지역 출신을 주로 구금하는 시설에서 제공하는 공공분야 일자리에 의존하게 된 것이다. 인종적 계층적으로 분리된 주 정치 지형이 이런 식으로 주 교도소 기반 시설에 단단히 얽혀 들어갔다.

그러자 교도소의 지형을 타고 움직이는 재정의 흐름에 따라 교도소 대학 자금의 흐름도 왜곡되었다. 뉴욕의 지역전문대학은 오래전부터 '환불' 제도로 알려진 회계 방식을 통해 재정 일부를 충당해 왔다. 주 전역 카운티 내에 있는 대학에 주 정부가 등록 학생 수에 따라 상환 또는 '환불'을 해 주는 제도이다. 그러나 이 제도에서는 모든 학생이 동등하게 취급되지 않는다. 주 남부의 대도시 출신 학생 한 명당 지급하는 상환 금액이 북부 농촌 출신 학생에게 지급하는 금액보다 훨씬 더 크다. 아마도 대도시 지역 대학에 운영비가 더 많이 드니 국고 지원도 더 많이 해야 한다는 발상이었을 것이다. 그러나 이 제도를 설계한 이들은 어떤 이유에서인지 그렇게 증액한 예산을 학생이 등록한 대학에 지급하지 않고 해당 학생의 주소지에 따라 책정하도록 했다. 따라서 주 북부 지역 대학에 남부 출신 학생이 등록하면 그 대학 근처에 사는 현지 학생이 등록할 때보다 '환불' 금액이 훨씬 더 커진다.

출신 지역에 따라 학생의 금전적 가치가 달라지는 이

환불 제도와 대량 구금으로 인한 인구 이동이 결합하면서 부작용이 서서히 퍼져 나갔다. 재소자도 주와 연방으로부터 등록금 지원을 받을 수 있었던 1980년대에서 1990년대 사이에는 인근 교도소에서 교육과정을 운영하는 것이 주 북부 소재 대학들에 상당히 유리했다. 교육 대상이 될 학생이 거의 다 남부 (앞에서 본 그 100만 달러짜리 구획 내부 또는 주변) 출신일 것이기 때문이다. 공적 상환 또는 '환불' 경제하에서는 재소 학생이 인근에 거주하는 청년보다 훨씬 더 풍부한 자금원이었다. 이 차익을 활용해, 재소 학생 등록 시 받는 기금으로 본교 재정을 충당하는 지역전문대학도 더러 있었다. 교도소 대학 예산이 삭감된 후로 교도소 체계가 야기한 강제적 인구 이동에 따라 북부 지역에 구금되는 학생을 통해 받던 이 추가 기금을, 더 이상 활용할 수 없게 되자 일부 지역전문대학은 폐교 위기에 직면했다.

대량 구금과 인종 차별 재생산

당연히, 대학 및 교도소 관련 재정의 이러한 미시적 거시적 변동 현상은 1970년대부터 미국에 출현한 대량 구금이라는 더 큰 범위의 사회 현상과 맞닿아 있다. 사회학자 브루스 웨스턴 등 여러 사람이 사용하는 '대량 구금'이라는 개념은 미국 사회 전반에 걸쳐 나타나는 유례없이 높은 수감률만을 가리키는 것이 아니라, 훨씬 더 구체적으로 아프리카계 미국인을 겨냥한 과잉 구금 현상을 가리키는 말이기도 하다. 뉴욕주 인구 중 아프리카계 미국인 비율은 약 15퍼센트인데, 수감 인구 중에서는 50퍼센트 정도에 달한다(뉴욕에 기반한 바드교도소사업단 학생 집단도 마찬가지다). 이들 중 청년은 대개 도시 빈곤층 출신이고, 노인인 경우는 아들이나 아버지, 손자 역시 수감 중인 경우가 많다. 너무 쉽게 간과되곤 하는 사실은 이들이 살던 곳이 범죄만이 아니라 피해자도 가장 많이 발생하는 지역이라는 점이다. 인종적 계층적으로 왜곡된 백인의 흔한 관념과는 정반대로 가해자와 피해자는 같은 지역 주민인 경우가 압도적으로 많다. 미국 전체 인구 중에서 아프리카계 미국인은 대략 13퍼센트를 차지하지만 수감자는 거의 40퍼센트에 육박한다. 구금 그리고 구금의 구조적 부수적 효과와 관련이 있을 뿐 아니라 그로 인해 강화되는 조건이기도 한, 이전부터 비정상적으로 높았던 빈곤율을 제쳐 두고 보더라도 인종적 지위에 따른 차이는 3배에 달한다. 이 말은 미국인 전체에 비해 흑인이 교도소에 갈 가능성이 6배 높으며, 경제적 계층을 불문하고 모든 흑인이 수감될 가능성이 빈곤층 백인보다 3배 더 높다는 뜻이다.

이러한 사실 자체를 인정하더라도 그 요인과 심각성에 대해서는 다소 논쟁이 발생한다. 민권 변호사이자 정책운동가인 미셸 알렉산더는 대량 구금이 민권운동에 대한 역풍이자 각종 경제 정책 및 형사사법 정책 실패의 결과물이라는 관념을 널리 전파했다. 대단히 영향력 있는 저서 『새로운 흑인 차별법: 인종 중립 시대의 대량 구금』The New Jim Crow: Mass Incarceration in the Age of Colorblindness에서 알렉산더는 특히 마약 범죄화 정책에서, 인종 중립적으로 보이는 법이 아프리카계 미국인에게 얼마나 불균형하고 거대한 해악을 끼쳤는지 보여 준다. 공공정책과 그 효과를 분석하며, 저자는 의식적 인종주의를 문제 삼아 논의를 개별적 '차별 의도'에 국한하는 수준을 넘어, 소수자에게 불균형하게 영향을 끼치는 실제 사회 현상을 법과 사회 정책의 주 요인이자 문제로 인식해 '결과적 차별'에 사회적 구조적 관심을 집중하는 방향으로 논의를 전환하자는 상당히 적절한 바람을 제시한다.

나는 다른 많은 사람과 마찬가지로 알렉산더의 견해에 공감한다. 하지만 알렉산더가 사용한 '짐 크로'라는 개념틀의 근간을 상당 부분 지지하면서도 설득력 있는 비판을 제기한 제임스 포먼 주니어와 마리 가초크 같은 학자들의 주장도 납득이 간다. 그 중에서 가장 중요한 비판은 아마도 알렉산더의 접근법이 역사적으로 실재했던 짐크로 체제의 극단적인 물리적 폭력과 체계적인 인종 차별적 공격을 축소하는 효과를 가져올 수 있다는 포먼의 지적일 것이다. 더 큰 맥락에서는 배상 문제가 여전히 정치적 쟁점으로 남아 있는 만큼, 이 문제는 역사적 관점만이 아니라 현실 정치에서도 중요한 사안이다.

대량 구금에 대한 미세한 분석을 진전시키기 어렵게 만드는 또 다른 문제는 알렉산더와 일부 활동가들이 '마약과의 전쟁'의 중요성과 비폭력적 범법 행위로 인한 수감자 규모를 과장하는 경향을 보인다는 것이다. 이는 의심할 바 없이 커다란 문제다. 그러나 실제로 구조적 인종주의가 초래하는 문제에는 1980년대 이후 지극히 불균형하게 진행된 마약 거래 및 중독 범죄화만이 아니라 빈민 지역과 아프리카계 미국인 지역에서 폭력 가해와 피해가 만연한 현상도 포함된다. 안타깝게도 짐 크로에 빗댄 서사는 수감자 다수가 실제 폭력 범죄로 인해 복역 중이라는 사실을 가리는 효과를 내곤 한다. 대량 구금이 재앙이 아니라거나 인종화한 불평등의 가장 중요한 현상이 아니라는 말이 **아니다**. 그 말은 맞다. 하지만 이렇게 보정된 관점으로 바라보면 현대 형사사법의 실태가 역사 속에 실재했던 짐크로법의 인종 분리 체제보다 더 복잡한 것처럼 보이고, 현재 대량 구금 문제가 법정 양형 기준 등의 완화와 과도하고 인종적인 마약 범죄화 정책을 폐기하는 수준으로 대응하기에는 까다롭고 해결하기 더 어려울 것 같은 느낌이 든다. 활동가들은 상당한 폭력 범죄 재소자 규모를 무시 또는 외면하고 거의 마약 범죄화 관련 논쟁에만 집중하는 경향이 있는데, 이 점은 정말 문제다. 역사가 도나 머치와 제시카 넵튠, 정치학자 마이클 제이븐 포트너가 치열하게 논쟁했듯이, 1970년대에서 1980년대에 걸쳐 마약 및 범죄에 아프리카계 미국인 지도층이 취한 복잡한 입장으로 인해 그림은 한층 더 복잡해졌다. 하지만 비폭력 마약 범죄로 미국의 교도소에 수감된 **모든 사람**을 석방한다 해도 남은 재소자 수는 **여전히** 미국 구금 역사상 최고치를 유지할 것이다. 미국의 유수한 학자 및 사회과학자가 보기에 계층 불평등과 인종 격차가 만연한 형사사법제도는 머치의 표현에 따르면 "합법적 인종차별 이후로 흑인 평등에 가장 큰 걸림돌"이 되었다.

마리 가초크가 쓴 『교도소와 교수대: 미국 대량 구금의 정치학』The Prison and the Gallows: The Politics of Mass Incarceration in America과 최근작 『갇히다』Caught는 인종적 부정의 및 대량 구금을 이해하는 데 도움이 되는 광범위한 학술 문헌을 가장 종합적으로 소개한 저작이다. 『갇히다』에는 짐 크로 서사를 입체적으로 활용함으로써 대량 구금을 이해하고자 시도한 모든 서사 구조가 담겨 있다. 이 책에서 가초크는 대량 구금 현상의 등장을 1970년대 초에 급격히 진행된 국가와 경제의 대전환에 따른 사회 정책 및 복지 국가의 대대적인 변화라는 더 큰 맥락 속에 위치시키는 데이비드 갈런드와 로익 바캉 같은 다양한 학자들의 작업을 다룬다. 미국 형사사법정책을 인종적으로 분석한 알렉산더의 접근법은 이 문제에 대한 전 국가적 관심을 불러일으켰다. 또한 "형사사법 체제에서 흑인–백인 간 격차를 핵심으로 하는 감금 통치에 도전하는 운동이" 그 밖에 "공공정책의 모든 측면에 신자유주의가 침투하는 현상과 관련된 핵심적인 불평등 문제"를 주변화하면서, "감금 통치가 이민자, 백인 빈곤층, 성범죄자"에게 어떠한 영향을 끼치는지를 "간과"하여 상당한 정치적 비용을 발생시킨다는 가초크의 지적은 꽤 적절하다.

학자로서나 교사로서나 이러한 질문에 무척 익숙한 역사가 크레이그 와일더의 표현을 빌리면, "미국의 제도에 깔려 있는 반흑인적 기반 그리고 아프리카계 미국인에게 유독 부정적인 결과를 초래하는 최근의 형사사법정책은 흑인을 대량 구금에 대한 비판의 핵심에 두도록 이끌고, 때로는 그래야만 하도록 만든다. 하지만 이런 논쟁에서 인종을 중심에 두지 않을 때 얻는 이점이 있다." 나는 알렉산더를 비롯해 이 나라를 전혀 다른 방향으로 이끌고자 애쓰는 사람들이 인종적 분석의 절대적 중요성을 옹호하는 **동시에**, 가초크가 주장한 것처럼 사회적 분석과 정치적 변화를 모두 아우르는 전략을 받아들이리라 믿는다.

대량 구금을 다루는 학술 문헌은 마땅히 그래야 하듯 다양하고 논쟁적이며, 점점 늘어나는 중이다. 그러나 교도소 대학에 관해서라면, 대량 구금 체계에 사로잡힌 사람들에게 고등교육 기회를 제공하고자 바드교도소사업단이 하는 것 같은 활동이 끼치는 영향을 분석할 때는 한 걸음 물러나 대단히 겸허한 태도를 고수하는 것이 중요하다. 우리가 대량 구금 문제를 어떻게 분석하고 어떠한 해체 전략을 세우든, 바드교도소사업단뿐 아니라 그 어떤 교도소 대학 사업도 대량 구금의 구조적 해법을 제공할 수 없다. 이 점을 기억하는 것이 중요한 까닭은 엘런 라그만이 주장했듯이 미국의 자유주의자들이 언제나 교육에 지나치게 많은 기대를 걸고, 교육을 솔 벨로가 "근사한 보상책"이라 부른 그런 것으로 만들고자 하기 때문이다. 바드교도소사업단의 핵심 과업인 집중적이고 엄격하며 장기적인 교육 방식으로는 다수의 수감자를 감당하기 어렵다. 우리가 앞으로 몇 년 내에 훨씬 더 많은 공립 및 사립 교육기관을 이 일에 참여하도록 이끄는 데 성공한다 할지라도, 이는 불평등한 미국 고등교육 기회의 근간에 깔린 문제 그리고 그와 관련되어 있으며 형사사법제도로 인해 영속되는 더욱 참담한 불평등에 대한 대응책일 뿐 해결책은 되지 못한다. 교도소 대학은 미국 고등교육의 사명과 질을 드높이고 건강한 관계와 기회, 성장을 경험할 공간을 창출함으로써 수감자의 인간성을 옹호하는 한 가지 방안이다. 그러나 대량 구금 문제에 대응하려면 근본적으로 양형 방식을 개선하고 처벌의 목적과 정당성을 인종주의적으로 바라보는 시각을 교정하는 작업을 선행해야 한다. 이는 워싱턴 D.C.에 기반한 양형제도Sentencing Project의 마크 마워부터 제임스 오스틴, 뉴욕시립대학교 연합체계에 속한 국가및지역협치연구소Institute for State and Local Governance의 마이클 제이콥슨 등 유수의 학자와 전문가가 강조하는 지점이다.

원칙적으로나 실제적으로나 구금의 규모와 극도로 모욕적인 처우를 줄여야 함은 분명하다. 여기서 더 나아가 형사사법, 교육, 고용을 포함해 우리 삶의 전 영역에서 불평등을 근본적으로 개선해야 한다. 자유교양학 교육과 학생의 존엄성, 제도 개선을 향한 소명을 품고 있는 바드교도소사업단은 미국의 고등교육 접근권 및 기회에 관한 훨씬 더 큰 틀의 논의에서 중요한 역할을 담당하며, 그래야 한다.

우수하고 열정적인 학자들이 대량 구금의 정치학을 탐구할 방법을 제시해 주듯이, 바드교도소사업단은 교과과정, 교육학, 학습 구조 측면에서 지적 진보의 방향을 제시하고자 노력해 왔다고 나는 생각한다.

바드교도소사업단은 우리 학생들이 고등교육을 받기 시작한 교도소의 인종적 속성이라는 중대한 현실 그리고 자유교양학 학습의 폭넓은 사명과 가치라는 양 측면을 모두 직시함으로써 이 사업의 다양한 측면이 서로를 강화하도록 만들고자 한다. 범위와 규모는 분명 제한적이지만, MIT의 역사학자이자 바드교도소사업단 정규 교원인 크레이그 와일더의 표현을 빌리면 "실패한 대량 구금 정책의 돌파구"가 될 법한 대안의 작지만 중요한 일부를 바드교도소사업단과 여러 유사 사업이 제공할 수 있을 것이다. "우리가 용기 있게 선택한다면" 말이다.

로이드 애덤스

이 이야기는 바드교도소사업단이 그린교도소에서 실험적 확장을 시도하던 당시의 맥락에서 벌어진 일이다. 당황스러운 첫 출발과 뒤이은 질책을 겪은 후, 우리는 그린의 교정 직원과 대학, 신입생 사이의 긴장감을 좀 더 주의 깊게 이해한 상태로 사업을 재개했다. 그린에 첫 강의를 하러 가던 날, 나는 막 70대에 접어든 바드의 명예교수이며 바드교도소사업단에서 자원활동으로 강의한 적이 있는 유스투스 로젠버그와 동행했다. 바드칼리지의 핵심 인물이 대개 그러하듯 유스투스는 난민이었다. 독일의 라이프치히가 자유시이던 시절 그곳에서 태어난 유스투스는 나치 침공을 앞두고 부모에게 떠밀려 프랑스로 도망쳤고, 그들과 다시는 만나지 못하게 되었다. 이후 강제수용소에 잡혀갔지만 살아남아 탈출한 뒤 프랑스 레지스탕스에 가입했다. 그리고 소르본대학교에서 박사 과정을 마친 다음 미국으로 향했다.

유스투스와 나는 주 교정부의 미니밴을 타고 황량한 포장도로를 달려 학교 공간으로 마련해 둔 막사로 이동했다. 천천히 달리는 차 안에서 유스투스는 멋진 말솜씨로, 자기가 진행하는 세계문학 '장르' 개론 수업에 관해 격의 없이 이야기했다('장르'라고 할 때 유려한 프랑스어 발음을 선보였다). 그리고 집필 중인 회고록의 진척 상황을 들려주었다. 바드칼리지에 처음 온 1960년대에 유스투스는 외국어문학과 전체를 대표했다. 바드의 규모가 아주 작았던 그 시절에는 프랑스어를 배우려는 사람도, 이탈리아어, 독일어, 러시아어를 배우려는 사람도 전부 각각의 언어와 문화에 정통한 유스투스를 찾아갔다.

교도소 공식 방문자는 두꺼운 유리벽과 탁자 뒤편에서 검문 절차를 마친 뒤 전류가 흐르는 비상문을 통과해 부지에 들어선다. 구내는 고요했고, 멀리 초록색 죄수복을 입은 젊은 흑인 남성들이 마당을 가로질러 행진하고 있었다.
우리는 갑자기 의무실 앞에 내려 첫날 수업 시작 전에 결핵 검사를 받아야 한다는 말을 들었다. 오래되어 옷깃이 해어지긴 했어도 흠잡을 데 없이 잘 지어진 유스투스의 실크 셔츠 소매를 간호사가 걷어 올리자 팔에 새겨진 숫자가 드러났는데, 그동안 그는 아무 말도 하지 않았다. 다시 밴을 타고 황량한 교도소 마당과 막사, 트레일러를 지나가는 2분가량이 영원처럼 길게 느껴졌다. 하지만 잠시 후 그가 막힘없는 활력과 재치, 생기를 품은 모습으로 되돌아온 걸 보니 기뻤다. 유스투스는 시니어 올림픽에서 수영 우승 메달을 두 차례 받은 일이며 이번 학기에 콜레트Colette와 마하스웨타 데비의 소설을 다루는 강의를 본교와 그린교도소 양쪽에서 진행하게 되어 기쁘다는 등 이런저런 이야기를 이어 나갔다. 우리는 보안 경비 중인 입구와 밋밋한 학교 건물 정면 사이, 교도소 단지 중심부 근처 지름 30미터 정도의 작은 공간을 지나갔다. 이 기이하고 텅 빈 마당 중심부는 정교한 철책과 철조망으로 둘러싸여 있었다. 안쪽에 있는 것이라고는 약간의 잔디, 그리고 가장자리를 따라 부들과 키 큰 초록 식물이 자라난 천연 연못처럼 보이는 웅덩이가 다였다. 그린교도소는 치열한 법적 공방 끝에 연방에서 보호 중인 습지 한가운데에 들어섰는데, 교도소 중앙에 있는 이 특이한 '보호' 구역은 당국과의 타협 사항 중 일부였다. 유스투스와 나는 경사면에 서 있는 철조망을 넘어 캐츠킬 쪽으로 날아가는 왜가리 한 마리를 지켜보았다.

그 학기 그린에서 내가 맡은 강의는 헌법의 구조에서 남북전쟁 발발까지를 아우르는 내용이었다. 19세기 판례와 문학, 미국 정치사를 두루 살펴볼 수 있어 즐거운 강의였다. 우리는 서부 정복 활동의 진행 단계별로 노예제를 둘러싸고 발생한 헌법적 위기를 추적했다. 초기 헌법 조문에 담긴 핵심 원칙은 무엇인가? 그것이 당시 미국의 경제, 특히 노예제와 자유노동 사이의 긴장 속에서 어떻게 변형되었는가? 초기 영토에서 태평양 해안에 이르기까지 서부로의 팽창에 담긴 정치적 맥락의 진화는 어떤 식으로 헌법 조문의 지속적인 재해석을 강제하였는가?

교재로는 미국 헌법을 기초한 1787년 필라델피아 제헌회의에 참여한 제임스 매디슨의 비밀 기록과 노예제를 둘러싼 정치적 대립을 시대순으로 기록한 데이비드 포터의 1000쪽에 달하는 책 『임박한 위기』The Impending Crisis를 동시에 읽기로 했다. 남북전쟁 이전 시대의 판례와 함께 허먼 멜빌에서 빅토르 위고에 이르기까지 현대 문학도 여러 편 골라 읽을 예정이었다.

그 학기에 가장 눈길이 가는 학생은 작고 마른 스물두 살의 아프리카계 미국인 로이드 애덤스였다. 암울한 처벌의 지형 속에서 뉴욕시 및 대도시권 출신이 대부분인 참여자들은 집에서 더 가까운 그린으로 이동함으로써 대학 교육 기회만 아니라 부모, 배우자, 자녀와 만나기도 훨씬 더 쉬워지는 이중의 이점을 누릴 수 있었다. 그러나 로이드가 처한 상황은 아주 달랐다. 뉴욕주 서부 시러큐스 인근 출신인 로이드는 그해에 그린으로 이동하겠느냐는 시 교정국의 제안을 받아들임으로써 집에서 **더욱 멀어졌다**.

그 밖에 로이드에 대해 나는 무엇을 알고 있었을까? 우리가 그린에서 넘겨받은 주 교정부 서류에는 로이드를 "학습 불가능"이라고 진단한 내용이 담겨 있었다. 동부를 포함해 바드교도소사업단이 설립한 모든 학교에서 우리는 신입생의 학업 경력에 관한 주 정부 기록을 대단히 조심스럽게 대했다. 학생이 그 기록을 공유하기 원하는 경우에는 응했지만 기본적으로는 학생에게 맡겨 두고, 대학 측은 학문적 평가가 전무한 상태로 신입생을 맞이하도록 했다. 당시 로이드는 교육을 받기 어려운 상태라거나 바드와 같은 대학 과정에 참여하기에 적합하지 않다는 식의 진단을 받았다. (이후 우리가 바드교도소사업단을 통해 만난, 우수한 데다 걸출하기까지 한 학생 중에는 이런 종류의 진단을 받은 적이 있거나 진단에 따른 영향을 받은 적이 있다고 스스로 밝히는 경우가 적지 않았다.)

나는 학생들이 헌법 체계를 둘러싼 흥미로운 복잡성을 어느 정도 접할 수 있도록 수업 내용을 구성했지만, 각 사건의 기본적인 줄거리를 알려 줄 만한 간단한 자료가 필요하다는 사실을 깨달았다. 수업을 뒷받침할 '간단명료한' 소개 자료를 찾고 싶었다.

나중에 알게 된 바로, 그린의 대학 강의실은 평소 의무적으로 하는 고졸 검정고시 공부에 쓰는 곳이었다. 강의실 주변에 있는 자료를 샅샅이 살펴보던 중 우연히 주 정부에서 발행한 교과서를 발견했다. 뉴욕교육위원회가 요구하는 주 고교 시험 요건에 따라 기본적인 필수 학습 내용을 담은 교재였다.

책을 살펴보니, 필라델피아 교외 지역에서 벌어진 논쟁*에 관한 설명이 내가 20년 전 공립학교에서 배워 기억하고 있는 것과 소름 끼칠 정도로 비슷해 충격을 받았다. 보아하니 여전히 큰 주와 작은 주, 그러니까 버지니아와 뉴욕처럼 인구가 많은 주와 그보다 덜한 로드아일랜드나 사우스캐롤라이나 같은 주 사이의 갈등이 입안자들을 갈라놓은 주요 쟁점이었다고 가르치는 모양이었다. 게다가 영향력 있는 큰 주와 인구가 부족한 작은 주가 순전히 기술적인 권력 분담 '협상'을 해야 하는 상황이었던 것처럼 묘사하고 있었다. 이 협상이 미국 정부의 특성에 끼친 엄청난 영향과 그에 따라 민주주의에 중대한 제한이 가해진 사실은 무시되었다. 그리고 내 강의에서 가장 주목하는

* 필라델피아 제헌회의를 가리킨다.

문제이자 회의를 주도했던 제임스 매디슨이 언급한 바와 같이 제헌회의에서 가장 큰 논쟁거리가 되었던 사안도 빠져 있었다.

나는 우리가 강의실에서 우연히 물려받은 고졸 검정고시 교재의 사본을 나눠 준 다음, 이 교재가 안내하는 대로 회의의 줄거리를 따라가 보았다. 만약 각 주가 인구 비율에 따라 발언권을 가졌다면 큰 주가 우세를 점했을 것이고 작은 주는 절대 동의하지 않았을 것이다. 해법은 우리가 공립학교에서 배운 대로 상원은 인구수에 상관없이 모든 주가 동등하게 주당 2석을 갖고, 하원은 재산이 있는 백인 남성에 한해 인구 비율에 따라 1인 1표제와 유사하게 운영한다는 '코네티컷 타협'Connecticut Compromise이었다. 현재의 기준으로 보면 퇴행적이고 반민주주의적이나(벤저민 프랭클린 같은 당대 민주주의자들도 반대했다), 당시로서는 꽤 무난한 타협안이었다. 지역과 주민에게 권한을 부여하는 상원은 당시 심각하게 반민주적이었고, 지리적 구획과 연계된 하원 의석이나 '선거인단'이 치르는 대통령 선거도 다를 바 없었는데, 이는 모두 18세기 지배 엘리트층과 핵심 정치 지형의 일부를 보호하기 위해 설계된 것이었다.

우리는 18세기 자유주의 전통의 중심을 이루는 사고방식하에서 기관을 세분화함으로써 국가, 일반적으로는 정부의 권한을 제한하고자 하는 열망이 연방주의자들의 핵심 구상 속에 어떻게 자리 잡았는지를 두고 길게 이야기를 나누었다. 매디슨과 동료들은 왕을 두려워하는 만큼이나 다수 집단을 두려워했기에 시민의 자유 수호를 목표로 삼고, 소수 집단의 권리에도 상당한 관심을 쏟았다. 이 발상은 부분적으로, 소수 집단의 균형을 맞추고 관심을 쏟음으로써 파벌 간의 치명적인 충돌을 극복하고 살아남을 수 있는 공화주의적 국가 형태를 만들고자 하는 소망과 깊은 관련이 있었다. 시간이 흐르면서 이 소망이 진화를 거듭해 미국 정치 전통의 가장 강력한 요소로 자리 잡았지만, 우리는 거기에 담긴 풍부하고도 문제적인 의미를 걷어 낸 채로 사고한다. 매디슨을 포함한 입안자들이 보기에 상상 속 다수의 횡포로부터 방어할 필요가 있는 가장 취약한 소수 집단은 어떤 형태로든 자산을 소유한 부유층이었다. 더 많이 가진 자는 항상 수가 적기 때문이다. 그들은 부의 불평등을 어쩔 수 없는 현실로서만 아니라 정당한 정치적 권리의 표지로 보았다. 따라서 매디슨과 입안자들이 품은 소수 집단에 대한 염려와 덜 가진 자들을 하나로 뭉치게 하는 다수결에 근거한 민주주의의 위력에 대한 공포의 근저에는 유산有産 엘리트층을 방어하고자 하는 소망이 담겨 있었다. 바로 이러한 염려로 인해 대법원과 미국 상원, 권력 분립 제도에 반민주주의적 방어막이 형성된 것이다.

고졸 검정고시 교재에는 큰 주-작은 주 담론이 여전히

실려 있었지만, 오늘날 보기에 그 이야기를 흥미롭고 논쟁적으로 만드는 모든 요소, 말하자면 대부분의 자산을 통제하는 소수 집단과 인사를 구조적으로 보호함으로써 자유와 좋은 정부 역시 구조적으로 보호하고자 했던 소망에 관한 이야기는 제거되었다.

로이드가 큰 목소리로 말했다. "전에 교수님이 나중에 '본교재'라는 걸 볼 거라고 하셨으니까……. 이건 '부교재'네요. 맞나요?"

"맞아요." 내가 대답했다.

"그러니까 소개해 주신 이 자료가 부교재라는 거군요."

나는 고개를 끄덕였다.

로이드가 슬그머니 미소를 띠며, 약간 재미있다는 듯이 말했다. "하지만 지금 우리가 대화하는 방식이…… 교수님이 학교 다니던 때와 똑같은 이야기를 지금도 하고 있다니 흥미롭네요. 그리고 이 교재가 우리에게 알려 주지 **않은** 것이 중요한 내용이라면…… 심지어 지금도 우리가 배우지 않는 내용이라서 중요하다면…… 그럼 이게 본교재가 되는 게 아닌가요?"

나도 미소를 지어 보이며 완전히 맞는 말이라고 인정했다. 그 교재를 구성한 저자들은 따로 있고, 나는 과거의 논쟁을 소개하고 그 역사를 요약해 보여 줄 부교재로 삼고자 그 책을 찾아냈다. 그러나 우리가 현재의 공립학교 교과과정에 그 이야기를 써넣은 사람들에 관해 흥미를 갖고 있는 점을 고려하면 본교재라고 할 수 있었다.

“오늘날 학교에서 가르치는 것과 가르치지 않는 것에 대한 교과서인 셈이네요”라고 로이드가 말을 맺었을 때, 나는 역사란 지금까지 이야기되지 않은 것의 기록이라고 한 프리드리히 니체의 주장을 떠올렸다.

“애덤스 씨, 혹시 지금 떠오른 내용을 기록하고 있다면 다음 수업에 가져오실 수 있겠습니까? 그러니까 지금 생각하고 있는 것을 요약해서 다음번 만날 때 다시 발표해 줄 수 있겠어요?”

로이드는 기록 중인 공책에서 눈을 떼지 않고 고개만 끄덕였다.

“그럼, 이렇게 하면 재밌을 것 같아요. 미국 전역의 공립학교 체계에서 이 특정한 역사를 어떻게 가르치고 있는지 비교해 볼 수 있겠죠. 이를테면 매사추세츠라든지, 뉴욕의 다른 카운티라든지, 남부 버지니아나 그 밖에 어디든 지역에 따라서 이 내용을 다르게 가르치고 있는가? 또는 특정 지역에서 시대에 따라 내용이 달라지는가? 그런 것도 한번 찾아보고, 왜 그런 변화가 나타나는지 고민해 볼 수 있겠어요.”

“아니면 왜 달라지지 않는지도요.” 여전히 공책에 파묻힌 채로 로이드가 말했다.

수업을 마무리하며 우리는 두 가지 인용문을 살펴보았다. 첫 번째는 헌법 제정에 참여한 존 제이가 연방주의자로서 자신의 지향을 간결하고 힘 있게 표현한, "주권을 가진 사람이 나라를 통치해야 합니다"라는 문장이었다. 오늘날 학생들은 이 말을 들으면 전율한다. 18세기 자유주의 정치인에게는 당연했던 이 말이 오늘날 공립학교 교과서에서는 대체로 지워져 있다. 정치 교육의 생명줄이 되어야 할 가장 흥미로운 논쟁과 질문을 감당하기에는 우리의 사회 계약이 너무나 허술하다는 듯이 말이다. 그날 수업에서 우리는 시간을 들여 이 문구를 그로부터 50년 후 미국 상원 선거 유세 중에 에이브러햄 링컨이 한 말과 대조해 보았다. 링컨은 공화당의 최신 이념을 능란한 개척자적 언변으로 이렇게 요약했다. "우리에게는 사람과 돈이 다 중요합니다. 그러나 피치 못할 상황에 처하면 우리는 돈보다 **먼저** 사람을 택할 것입니다."

멋진 수업이었다. 헌법의 조문과 그 배경을 일부 살펴보는 동시에 주제를 어떻게 이야기하고 고쳐 나가는가, 무엇을 넣고 무엇을 빼는가 같은 역사 서술 방식까지 짚어 보았으니 말이다.

나는 학생들에게 다음 수업을 위해 헌법을 꼼꼼히 읽고 노예제도를 언급하는 구절을 전부 찾아오라고 했다.

학생들은 단어 하나 구문 하나 찾지 못한 채 빈손으로 돌아왔다.

로이드는 문서 전체를 통틀어 노예 관련 내용을 하나도 찾지 못했다는 사실에 유독 혼란을 느꼈다. "하나도 없다면 왜 이런 과제를 우리에게 내신 거죠? 시간만 버리게 말이에요."

다른 학생이 덧붙였다. "그 사람들이 노예 따위 거들떠보지도 않았다는 건 이미 알고 있었고 아무렇지도 않았어요. 그런데 왜 굳이 찾아보라고 하신 건가요?"

내가 대답했다. "맞아요. 실제로 헌법 최종안 어디에도 '노예'라는 단어가 없죠."

"고졸 검정고시 교재에도요." 로이드가 끼어들었다.

"그래요. 그러니까 입안자들은 헌법 조문에 노예라는 말을 쓰지 않았고, 오늘날 우리가 학교에 다니면서, 아니면 적어도 고졸 검정을 통과하려고 할 때 보는 교재에서도 마찬가지라는 거예요. 그리고 기억할 점은 필라델피아 회의가 비공개였다는 사실입니다. 독립기념관에 모인 남성들은 비밀 유지 서약을 했습니다. 닫힌 문 안에서 벌어지는 토론과 논쟁 내용을 단 한 마디도 발설하지 않기로 상호 합의를 했단 말이에요."

누군가 덧붙였다. "그런 이야기도 학교 교재에 나오지 않아요. 그게 비밀이었다는 걸 누가 알았겠어요?"

내가 말했다. "맞아요. 고졸 검정고시 교재에도 없어요. 당장 우리 모두 더 자세히 알고 싶어지는데 말이죠! 굉장히 자극적이죠, 안 그래요? 진심으로 더 알고 싶어 할 학생이 많을 겁니다. 하지만 저도 배운 적이 한 번도 없어요. 실망스러운 일 아닙니까? (알았다면) 고민스러웠을 거예요. 정말 흥미롭기도 했을 테고요. 골치 아프고 논쟁적이면서도 흥미진진했을 거란 말이죠.

그러면 다시 비밀 서약으로 돌아가 봅시다. 입안자들이 제헌회의에서 비밀 유지 서약을 하기로 결정한 이유는 무엇이었을까요? 그리고 그게 좋은 생각이었을까요? 정당하다고 생각하세요?"

"완전히 반민주주의적인데요." 한 학생이 주장했다.

"그래요. 완전히 반민주주의적이라는 소리를 들을 만했죠. 그런데 보세요, 이 사람들은 자기를 정치인으로 인식했어요. 잠시 그 입장에서 한번 고민해 봅시다."

로이드가 끼어들었다. "물론 좋은 생각이었죠. 이해가 가요. 비밀리에 대화한다면 솔직한 이야기를 꺼낼 수 있었겠죠." 로이드는 늘 정말정말 천천히 말했지만, 그렇게 꺼내는 이야기는 언제나 기다릴 만한 가치가 있었다. "혼자일 때 더 많은 걸 해낼 수 있다는 걸 깨달을 때가 있잖아요. 그러니까 듣는 사람이 아무도 없는 상황에서 말이에요."

"그 점은 공감해요. 저도 그렇고 여기 있는 분들도

많이 그러실 거예요. 그럼 한번 자세히 들여다봅시다. 그 비밀 유지 서약은 깨졌어요. 그걸 깬 사람은 다름 아닌 매디슨 자신이었어요. 나중에 드러난 것처럼 매디슨이 필라델피아에서 진행된 일을 꼼꼼하고 자세하게, 토씨 하나 빠뜨리지 않고 기록했기 때문이에요. 심지어 회의가 끝나고도 그 기록을 파기하지 않았어요. 평생, 비밀리에 개인 서고에 보관해 두었던 거예요. 결코 없애지 않았어요."

이어서 나는 매디슨이 필라델피아 제헌회의 기간에 남긴 개인 기록 중에서 다음 구절을 읽어 주었다. "진정한 견해 차이는 큰 주와 작은 주 사이가 아니라 북부와 남부 주 사이에 있다는 점을 이제는 아주 잘 이해하게 된 듯하다. 경계를 가르는 선은 노예제도와 그 후과다."

한 학생이 침묵을 깼다. "매디슨은 그 기록을 절대 꺼내 놓지 않았다고 하셨는데, 그럼 그 글은 어디서 나온 거죠?"

"아주 좋은 질문입니다. 하버드대학교 법대생이던 웬들 필립스라는 청년이 그 기록을 출판했어요. 기존 관습을 타파하려는 성향을 지닌 급진적 (노예제도) 철폐주의자였죠."

"언제요?" 누군가 물었다.

"반세기가 지난 뒤에, 노예제도를 두고 국가적으로 거대한 투쟁이 벌어지던 1840년대에요. 이번 학기에 배울 테지만, 팽창 일로에 있던 젊은 미국이 대륙을 가로질러 태평양으로 확장해 나가는 사이에 서부까지 노예제도를 적용해야 하는지를 두고 논쟁이 벌어졌어요. 북부 지역뿐 아니라 남부에서도 노예제도에 반대하는 목소리가 많았습니다. 서부로 국가를 넓히면서 노예제도 확장에 반대한 사람들이죠. 하지만 그 사람들은 이미 시행 중인 지역에서 노예제도를 유지하고 기존 사업을 계속해 나가는 데까지는 문제 삼지 않았어요. 그런데 필립스는 급진적인 분리주의자였거든요. 우리가 보통 배우지 않는 내용이죠. 유럽계 백인 미국인 중에서 진짜 철폐주의자는 극소수인 데다 급진적이었습니다. 그들은 헌법에 손쓸 수 없을 정도로 심각한 결함이 있고, 지금 우리가 노예경제와 비교적 자유로운 노동경제 사이에 형성되었다고 배우는 그 동맹을 해체해야 한다고 생각했지요. 시작부터(그러니까 도덕적으로) 아주 잘못되어서 고치기가 불가능하다고 보았어요. 강의계획서를 보면 아시겠지만, 앞으로 그런 내용을 다루게 될 거예요."

시간이 다 되어서 다음 수업 과제를 제시했다.

"실제 헌법 조문도, 매디슨이 가장 중요하다고 한 노예제도 관련 문제가 이야기되지 않는 이유도 아직 살펴보지 않았는데요. 다시 한 번 봅시다. 매디슨이 남긴 필라델피아 비밀 기록 발췌문을 비평해 보고 헌법의 나머지 부분도 다시 살펴보세요. 그러고 나서 핀클먼의 책 첫 번째 장을 읽어

오세요. 수고하시고, 목요일에 봅시다."

다음 수업은 읽은 내용을 요약하는 것으로 시작했다. 제임스 매디슨에 따르면 회의의 분열을 초래하고 입안자들을 혼란에 빠뜨리고 헌법 제정 가능성을 깨 버릴 수 있는 가장 큰 한 가지 문제는 노예제도였다. 경제적 이해와 도덕적 지향의 충돌로 인해 자유노동제를 택한 주와 노예제도를 유지하는 주의 대표자들이 갈라질지도 모르는 상황이었다. 이 문제를 철저히 파고들지 않으면 1787년 작성된 헌법 조문의 의미를 전혀 읽어 내지 못할 수 있다.

이야기를 나누던 중에 난데없이 강의실 문이 열렸다. 반원형으로 둘러앉은 우리를 바라보며 긴장한 듯 얼굴을 찡그린 낯익은 교도관 뒤로 제복을 입은 경찰관이 들어섰다. 그 뒤로는 백인 남성으로만 이루어진 정장 차림을 한 주 공무원 여러 명이 따라 들어왔다.

그중 한 명이 우리에게 말했다. "그냥 여러분이 하고 계시는 시범 사업을 한번 보러 왔습니다. 저희는 신경 쓰지 마시고 하시던 대로 계속하세요." 주도州都의 본청에서 나온 낯선 남성 십여 명이 벽에 늘어서서 우리를 지켜보았다.

그들이 끼어든 때는 우리가 『연방주의자 논집』The Federalist Papers 10호 또는 51호에서 발췌한 공민학 고전 문헌을 읽을 때도 아니었고, 리처드 호프스태터가 『미국의 정치 전통』The American Political Tradition에서 묘사한 입안자들의 의견 비평이나, 민주주의와 근대 역사의 진보가 위대한 전통적 존재의 사슬을 깨뜨려 머나먼 조상부터 대대로 붙박고 살아온 자리로부터 인간을 자유롭게 풀어 주지만 그 결과 인간이 홀로 남아 자기의 운명을 향해 외로이 떠밀려 가게 만든다고 한, 알렉시 드 토크빌의 『미국의 민주주의』에서 발췌한 아름다운 구절에 대해 자유 토론을 하던 때도 아니었다. 그들은 하필 초기 미국 헌법에서 인종적으로 가장 논쟁적인 부분에 대해 토론을 하는 와중에 강의실로 들이닥쳤다.

학생들은 예고 없이 찾아온 방문자들의 존재에 동요하지 않는 듯했다. 이 상황을 유난히 낯설게 느낄 이유가 없을 정도로 감시받고 관찰당하는 데 익숙했기 때문일 것이다. 나는 그 점이 마음에 걸렸다. 우리의 강의실이 '다르다'라고 한다면, 그 이유 중 하나는 시선이 **덜** 미치는 공간이기 때문이었다. 그런데 공무원들이 교실에 들어오든 말든 학생들이 별다른 느낌을 받지 않는다면, 그동안 내가 우리 대학 공간을 어떻게, 얼마나 낭만적으로 바라보고 있었단 말인가?

"좋습니다. 그러니까 역사적 기록이 어떻게 쓰이고, 원래 기록과 이차적인 설명이 늘 어떤 식으로 포함할 내용과 배제할 내용을 골라내는 역할을 하는지에 대해 또 다른 사례를 살펴보는 중이었죠."

내가 잠시 말을 멈추자 모두 가만히 기다렸다.

"그리고 매디슨이 초안에서 중요한 문제라고 기록했던 것과 달리 헌법에서는 왜 '노예'라는 단어가 보이지 않는지 이야기하고 있었습니다. 이미 다들 보셨듯이, 남부 출신으로 노예를 소유하고 있던 워싱턴을 포함해 그 자리에 있던 중요 인물들은 노예제도가 자유무역의 압력을 받으며 비효율적인 강제 노동과 자유로운 시장 노동의 경쟁 속에서 자연스레 사라질 거라고 생각했어요."

"제가 이 부분을 큰 소리로 읽어도 될까요?" 로이드가 끼어들었다.

내가 고개를 끄덕이며 손님들을 힐끗 쳐다보았다.

"교재에서 어느 부분이죠?"

"교수님이 주신 사전 같은 자료하고, 매디슨의 기록 중에도 일부 있어요."

"네, 좋습니다."

로이드가 큰 소리로 낭독했다.

> 8월 25일 토요일, 존 디킨슨이 '사람'을 '노예'로 대체해 더 명시적으로 노예 조항을 표시하자는 쪽으로 입장을 바꾸었다. 대표단 몇 명이 이에 반대한다. 매디슨은 반대 입장을 낸 사실을

| 기록한다.

"그런 다음, 아까 그 남자의 말을 인용해요." 로이드가 덧붙였다.

"잠깐만요, 애덤스 씨. 인용하는 건 누구고, '그 남자'는 누구죠?"

"인용은, 그 사전 같은 자료에서요. 그리고 '그 남자'는, 그러면 필립스겠죠. 아니면, 아, 매디슨이네요. 매디슨을 인용해요."

"네, 고마워요."

그리고 로이드가 이어서 다음 내용을 크게 낭독했다.

> 매디슨 씨는 헌법에서 사람이 재산이 될 수 있다는 관념을 인정하는 것은 옳지 않다고 생각했다.

"제 생각에 매디슨은 기록에서 자기를 매디슨이라고 쓰는 것 같아요"라고 로이드가 설명했다.

"정확합니다."

"그다음에 그들은" 하고는 이제 방법을 익힌 로이드가 덧붙여 설명했다. "그러니까 사전을 작성한 측이요. 그들은 이렇게 쓰고 있어요."

> 디킨슨이 회의에서 발언하려고 준비해 온 (하지만 결국 발표하지 않은 듯한) 의견서에 담긴, '노예'라는 단어를 사용하자고 주장한 문장은 이러하다. "그 단어를 누락시킨다면 우리가 부끄럽게 여기는 제도를 숨기려 한 소행이라고 해석될 것입니다."

다른 학생이 큰 소리로 끼어들었다. "그걸 빼버리는 건, 그냥 거짓말하는 거나 똑같은 일이었어요. 이 디킨슨이라는 남자 말이 맞아요. 그들은 부끄러워하면서도, 아마도 그것을 바탕으로 하는 사업에 너무 깊이 몸담고 있었을 거예요. 그래서 그냥 숨겨 두기만 하고 노예와 관련된 일도 원래 하던 대로 계속 한 거죠."

"저도 그게 거짓말일 수 있다는 데 동의해요." 로이드가 말했다. "하지만 그 단어를 빼놓은 것도 잘 한 거라고 생각해요."

"그걸 넣어 놨으면 문제에 완전히, 제대로 부딪쳐야 했을 텐데요." 다른 학생이 반발했다.

"그렇죠. 하지만 그랬다면 그 말이 헌법에 영원히 남았겠죠. 모리스 같은 사람은 절대 서명 안 했을 거고요." 로이드가 말했다. "게다가 만약 워싱턴 같은 사람들이 노예제가 사라질 거로 예상했다면, 헌법 제정이 그 제도를 규제하고 더 빨리 몰아낼 좋은 계기라고 생각했을 수 있어요.
제게는 그렇게 보여요."

잠시 대화를 진행하도록 두었더니 로이드가 내게 물었다. "철폐주의자들은, 나중에 말이에요, 그 사람들은 그 단어를 빼는 게 옳다고 보았나요, 아니면 잘못한 거라고 보았나요?"

"좋은 질문이지만, 저는 답을 몰라요."

"흠, 필립스는 잘못된 발상이라고 생각했는데 말이죠"라고 로이드가 자문자답하며 덧붙였다.

나는 이렇게 답했다. "네, 그건 맞는 것 같아요. 아마 바드의 다른 교수 중에도 계실 텐데, 그 시대를 전문으로 연구하는 역사가라면 저보다 더 잘 대답해 주실 거예요. 하지만 저는 애덤스 씨의 추론이 일리가 있다고 생각해요. 더 연구해 볼 만한 훌륭한 주제죠. 저는 지금 여기 있는 우리들 중에도, 헌법 최종안에서 노예제도라는 그토록 중대한 제도를 명확히 언급하기를 의도적으로 피하는 것이 좋은 생각인지 아닌지에 대해 다양한 견해가 존재한다는 점을 지적하고 싶네요. 필라델피아의 회의실에서 나타났던 모양인 이견들과 마찬가지로요. 두 분이 이견을 내놓는 방식도 칭찬해 드리고 싶습니다. 자료를 꼼꼼히 읽고 있어요. 그리고 로이드 씨가 자신이 동의하지 않는 부분에 의견을 덧붙이거나 설명하기 전에, **서로 동의하는 지점**을 먼저 인정하고 말을 시작하는 방식에 주목해 주세요. 아주 훌륭합니다. 두 분 대화, 전부 다 고맙습니다."

로이드가 덧붙였다. "여기서 디킨슨이 '작성'했지만 '아마도 발표하지 않은 듯한' 발언이 있었다고 하는데요."

"그러니까 그 단어를 **포함**시키자는 의견서를 쓴 사람이 그걸 발표하지도 않았다는 건가요?" 다른 학생이 물었다.

"네." 로이드가 답했다.

"그리고 그 사람은 노예제도 반대론자였단 말이죠. 그자들을 망신 주려고 했거나, 다른 의도가 있었을 수도 있겠어요. 음, 그렇다면 그 회의실 분위기는 여기랑 전혀 달랐겠는데요!" 그 학생이 웃으며 말했다.

그 순간, 우리의 공무원 손님들이 들어올 때와 마찬가지로 줄지어 출입문을 통해 나가기 시작했다.

> "물려받은 그것을 네 것으로 만들라."
> — 괴테, 『시와 진실』

그날 수업 시간에 발언한 후로, 로이드는 사려 깊고 재능 있는 학생으로서 나와 동료 학생들에게 깊은 인상을 남겼다. 날이 갈수록 품위와 통찰력이 또렷이 드러났다. 로이드는 다른 학생들과 마찬가지로 공립학교를 몇 년 다닌 것 외에 공식적인 교육을 전혀 받은 바 없었다. 특수 교육이 필요하다는 전문가의 평가를 받은 후, 청소년기 학습 수준에 겨우 다다를 정도의 성적으로 고졸 검정고시를 통과했다.

로이드는 순진무구와 노련함을 넘나드는 삶을 살아온 듯했다. 넓적한 그의 얼굴에서 나는 세상사에 통달한 듯한 일면과 편협한 일면을 모두 읽어 낼 수 있었다. 그도 역시 내게서 같은 것을 읽어 냈을지 모른다. 커다란 몸집에서 젊은이다운 활력이 느껴지는 동시에, 너무 이른 시기에 찾아온 권태감도 드러났다. 나는 그가 상당한 경험치를 갖고 있지만 그런 이야기를 입 밖으로 꺼내거나 그 일의 의미를 남들에게 설명하기를 원치 않는 사람일 거라고 상상했다.

학기를 시작하고 몇 주가 지날 무렵 로이드가 주 교정부 공무원들에게 대학 과정을 그만두겠다고 했다는 말을 들었다. 대학 시범 과정을 중단하고 남은 형기를 집에서 더 가까운 교도소에서 지내게 해 달라고 요청한 것이다.

그 소식을 들은 채로, 나는 예정된 면담을 하러 그린으로 갔다. 로이드에게 더 나은 미래를 위한 생명줄이 될 것 같았던 이 과정을 포기하려고 한다니 두려웠다.

하얗게 칠해진 방 안, 창살이 박혀 있는 밝은 창 아래에서 로이드와 마주 앉았다. 창밖에는 또 다른 벽과 울타리, 철조망, 감시탑이 끝없이 늘어서 있었다. 우리 둘은 나이 차가 별로 크지 않았다. 비슷한 연령대라는 사실 때문에 계층적 인종적 경험을 포함해 삶의 여러 측면에서 드러나는 격차가 더 크게 느껴졌다. 막상 마주 앉고 보니 로이드가 무슨 이유에서, 어떤 부담 때문에 그런 선택을 하게 되었는지 전혀 알지도 못하면서 대학 과정을 계속하라고 설득하려 들어서는 안 되겠다는 생각이 들었다.

책상 맞은편에 앉은 로이드가 말하길, 자신을 길러 준 할머니가 몇 달 전에 갑자기 돌아가셨다고 말했다. 병세를 숨기는 바람에 그는 임종 전에 찾아가는 건 고사하고 장례식 참석을 위한 외출 신청도 제때 하지 못했다. 공무원들은 이상하지만 일관된 어떤 기준에 따라, 애초에 자격이 없는데도 불구하고 사랑하는 사람의 장례식에 참석하도록 재소자를 내보내 주곤 한다. 그런데 이번에는 아버지가 위독하다는 소식이 들려왔다. 로이드는 대학이 자기에게 소중하고 특별한 기회였다고 설명했다. 과묵한 어투로, 왠지 몰라도 자기에게 꼭 맞는 무언가를 체험할 수 있었다고 또렷이 말했다. 어쩌다 보니 교정 공무원들에게 선택받아 차지한 바드 강의실의 그 자리를 얻지 못한 재소자가 얼마나 많은지도 알고 있다고 했다. 하지만 집에 계신 아버지가 돌아가실 때까지 이렇게 먼 곳에서 그저 기다리고 있을 수만은 없다고 했다.

아버지와 가까이 지냈느냐고 물었다. 로이드는 아니라고 했다. 솔직히 그 남자는 심각한 알코올중독자였고 기억나지 않을 정도로 오래전부터 자기를 멀리했다고 말했다.

집에서 가까운 곳으로 간다고 아버지가 찾아올까?

로이드는 아니라고, 아마 그런 일은 없을 거라고 했다. 수감 중에 서로 자주 연락하며 지냈느냐 하면 그렇지도 않았다. (고립 상태로 기술도 활용할 수 없는 상황에 처하면 온갖 종류의 글쓰기, 일기 쓰기, 편지 쓰기에 빠져드는 모양인지, 교도소에서는 어디서든 글을 쓰게 되는데도 말이다.) 로이드는 아버지와 할머니에게 편지를 써 보내곤 했지만, 그 늙은 남자는 글 같은 걸 쓰는 사람이 아니었다고 했다. 두 사람 중 누구에게도 답장을 받을 기대는 한 적이 없었다. 그런 아버지가 자기에게 남은 유일한 가족이라고 로이드는 말했다.

우리는 주 교정부에서 모든 강의실에 똑같이 제공하는 조그만 플라스틱 의자 끄트머리에 걸터앉아 있었다. 로이드는 정중하게 퇴학 의사를 밝혔고, 나는 대화하는 내내 그에게서 눈을 떼지 못했다. 우리가 처한 환경은 너무나 달랐지만, 한결같이 성실한 자세로 수업에 임하며 예리한 지적 역량을 드러내는 로이드를 볼 때마다 나는 교사로서 최선을 다하고 싶은 마음이 들곤 했다.

문제가 무엇인지 감지한, 또는 짐작한 나는 염려하는 바를 그대로 말하기로 마음먹었다. 그렇게 멀리 떨어져 있는 와중에 할머니가 돌아가신 일도, 스스로 저지른 행위 때문에 처벌을 받느라 이 교도소에서 저 교도소로 옮겨 다니게 된 것도, 그리고 이 상실의 경험, 너무나 소중한 존재였던

한 여성과 이런 식으로 헤어진 까닭에 앞으로 오랫동안 힘든 시간을 보낼 수밖에 없게 된 이 현실도 모두 다 정말 끔찍한 일이라고 말했다. 그의 삶에서 오랫동안 부재했던 아버지였어도, 이 상황이 오히려 견디기 더 힘들 거라는 점도 이해할 수 있다고 말했다. 하지만 죽음을 앞둔 사람의 병원에 가까운 교도소로 옮겨 가서 얻을 것은 아무것도 없어 보인다고 말했다. 로이드 스스로 말했듯이 그 많은 대상자 중에서 '참여를 허락받은' 사람이 얼마나 적었는지 생각하면 대학 과정은 놓치기에 너무나 소중한 기회인 것도 사실이었다. 현재 로이드의 위치와 이전의 삶에 비춰 보면 그 의미는 훨씬 더 컸다. 나는 그가 대단히 명석한 사람이며, 분명 본인도 그 사실을 알고 있을 거라고 말했다. 강의실에서 말하는 자기 목소리를 들을 때나 혼자 손에 책을 쥔 채로 글을 읽다가 내면에서 솟구치는 무언가를 감지할 때도.

"로이드 씨가 가진 재능, 이 장래성이 어디서 오는 걸까요? 분명 어느 정도는 가족으로부터, 로이드 씨보다 앞서 존재했고 현재와 미래의 로이드 씨를 만드는 데 기여한 모든 사람으로부터 물려받은 게 틀림없어요."

나는 내 입에서 이런 말이 나왔다는 데 대해 충격을 받은 채로, 나를 바라보는 로이드를 바라보았다. 개인적인 의견을 학생에게 이렇게 직접적으로 밀어붙인 적이 거의 없었다. 학생의 사생활을 존중하고 싶었고, 대학이라는 공간에

'개인적으로' 얼마나 또 어느 시점에 중요한 의미를 부여할지 학생 스스로 선택할 수 있기를 바랐다. 교육의 의미를 교수나 관리자가 강제해서는 안 되었다. 나는 내가 가진 지식과 교사로서 배운 바를 가르치되 그 후의 일은 가능한 한 학생 자신에게 맡겨야 한다고 생각했다.

나는 계속 말했다. "로이드 씨가 가진 이 재능은 아버지로부터 그리고 할머니로부터 오는 것이고, 지금 그분들과 멀리 떨어져 있는 만큼, 단절되어 있는 만큼, 이제 이것은 로이드 씨의 것이자 일부로서 로이드 씨 안에 존재하는 것입니다. 로이드 씨가 물려받은, 누구도 빼앗아 갈 수 없는 것이라고 할 수 있겠죠. 대학 과정을 계속해 나가는 것, 남은 몇 주를 여기서 마무리하는 것, 끝까지 밀고 나가서 완결을 짓는 것 자체가 그분들에게 드릴 수 있는 최고의 선물이에요. 그분들로부터 물려받은 자기의 일부를 가지고 로이드 씨 스스로 이 일을 해내는 것이 그분들을 위해 할 수 있는 가장 좋은 일이고, 받은 것에 보답할 유일한 방법이라는 말입니다."

로이드는 듣고 있었지만 별말을 하지 않았다. 어쩌면 교사나 상담자로서 나의 접근 방식과 역량이 부족하여 로이드의 필요나 바람을 잘못 이해했기 때문일 수 있다. 아니면 우리가 강의실에서 함께 다루던 주제와 너무 동떨어진, 지나치게 사적인 일이다 보니 그저 자기 생각을 입

밖에 내고 싶지 않았던 것일지도 모른다.

헤어지기 전에 로이드는 나에게 고맙다고 말하며 다정하게 악수를 청했다. 그게 다였다. 며칠 뒤 다시 그린에 강의를 하러 갔더니 로이드가 있었다. 무덤덤하게, 남아 있기로 결정했다고 말했다.

로이드는 부지런히 공부했고, 통찰력을 드러내며 꾸준히 읽고 말하면서 학생으로서 성장해 나갔다. 수업에서 점점 더 핵심적인 존재로 자리매김하면서도, 좌충우돌하며 쏜살같이 흘러갔던 그 일 년 동안 우연히 함께하게 된 동료 학생들이 발언하고 참여할 수 있게 북돋워 주는 역할도 했다.

로이드가 쓰는 글은 점점 더 나아졌고, 더러는 대단히 훌륭한 글도 있었다. 강의가 계속 진행되는 사이에 법과 헌법 조문에 대한 관심이 줄어든 대신 그는 프레더릭 더글러스의 『미국 노예, 프레더릭 더글러스의 삶에 관한 이야기』에 더 흥미를 보였다. 학기 말에 로이드가 제출한 과제는 역설적이게도 더글러스의 인생담에 담긴 정치 지형에 대한 훌륭한 논술문이었다.

더글러스의 『미국 노예, 프레더릭 더글러스의 삶에 관한 이야기』는 목적을 이루려는 영웅의 투쟁과 자아실현을 더 큰 틀의 사회 변화 또는 정치적 해방과 연결시키는 19세기 **교양소설** bildungs 전통을 잘 보여 주는 작품이다. 수업 시간에 우리는 역사적으로 사회가 (신분제도나 노예제도 같은)

'지위'에 따른 관계에서 벗어나 개인의 권한과 상호 합의에 기반한 '계약' 관계로 진화한다는, 19세기 영국 법학자이자 식민지 관료였던 헨리 메인이 널리 전파한 진보 이론을 살펴보던 중에 이 주제를 접한 적이 있었다.

학기말 과제에서 로이드는 이 자서전에 담긴 더글러스의 인생 여정에 작가의 개인 성장만이 아니라 노예 노동에서 자유 시장 계약으로의 진보가 어떤 식으로 담겨 있는지 추적했다. 실제로 더글러스가 남긴 글에 따르면 그는 남부 깊숙한 지역인 로어사우스에서 태어나 어퍼사우스를 거쳐 북부에 이르기까지 북쪽으로 이동하는 데 성공했다. 이렇게 이동하는 와중에, 북부와 남부 사이의 경계 지역에서 스스로 일해서 벌어들인 금액의 일부를 고용주에게 바치고 나머지를 가질 수 있는 고용 하인으로 일할 기회를 얻는다. 이후 더글러스는 초기 공화당이 구상한, 계약할 자유라는 경제적 정치적 이상에 가까운 준準자유노동자가 된다. 로이드에 따르면, 북쪽으로 향하는 이 진보의 과정은 처음에 노예에게 법적으로 금지된 교재로 읽고 쓰기를 배운 더글러스가 결국 런던에서 전기 작가로, 다시 미국으로 돌아와 편집자, 강연자, 정치 인물, 외교관으로 명성을 얻기에 이르는 문학 인생과 맞물려 있다.

> **콘트라밴드**Contraband: 원래 의도된 목적과 다른 용도로 사용하는 모든 것.
>
> — 교도소 공용 용어

그해 말, 학생들은 대표 연설자로 로이드를 선택했다.

우리는 열 달 전 신입생 설명회에서 내가 토론거리로 삼아 논란을 유발했던 '마지막 졸업식'과 약간 비슷한 느낌으로, 참여자에게 수료증을 나눠 주는 소박한 기념행사를 열 예정이었다. 그린의 이 소규모 행사는 외부로부터 차단되어 가족도 언론도 전혀 참석할 수 없었다. 얼마 안 되는 객석에는 교도소 안에서 지내거나 일하는 사람들이 앉기로 했다. 행사 말미에는 모조 양피지에 화려한 활자를 박아 넣어 사회적 영예나 특권을 상징하는 척하지만 그렇게 함으로써 보통은 정반대의 효과를 내는 그런 수료증을 수여할 예정이었다.

그래도 졸업생들은 내가 그 후 본교에서나 전국 각지의 교도소에서 참석한 어느 졸업식과 다를 바 없이 진지하게 그 행사를 받아들였다. 아마 고등교육의 사회적 자본에 결부된 자존감을 느끼게 해 주거나, 자신의 수형 생활을 감독하는 교정 관리자들 앞에서 공식적으로 연설할 찰나의 기회를 이 청년 같은 이에게 제공해 주는 자리이기 때문이었을 것이다. 어쩌면 그 행사를 수형 생활 중에 맞이한 짧고 기대로 가득

찼던 기간에 대한 증표로 삼았을 수도 있다.

그날 아침, 로이드는 자기뿐 아니라 가족을 통틀어 최초의 경험이었던 대학 교육과정에 관해 이야기하기 위해 작은 단상에 올라섰다.

먼저 평이한 감사 인사로 시작했다. "이 일을 가능하게 해 준 대학 관계자 여러분과, 꼭 해야 할 일이 아닌데도 이곳까지 강의를 하러 와 주셨던 선생님들께 감사드립니다."

이어지는 로이드의 연설을 듣는 동안 내 시선은 나와 함께 앞줄에 앉은 몇몇 교정 공무원 사이를 불안하게 오갔다. "로젠버그 교수의 문학 수업, 데미언 교수의 인류학 수업, 글쓰기 수업. 이런 수업 하나하나가 제게는 소중했습니다. 특히 헌법과 노예제도라는 수업을 해 주신 대니얼 교수에게 감사를 전하고 싶습니다."

이 말에 심장이 덜컹했지만, 교사로서는 우쭐한 마음도 들었다.

단상 앞에서 로이드가 말을 이어 나갔다.

> 그 수업에서 읽은 글 중에 프레더릭 더글러스의 『미국 노예, 프레더릭 더글러스의 삶에 관한 이야기』가 있었습니다. 그런데 거기 나오는 더글러스의 주인 중 한 사람의 성이 로이드였습니다. 로이드는 제 이름이자 제 아버지의

이름입니다.

『이야기』에서 더글러스는 노예제도가 있던 당시, 읽고 쓰기를 배우는 것이 범죄이던 시절에 어떻게 글을 배웠는지 들려줍니다. 사형을 당할 수 있는 중죄였지요. 하지만 주인의 아내가 교사가 되어 어린아이였던 프레더릭 더글러스에게 읽고 쓰는 법을 가르쳐 주기 시작합니다. 어느 날 주인이 아내가 어린 노예에게 알파벳을 가르쳐 주고 있다는 사실을 알게 됩니다. 주인은 대단히 화가 났지만, 침착하게 마음을 가라앉히고 이 수업을 그만두어야 하는 이유를 아내에게 이렇게 설명합니다. "**니그로**Negro**란 하나**an inch**를 내주면 열**an ell**을 챙기는 족속이란 말이오.**" 엘ell. 그것은 그 백인 농장주가 팔꿈치를 가리켜 쓰는 말이었습니다. 남성의 손에서 팔꿈치 사이에 해당하는 옛 측정 단위지요. 제가 『이야기』를 읽으면서 느끼기에, 더글러스는 한때 주인이라 불렀던 그 남자를 경멸하는 듯했습니다. 주인의 강압으로 수업은 끝이 났습니다. 하지만 책에서 더글러스는 그 후로 자기가 배운 것을 어떻게 익히고 계속 공부를 해 나갔는지 알려 줍니다. 그가 쓴 여러 방법 중 하나는 볼티모어의 거리에서

> 함께 어울려 놀던 이웃 백인 아이들로 하여금 자기가 쓰는 철자를 고쳐 주도록 유도한 것입니다. 아이들이 그가 '틀렸다는 사실을 증명'하도록 유인함으로써 혼자 공부하던 내용을 더 발전시킨 것이지요.
>
> 오늘 아침, 이 자리에서 저는 이렇게 말하고 싶습니다. 올 한해 그린의 대학에 다니면서 하나를 얻었고, 앞으로 열을 챙기려 한다고 말입니다.

로이드는 이제 1830년대 초반 볼티모어 외곽 약 50킬로미터 거리에 있던 메릴랜드의 농장까지 흔적을 좇을 수 있게 된 인물들에 자신을 대입했다. 원고에 쓸 때는 강조 표시나 따옴표를 붙였겠지만, 실제 연설에서는 각 발언자와 공명하는 지점을 풍부히 드러내기 위해 이 사람이 한 말에서 저 사람이 한 말로 물 흐르듯 넘어 다녔다.

찬사로도 읽히고 비난으로도 들리지만, 어느 쪽이든 역설적이다. 프레더릭 더글러스는 자서전에 전 주인의 말을 가져다 자기 것으로 만들어 씀으로써 그 폭력적 계보를 드러내는 동시에 급진적으로 변형시켰다. 이번에는 로이드가, 어른이 되고서야 특수한 상황 속에서 친밀감을 느끼며 알게 된 작가 더글러스의 말을 전유하며 변형하고 있었다. 이러한 발언의 순환을 통해 세계는 형성, 해체, 재형성된다.

그리고 한 사람이 자기 목소리를 내는 일은 오직 전유를 통해 이루어진다.

로이드는 작품을 세심하게 읽고 도출한 내용을 바탕으로, 아마도 처음으로 강한 자의식을 갖고, 자기가 주도적인 역할을 맡고 있다고 믿은 그 과정 속으로 들어갔다. 이는 또한 나중에 면접장에서 피터 베이가 내게 왜 많은 이가 교도소 대학에 들어가려 하는지 설명한 내용을 실현하는 듯 보였다. 굴복이 아니라 참여하려고. 복종이 아니라 동의하고 받아들이려고, 도망치기를 거부하려고. 자신을 내던져 성공과 실패 모두에 직면하는 위험을 감수하려고.

나는 로이드가 그날 행사장을 가득 채운 숨은 의미들을 건드리며, 더글러스와 자신을 동일시하기 위해 우리에게 가장 예민하고 논쟁적인 개념을 활용하는 것이 위험하다고 생각했다. 동료 학생들 사이에 유대감을 불러일으키려는 동시에, 어쩌면 그 자리에 참석한 교정 공무원과 바드 교수진, 경비대 그리고 나 자신까지 포함해 압도적으로 백인 위주인 청중을 도발하려는 의도였을 수도 있다. 당시 로이드의 선동적인 언사는 부적절하게 들렸다. 그리고 학생과 대학, 교도소 체계 사이의 중재자 입장에 있던 나는 로이드가 타고난 세계와 현재 수감되어 있는 공간 그리고 노예제도 사이에 그리고 있는 평행선이 누군가의 눈에는 극단적이고 기이하게까지 보이리라고 생각했다.

공무원 대표단과 동료 교수진 사이에 앉아서 그린의 단상에 서 있는 로이드를 바라보며, 나는 그가 노예제도를 불러냄으로써 은연중에 자기 책임을 덮거나 최소화하고 있다고, 그 방에 있는 사람들에게는 아마도 그렇게 들릴 거라고 생각했다. 그렇다면 로이드는 윌리엄 코널리가 '개인적 권한 주장형' 우파와 '사회적 원인 주장형' 좌파의 끝없는 갈등이라고 묘사한, 형법과 처벌을 아주 비판적으로 바라보는 시각의 핵심에 내재하는 긴장을 자극하는 행위를 하는 셈이었다. 우리 형사사법 체계의 구조적 부정의라는 그야말로 본질적인 비판 지점에 대한 관심을 환기시키면서, 자기 행동에 대한 개인적 책임으로부터 관심을 돌리고 있는 것은 아닌가? 적어도 내 마음 한편에서는 이런 생각이 들었고, 마찬가지로 행사에 참석한 공무원들에게도 그렇게 들렸을 것 같았다.

협력 관계에 있는 관리자로서 소속은 다르지만 교도소 측의 배려를 받으며 일하는 동시에 우리 학생들 그리고 독립적인 자유교양학을 향한 대학의 미래상을 책임지는 복잡한 입장에 있는 나로서는 그날 청중의 존재가 대단히 크게 다가왔다. 대학을 향한 나의 포부는 그들의 선의에, 그리고 로이드처럼 교도소 체계 안에서 용인 가능할 뿐 아니라 가치 있다고 판단할 만한 학생과 교사를 한자리에 불러 모으는 그들의 능력에 달려 있었다. 나는 로이드가 연설에서 짚어 낸 지점들을 내가 기대고 있는 제도적 지원과 협력, 내가 품은 포부와 떼어 놓고 생각할 수 없는 처지였다.

그러나 연설 순서는 분명 이 특별한 행사에서 자기가 하고 싶은 말을 하는 시간이었고, 연설을 부탁받은 입장에서 스스로 적절하다고 판단한 대로 상황을 조정하는 것도 로이드의 몫이었다. 게다가 치열한 성찰의 힘을 대단히 잘 보여 주는 미국 문학으로서, 개인의 정체성을 재설정하고 공화국을 변화시키기 위해 읽고 쓰는 더글러스의 이야기는 이런 기회에 활용하기 더없이 좋은 자료였다. 연설을 통해 교도소에서 배운 것을 있는 그대로 드러낼 것을 요청받은 로이드는 한 해 동안 자신이 배운 핵심 내용과 방법론을 정성껏 솜씨 좋게 활용함으로써 맡은 역할을 해냈다.

그해 우리가 기존 교과과정에 따라 살펴본 바와 같이, 미국 헌법의 기원과 의미를 가르치면서도 건국 당시의 경제와 기본법 그리고 당대에 끼치는 영향 면에서 핵심을 차지했던 노예의 위치를 깊이 파고들지 않는 엉터리 교육이 흔하다. 이와 비슷하게 나는 개인의 책임과 죄과에 대한 익숙하지만 대단히 중요한 도덕적 명령이, 그에 못지 않게 중요하며 우리 자신의 상당 부분을 구성하는 근본적이고 커다란 결함이 있는 제도에 대한 공동 책임을 촉구하는 정치적 명령을 덮거나 대체하는 경우가 얼마나 많은지를 오랫동안 지켜봐 왔다.

그린에서 다소 삐걱거리며 시작한 실험은 10개월이면 끝이 날 예정이었고, 그날 행사는 잘 어울리는 결말이었다.

종장

수료식이 끝나고 12개월 정도 지났을 무렵, 우리가 사무실을 비운 사이에 로이드에게서 전화가 왔다는 메모를 받았다. 교도소사업단의 짧은 역사에서 수감자가, 그러니까 출소 후 집으로 돌아간 학생이 전화를 걸어 온 것은 처음 있는 일이었다.

로이드는 용건을 전하지 않고 번호만 남겼다. 공식 기록을 재빨리 살펴보니 그가 교도소에서 출소한 사실이 확인되었다. 나는 시러큐스 지역에 해당하는 그 번호로 거듭 전화를 걸었다. 두 차례, 연령대를 알 수 없는 여성이 전화를 받고는 내가 바드칼리지 사람이라고 소개하는 동안 말없이 듣기만 했다. 그리고 두 번 다, 메모를 하는지 한두 마디 하더니 전화를 끊어 버렸다.

로이드가 전화를 건 때는 출소 후 3개월 만이었다. 우리는 두 번 다시 그의 소식을 듣지 못했다.

3

수업 속으로: 죄와 벌 읽기

로이드 이야기는 바드교도소사업단과 학생들의 활동에 인종 불평등이 강하게 영향을 미치는 과정을 보여 주는 한 가지 사례다. 그러나 인종 문제가 이 일을 정의하거나 제한하지는 않는다. 자유교양학 학습과정에서 학생들은 인종뿐 아니라 구조적 불평등이 초래하는 다른 문제들도 마주하고 분석하게 된다. 이것은 인종을 벗어나거나 뛰어넘는 문제가 결코 아니다. 교육은 인종 문제로부터 '자유로울' 수 없는데, 당연히 미국에서 그리고 교도소 안에서 하는 교육이기 때문에, 그리고 자유교양학 교육의 목적이 정확히 그러한 경험의 특성을 찾아내고 직면하도록 이끄는 것이기 때문에 그러하다.

바드교도소사업단과 교도소의 형벌 기능 사이의 관계도 마찬가지다. 바드교도소사업단은 교도소의 처벌 기제에 따라 형성되지만 그 관계는 모호하다. 개인의 죄과에 대한 도덕적 책무라는 한 측면과 처벌 및 형사사법에 대한 큰 틀에서의 구조적 비판이라는 측면 사이에 존재하는 긴장 관계에서 대학은 명확히 어느 한 편에 서지 않는다. 대학은 하나의 기관으로서, 그리고 삶의 방식으로서 이 두 측면을 모두 갖고 있다. 학생 스스로 그러한 문제를 설정하고 답을 찾는 책임을 감당하고자 할 때 촉매 작용을 하는 것이 대학의 역할이다.

공공공간으로서 대학의 기풍은 정중함, 절제, 개인적

책임이라는 대단히 전통적인 개념에 상응하는 상호 존중과 배려의 정신을 풍부히 불러일으킨다. 동시에, 대학의 가장 핵심적인 활동을 통해 학생들은 기존의 도덕적 관습의 근원과 형사사법 체계의 구조적 부정의, 그 밖에 우리가 사는 세계를 구성하는 핵심 이념과 실행 기구에 대해 진지하게 연구하게 된다. 그 결과, 대학은 어떤 개념은 재현하고 어떤 개념에는 도전하면서, 국가의 심판 장치와 개인의 주체성 사이에 자리한다. 이 같은 대학의 '중간적' 위치는 면접 중에 피터 베이가 교도소에 갇혀 있으면서 대학의 문턱에 서 있기도 한 사려 깊은 지원자의 시선에서 묘사하고자 애쓰던 바로 그것이다. 베이는 대학이란 책임감에 기인해야 하는 일종의 자기성찰과 직결되는 것이라고 생각하면서도, 자유교양학 공부가 개인적 성찰과 외부 세계와의 대립이라는 양 측면에서 교도소와는 확연히 다른 접근법을 제시한다고 생각했다.

바드교도소사업단에서 주로 만나는 학생은 심각한 폭력 범죄로 유죄 판결을 받은 경우가 많다. 앞에서 말했듯이, 이 점에서 학생 집단은 뉴욕의 대다수 재소자를 대표한다. 그리고 오직 학생이라는 이유로 재소 학생에게 존엄과 존중이라는 원칙에 기반한 교육을 제공한다는 것은 몇 가지 중요한 측면에서 처벌의 도덕경제에 개입하는 행위나 마찬가지다. 어떤 이들은 이러한 개입을 이 책의 서두에 제시했던 냉소적 견해에 대한 해답으로 본다. 그렇다, 사람은 변한다. 그렇다, 민주주의에서 범죄에 올바로 대응하려면 미래 지향적 변화의 기회를 최대한 보장하는 방안도 함께 제공해야 한다. 그렇다, 변화를 향한 자유교양학 교육의 소명이야말로 민주주의를 규정하는 낙관주의의 핵심이다. 한편 대량 구금의 인종적 특성을 포함한 기존의 사회적 조건 속에서 처벌 그 자체의 도덕적 근간, 징벌적 국가가 개인의 죄과를 이해하고 대응하는 방식에 비판을 제기하면서, 교도소 대학의 함의를 더 크게 설정하는 사람들도 있다.

바드교도소사업단 같은 대학은 그 대학이 자리 잡은 교도소의 본질인 강압적 권력을 절대 뛰어넘을 수 없다. 그 결과, 이러한 권력의 비대칭성이 자유교양학 교육의 이상을 왜곡시키는 것을 피할 수 없다. 그렇다 해도 교도소 대학이 자리 잡은 지형의 특성을 직시하고 분석하고 탐구할 때 학생들은 자유교양학 학습에 더 진지한 자세로 접근하게 되며, 이런 학습의 영향력은 전형적이거나 압박이 덜한 상황에서의 학습에 비해 더욱 강렬할 것이다. 바드교도소사업단을 운영하는 데는 각 학생의 존엄을 지키는 데서 그치지 않고 학생, 교수진, 그 밖에 대학 측 인사들의 만남에 항상 끼어들어 협력을 저해하는 불평등을 명확히 인식하고 존중하는 태도가 필요하다. 학생과 대학은 각자의 학문적 정체성의 차이와 공통점을 함께 키워 나가야 하지만, 암묵적인 차원에서라도 구금의 근본적인 사실관계에 대한 면밀한 인식을 지녀야 한다. 이를 위해서 실제로 교수진과 상담자가 사회복지사나 활동가로서 역할하기를 거부하고, 그런 역할을 할 시점을 대단히 조심스럽게 고르며, 교도소의 업무 범위에 대학을 끌어들이려는 학생의 욕구에 저항해야 하는 상황이 자주 벌어진다. 구금 생활의 구체적인 경험을 파고들게 만드는 유혹이 숱하게 찾아와도, 그것을 거부할 때 다른 누구보다 학생 자신이 얻는 보상이 크다. 그러면 대립과 반대만이 아니라, 독립적이고 자유롭게 사고하고 새로운 자신을 창조하며 집단적 도전에 나서는 폭넓은 기회를 누리며 학업을 수행할 수 있는 중간 지대가 교도소와 형사사법의 개별 주체 사이에 펼쳐지기 때문이다.

바드교도소사업단의 활동을 형사사법이나 신앙의 전파라는 틀 안에서 진행하는 활동으로 오해하는 경향이 있다. 바드교도소사업단이 미국 전역에 걸쳐 교육과정 설립을 지원하면서 이런 시각이 더욱 뚜렷해졌다. 하지만 넓게 볼 때 바드교도소사업단이 추구하는 바는 흥미롭게도 교도소와는 거의, 어쩌면 전혀 무관하다. 그보다는 오랜 시간 동안 미국의 최우수 고등교육 기회를 차단당한 사람들에게 폭넓고 진지한 학습 기회를 제공할 방안을 다시 고민해야 하고, 할 수 있다는 것이 우리의 주장이다. 바드교도소사업단의 역할은 시민들이 진지한 학생으로 존재할 수 있는 공간을 제공하는 것이고, 거기에 모든 의미가 담겨 있다.

교도소 안에 설치한 자유교양대학이라는 섬의 해안에 '교도소'의 요소가 다가서지 못하게 막고, 교도소와 그 배경을 학생의 변화와 스스로 정하는 관심사, 다양한 학문적 규율 속에 진행하는 학습이라는 물결의 뒤로 밀어 놓아, 교도소 안에 있으면서도 그 환경으로부터는 동떨어진 공간을 형성한다. 바드교도소사업단이 일차적으로 추구하는 것은 '교도소 재소자의 변화'가 아니다. 오히려 교도소 내부 지형을 바꾸는 방법을 제시하는 것이다. 미드웨스트에서 협력 과정 도입을 지원하고 있는 (이민 1세대 미국인이자 가톨릭 수도사, 바이러스 학자인) 내 동료 중 한 명이 말했듯이, 교도소 대학이 안정적이고 성공적인 이유는 학생과 좁지만 깊은 관계를 맺는다는 바로 그 점에 있다. 악인을 '변화'시키지도 대량 구금을 해체하지도 않는다. 바드교도소사업단의 활동에는 한계가 있고 미약할뿐더러 어떤 면에서는 보수적이기까지 하지만, 바로 그 점 **때문에** 강력하고, 변혁적이며, 논쟁을 불러일으키기도 한다.

앞 장에서는 헌법과 노예제도에 관한 수업 중에 학생, 교사, 관리자가 직면한 우여곡절을 따라가며 바드교도소사업단 활동에 인종적 분석이 필요한 이유와 한계를 검토했다. 여기서는 표도르 도스토옙스키의

『죄와 벌』을 주 교재로 한 법과 인문학 수업을 따라가며 바드교도소사업단 활동에 형사사법 분석이 중요한 이유와 한계를 검토한다.

2004년이 끝날 무렵 바드교도소사업단은 크게 성장했다. 그린에서의 협력 사업은 끝났지만, 우드본이라는 일반경비 남자 교도소를 시작으로 동부의 방식을 반영한 교육과정을 개설하기 위해 공무원들과 협력하고, 맨해튼에 있는 베이뷰라는 여자 교도소에서도 강의를 개설할 예정이었다. 이미 준학사 학위를 수여했고 학사 학위 수여도 눈앞에 두고 있던 동부는 바드의 중심 대학으로 자리 잡았다. 동부에서 대학 공부를 시작한 학생들은 경비 등급이 '완화'될 경우 우드번으로 이동할 수 있게 되었다. 즉 학생이 형기를 채우면서 교정 체계 내부를 옮겨 다니는 동안에도 출소 때까지 대학 생활을 계속해 나갈 수 있다는 뜻이었다.

바드교도소사업단 구성원 중 강의실 밖에서 행정과 정책에 붙들려 지내는 이가 점점 늘어났고, 맥스는 우리가 불러 모은 동료들과 함께 늘 그렇듯 주 정부와 민간자선단체 사이의 복잡한 관계를 조율하고 있었다. 대학 사업을 확장하는 와중에도 우리는 학생 한 명 한 명이 졸업할 때까지 학문적 분투를 계속하도록 돕기 위해 고집스레 매달리는 일을 최우선으로 삼았다. 시간이 흐를수록 대학과 아무 상관 없는 '이감'이나 규율 문제로 인해 일시적으로 떨어져 나간 학생을 되찾거나 지키기 위해 교정국과 협상을 벌이는 일이 임무의 대부분을 차지했다.

바드교도소대학의 교육과정은 수학, 컴퓨터 과학, 유전학, 유럽사, 남미 문학, 외국어를 아우르며 점차 본교에서 제공하는 과정을 전반적으로 반영하기에 이르렀는데 준학사에서 학사 과정으로 진급하는 학생의 필요를 충족시키고자 계속해서 그 범위를 넓혀 나갔다.

바드교도소사업단이 성장함에 따라, 사업의 성격을 정의하는 데에 나의 법과 인문학 강의가 미치는 영향은 점차 줄어들었다. 애초부터 내 강의는 한눈에 교도소에 '걸맞아' 보이지 않는 특이한 것이었다. 헌법과 노예제도를 다루는 내 강의보다는 그린에서 유스투스가 진행한 세계문학 장르 강의나 니체에 관한 여러 학과의 강의, 찰스 다윈, 문화인류학 등이 훨씬 보편적이었다. (나는 고전적 자유주의 사상이 미국 정치 전통에서 차지하는 위치를 살펴보는 공민학 강의도 진행했다.) 내가 맡은 강의는 모두 교도소에 전혀 관여한 적 없던 시절, 버클리대학교 수사학과나 바드칼리지 정치학과에 있으면서 개발한 것이었다. 그러나 강의에서 다루는 주제와 교재가 학습 공간으로서 교도소에, 또는 더 큰 틀에서 재소 학생이 처한 상황에 직접적으로 맞아떨어지는 경우가 더러 있었는데, 바로 이 점이 바드에서나 바드교도소사업단 안에서나 내 강의를 다소 특이하게 보이게 만드는 요소였다.

'법과 문학'은 내가 바드교도소사업단에서 전국적으로 유사한 교육과정을 연결하는 작업 같은 여타 업무에 더 깊이 몰두하기 전에 마지막으로 진행한 강의 중 하나였다. 강의 전반에 걸쳐 도스토옙스키의 『죄와 벌』을 세밀하게 읽어 나가면서, 책이 기반한 19세기의 시대적 배경과 상징 구조, 도스토옙스키가 내적 대화와 외적 대화의 끝없는 연쇄라고 가정한 의식과 양심 사이의 상호 작용을 보여 주기 위해 복잡하게 얽어 놓은 장치들에 주목하는 것이 주 내용이었다.

1866년, 12개월에 걸쳐 연속 출판된 『죄와 벌』은 술술 읽히는 베스트셀러였다. 빚을 진 법대생 라스콜니코프가 전당포 주인과 그 여동생을 살해한 후 벌어지는 일을 묘사한 작품이다. 소설은 전형적인 살인 추리극을 비틀며 시작하는데, 극 초반에 살인자와 살해 방법을 대놓고 보여 줌으로써 '무엇을' '누가' '어떻게'라는 추리극의 핵심 요소를 단번에 날려 버렸다. 도스토옙스키는 그 빈 자리에 동기와 죄책감이라는 정신적 추리극을 창조해 넣었다. 살인자의 머리와 가슴속에서 벌어지는 일 그리고 살인자와 형사 간에 발생하는 갈등이 극을 이끌어 간다. 이 형사는 '영혼의 과학'science of soul이라는 신생 분야인 심리학을 훈련받은 선진적인 인물로서 마침내 청년의 자백을 받아내는 데 성공한다. 잔혹하고 연민을 불러일으키는 극적인 장면들이 19세기 상트페테르부르크와 그 안의 다세대 주택, 뒷골목, 선술집, 타락한 경찰서 등 낙후된 도시 공간을 배경으로 펼쳐지고 매춘부, 전당포 주인, 밀고자가 등장한다. 사건과 인물, 긴장감과 지적 능력을 갖춘 이 소설 속에서 등장인물들은 예수부터 혁명에 이르기까지 온갖 주제를 놓고 토론을 벌인다.

소설의 중심에는 죄, 자유, 범죄에 관한 전통적인 종교적 견해에 대한 근대성의 도전이라는, 혁명 이전의 러시아를 망가뜨리고 있던 갈등이 자리한다. 현대 미국 철학자 윌리엄 코널리의 말을 빌리면, 도스토옙스키는 오늘날의 진보적 개혁가에게만큼이나 19세기 러시아 사회주의자에게 인기 있었던 "좌파의 (……) 사회적 원인 가설"을 공격하고자 했다. 그는 젊은 시절 품었던 기독교 사회주의자로서의 열정을 일부 고수하고 있기는 했지만, 나이가 들며 점차 신과 양심 간의 초월적 관계에 근거한 보수적이고 개인적인 행동 가설을 방어하는 독실한 신자이자 제정 러시아 지지자로 변모했다. 도스토옙스키가 하고자 한 일은 대중적인 범죄 추리극을 쓰는 동시에 급진적인 세속 사회주의의 비판으로부터 기독교의 전통적 접근법의 근간을 수호하는 것이었다.

그해 겨울 어느 목요일 오후, '법과 문학' 강의를 앞두고 경비를 통과해 교도소 내부에서 학교로 이어지는 긴 통로를 지나자 우리 수업을 듣는 학생 데지가 밝지만 긴장 어린 미소로 나를 맞이했다. 그날 거의 모든 학생이 학교 출석을 금지당했다는 사실을 알려 주려고 기다린 것이다. 평소 데지는 열정적이고 적극적이며 활기가 넘쳤다. 밝고 과할 정도로 의욕적인 태도 뒤에 마음속에 숨겨 둔 어떤 문제에 항상 시달리고 있는 것 같았다. 데지는 가장 적극적인 학생 가운데 하나였고 그 열의도 진실해 보였지만, 그만큼 침묵 속에 안고 있는 무게도 상당한 듯했다. 재소 학생이 단체로 수감동 또는 마당을 벗어나 학교 부지 내 대학 구역으로 이동하려면 공식 명부 또는 '호출' 명단에 이름이 올라가 있어야 한다. 그날 오후에는 호출 명부가 사라지는 바람에 학생 대부분이 출석할 수 없었다. 탄력적 업무를 맡았거나 기타 특권을 가진 소수의 학생만이 공식적인 호출 없이 학교에 나올 수 있었는데, 그들 중 누구도 상황이 이렇게 되었다고 하여 함께할 기회를 허비하기를 원치 않았다.

모인 사람은 조지프, 대릴, 존, 데지를 포함해 대여섯 명 정도였고, 우리는 되는대로 도서실에서 대화를 나누기로 했다. 주 북부 외딴 지역에 있는 교도소의 공장에서 제작한 사각형 책상을 가운데 두고 둘러앉았는데, 접을 수 있는 원통형 철제 다리가 달려 있고 합판 가장자리에 갈색 플라스틱 띠가 둘러져 있는 그 책상은 보기보다 무거웠다.
학생들은 그 책상을 여러 개 밀어붙여 커다란 토론 공간을 만들었다. 평소 강의 시간 외에 함께 모여 공부하고 서로 가르쳐 주며 시간을 보낼 때 이용하는 대학 구역 내의 중심 공간이었다.

바싹 민 머리를 드러낸 데지는 동부의 준학사 중에서 상당히 열정적이고 재능 있는 학생이었다. 처음 대학에 지원했을 때 제출한 논술문은 엉망진창이었다. 즉석에서 제시한 지문은 무시했고, 학술 문헌을 자세히 읽어 내는 데 필요한 인내심이나 감각도 거의 찾아볼 수 없었다. 심지어 문장도 영어를 외국어로 배우고 있는 사람이 쓴 글처럼 보였다. 데지는 대학에 떨어졌지만 우리가 준비한 비공식 '예비 대학' 과정에 참여했다. 그리고 1년 뒤 다시 지원서를 냈다. 그사이에 데지는 정말 열심히 공부했다. 두 번째 시도에서는 제출한 논술문만 가지고도 수업에 참석할 수 있을 정도의 수준이 되었다. 면접에서 데지는 처음 떨어진 뒤 1년 내내 영어 공부와 글쓰기 훈련을 얼마나 열심히 했는지 설명했고, 그 탈락의 의미가 얼마나 컸으며 스스로 얼마나 심각하게 받아들였는지, 자신이 준비가 안 된 상태임을 어떻게 깨달았는지 이야기했다. 1년을 온전히 입시 준비에만 몰두한 것이다. 데지는 스스로 성취한 것에 대한 자부심과 앞으로 대학에서 열심히 공부할 기대로 가득 차 있었다.

그해 겨울 동부에서 데지는 『죄와 벌』에서 가장 흥미롭고 문제적인 두 인물, 법학도에서 살인자로 변한 라스콜니코프와 그의 비밀스러운 또 다른 자아 스비드리가일로프를 비교하는 논문을 쓰고 있었다. 데지는 그 소설에서 짚어 낸 몇 가지 지점 중에서 라스콜니코프가 피해자인 전당포 주인 알료나를 죽이면서 자기 자신을 어느 정도 죽였거나 거의 죽일 뻔했다는 해석에 특히 관심을 보였다.

데지가 평행하는 이 두 인물에 대해 자세히 묘사하던 도중에, 리카르도가 스비드리가일로프의 '타고난 방탕함'을 언급했다.

"그건 소설에 나오는 구절인가요, 아니면 본인의 표현인가요?"

내가 물었다.

"아뇨, 인용한 건 아닌 것 같아요. 제가 쓴 표현입니다."

"그럼 그 말은 무슨 뜻으로 쓴 거죠? 누군가 '타고난' 특성이라는 게."

"저는 그게 다른 어딘가에서 들어온 게 아니라, 내면에서 나온 거라는 뜻으로 썼어요." 그가 말했다.

"좋아요. 자, 우리가 수업에서 '강한' 주장과 '약한' 주장의 차이에 관해 이야기했죠. 누군가의 방탕함이 타고난 것이라는 그 주장은 '강한' 주장일까요, 아니면 '약한'

주장일까요?"

아무도 대답을 하지 않는 가운데, 도서실 건너편에서 듣고 있던 상급생 히샴이 특유의 확신에 찬 목소리로 말했다. "당연히 엄청나게 강한 주장이죠. 그보다 더 센 주장이 어디 있겠어요?"

"저도 동의하는 편이에요, 히샴. 그런데 데지는요? 어떻게 생각해요?" 내가 말했다.

이야기를 이어가기 전에, 대릴이 끼어들어 말을 보탰다. "변화가 불가능하다는 뜻이 담겨 있는 점에서도 강한 주장이지요."

"훌륭해요. 그 '변화'라는 주제를 머릿속에 단단히 붙들어 봅시다. 그것이 자백, 투쟁, 고통에 대해 도스토옙스키가 품은 관심의 핵심에 자리한 개념이에요. 도스토옙스키가 어린 시절에 대단히 강하게 받았던 기독교 교육에 담긴 구원의 고통에 대해 다룬 부교재를 떠올려 보시겠어요?"

나는 말을 이어 나갔다. "이 변화라는 개념은 소설의 결말로 향할수록 큰 주제로 떠오르는 개종 또는 구원에 관한 사고와 관련이 있지만, 세속적 시각에서도 물론 찾아볼 수 있는 것입니다. 바드 본교의 총장은 변화가 가능할 뿐 아니라 그것이 민주주의에서 교육이 그토록 중요한 이유를 잘 설명해 준다고 믿는다는 말을 즐겨 하지요."

"사람들은 신적인 것을 의미할 때도 '타고난' 것이라고 말해요." 탁자 반대편에서 조가 덧붙였다. "그 점에 대해 좀 더 설명해 줄래요? 명확하지가 않네요."

이 점에 대한 조의 생각을 어떻게 이끌어 낼지 생각하느라 잠시 말을 멈춘 사이에 대릴이 대답했다.

"'그건 타고난 거야'라고 할 때는, 그러니까, 그냥 그래도 **괜찮다**는, '이렇게 또는 저렇게 하는 건 타고난 거라서 그런 거니까, 비판하지 마'라는 말일 때가 많죠."

"**진짜** 맞는 말이에요." 존이 끄덕였다.

"그렇지만 '신이 이렇게 만들었다'라는 식으로 생각할 때 '타고났다'는 말을 쓰기도 해요." 대릴이 말을 이었다.

"맞아요." 존이 덧붙였다. "그 두 번째인가 세 번째 의미가 제가 생각하고 있던 거예요. 그리고 그 의미는 이런 식으로 엮여 있어요. '괜찮아. 그건 타고난 거야. 신이 그렇게 만드셨어.' 스비드리가일로프의 경우는 다르지만요. 그 경우는, '그건 나빠. 그건 타고난 거야. 못 바꿔'인 거죠."

"멋집니다." 내가 덧붙였다. "'타고난'이라는 이 개념이 **다 나왔네요**. 잠깐 멈추고 보충해 보죠. 우리는 세상이 어떤 곳인지 간단히 설명하거나 주장하기 위해서 경험적 주장만이 아니라 좋으냐 나쁘냐 하는 잣대로 세상을 평가하는 도덕적 주장을 선별하고, 이 두 갈래의 주장을 강한 데서 약한 데까지 강도의 범위에 따라 배치할 수 있습니다. 그러니까 강한 주장은 대단히 전면적이거나 원대한 반면, 약한 주장은 좀 더 좁은 대상에 관해 더 적게 말하려는, 더 겸허한 편이라는 의미를 담고 있죠. 그래서 우리의 토론 중에 나온 이 '타고난'이라는 개념은, 무언가를 묘사하고자 썼든 좋고 나쁨을 따지고자 썼든 간에, 경험적 측면과 도덕적 측면 모두에서 상당히 **강한** 주장으로 보입니다. 사실 어떤 현상이 '타고난' 것이라고 주장하는 경우는 우리가 쓸 수 있는 가장 강력한 종류의 주장으로 볼 수 있는 때가 많아요."

긴 침묵 끝에 데지가 다시 입을 열었다. "그가 누구인가와 무엇을 하는가라는 두 가지 질문의 관계에 관한 이야기군요."

한동안 모두 잠자코 앉아 있었다. 히샴은 뭔지 몰라도 읽고 있던 것을 내려놓고 방 건너편에 서서 우리를 바라보고 있었다. 아무도 입을 열지 않자 내가 말을 이었다.

"그러면 '타고난' 대신에 스비드리가일로프의 방탕함을 설명할 다른 표현을 종이에 써 봅시다."

'자연적' '우발적' '습관적'이라는 단어가 나왔다. 그 밖에도 여러 단어가 제시되었고, 학생들은 그 단어들을 한 가지 행동을 묘사하는 강한 주장과 약한 주장 사이에 두루 배치해 보았다.

떠들썩한 대화 속에 수많은 의견이 휩쓸려 들어가는 와중에, 서로 이야기를 주고받던 히샴과 데지가 모두를 향해 습관이 **사회적**이고 **후천적**인 것이라고 짚어 주었다.

우리는 '스비드리가일로프는 방탕하다'라는 말로 돌아갔다. 조지프는 그 말을 '타고난'과 아주 가까운 의미로 보았고, 나중에는 어릴 적 배웠다는 '죄와 죄인'은 다르다는 종교적 격언을 끌고 나왔다.

내가 대답했다. "자, 행위와 행위자의 구분이라는 심오한 과제에 대한 우리 각자의 의견이 어떻든 간에, 우선 중요한 것은 이것이 설명과 판단 사이의 긴 영역에서 어디쯤에 위치하는지를 파악하는 것입니다."

존이 끄덕이며 덧붙였다. "특히 저희에게 중요한 문제죠."

"그럴 수도요." 내가 답했다. "여러분은 신학에서 사회과학에 이르기까지 인간 행위에 대한 설명, 분석, 평가가 담긴 곳이라면 어디서든 이런 관념의 변형을 마주하게 될 겁니다."

우리는 12주에 걸쳐 그 소설에 관해 치열하게 토론했다. 그 12주 동안 나는 단 한 번도 학생들에게 범죄나 처벌에 관해 묻지 않았다. 소설을 자기 처지나 경험에 비추어 살펴보거나, 범죄 자체 또는 그 사회적 맥락, 처벌의 경험에서 특정한 위치에 서 있는 학생의 입장에서 발언하도록 요청한 적도 없었다. 책의 제목과 주제가 그렇긴 하지만, 그 주제와 학생 개인 간의 관련성은 절대 끌어들이지 않았다. 그 문제에 관해 함구하라거나 스스로 그런 관련성을 끌어들이는 것을 삼가 달라고 하지도 않았고, 단지 암시적으로든 명시적으로든 그런 접근을 일절 유도하지 않았다. 나는 그 전에도 이후에도, 교도소 안에서도 바드와 버클리에서도 똑같은 강의를 했다. 한두 명 정도를 제외하면 재소 학생들은 본교 학생과 다를 바 없이, 수업 중 토론할 때나 논술문을 쓸 때나 논지를 그런 방향으로 몰아가지 **않는** 편을 택했고, 핵심 주제를 사적인 방식으로 자기 자신 또는 자기가 겪는 곤경에 곧장 결부시키지 않는 편을 선호했다.

한번은 주요 개신교 교파의 사회복지 부문에 기반을 두고 있으며 뉴욕에서 가장 오래된 교정 사업 단체로 꼽히는 '네트워크'의 창립자 겸 사무국장을 이 수업에 초대했다. 맥스가 바드칼리지를 졸업할 무렵부터 초기 지지자가 된 사람 중 한 명이기도 했다.

그러나 그가 초기에 지지한 바 있는 대학 교육 사업의 지향과 현장에서 그가 사용하는 접근법은 상당히 달랐다. 그 창립자가 직접 진행하는 사업의 소개 글은 다음과 같았다.

> (이 과정은) 약물 남용 행동을 줄이는 데 효과성을 인정받은 집단 치료법인 행동교정 치료 공동체 기법을 기반으로 합니다. 치료 공동체는 행동에 대한 개인의 책임성과 그 행동으로부터 배우고 변화하고자 하는 각자의 도전에 초점을 맞춤으로써

> 개인적 자부심과 참여자 간 공동체 의식을 결합시키고자 합니다. 구성원의 행동을 직시하고 평가함으로써 모임은 더 넓은 사회적 기준에 부합하는 긍정적 사고방식 및 행동을 강화합니다. (예: 근면성 또는 개인의 책임성) 치료 또는 회복의 궁극적 목표는 개별 참여자의 생활방식과 정체성의 변화입니다. (돈 스티먼)

안수받은 목사이며 수감자를 돕는 운동가인 60대 후반의 이 남자는 맥스와 대학 측이 교도소 체계 내에서 확보한 사업 영역을 넓히는 데 기여했다. 교정 영역에서 오래 활동해 온 그는 (아티카Attica 폭동* 직후의 혼란기에) 주 교정위원회의 장으로 일한 바 있으며, 자발적 '치료' 공동체 개념에 기반해 재소자와 출소자를 대상으로 하는 '네트워크 사업'Network Program을 개발했다.

이 목사는 우리가 『죄와 벌』의 상징, 인물, 장면, 핵심 개념에 대해 토론하는 두 시간 내내 자리를 지키고 있었다. 학생 몇 명이 그날 읽은 범위의 줄거리를 자세히 요약하는 역할을 맡았다. 먼저, 음식을 먹이고 나눠 주는 행위를 연대와 소외의 상징으로 비유한 점, 죄책감을 느끼는 남자의 도덕적 사회적 조건을 표현하기 위해 말줄임표와 말끝을

* 1971년 뉴욕주 아티카교도소에서 처우 개선을 요구하며 발생한 폭동으로 다수의 사망자와 부상자가 발생했다.

흐리는 화법을 사용한 점, 전당포 주인의 '저당'과 관련된 언어유희 등 저자가 쓴 주제와 기법을 논의했다. 그다음에는 도덕주의적 신경 심리학에 관심을 보이는 의대생, 물리적 조건 및 강경한 사회적 원인 가설을 강조하는 급진주의자, 러시아정교회 신자인 소농의 손에서 자라 대중적으로 깊숙이 퍼져 있는 믿음을 강조하는 어린 소녀 등 물리적 질병과 범죄에 대해 도스토옙스키의 인물들이 내놓는 각기 다르고 충돌하는 해석적 시각에 관해 이야기했다.

수업 후, 우리의 방문자는 이 교육 사업이 제공하는 엄청난 기회를 이런 식으로 설명했다. '재소자가 도덕적으로 성찰적인 개인으로 변모해, 범죄 경력이 있어도 이제는 치료 공동체의 일원으로서 자기 경험을 돌아보고 이야기할 수 있게 된다. 이곳에서 다 함께, 편안한 상태로 자기의 잘못을 고백하고 각자의 희망을 이야기할 수 있다.' 이런 태도는 개별 자아와 '자아의 변화' 담론을 매우 강조하는 '교정' 및 여타 갱생 활동에서 전형적으로 나타나는 것이었다.

기존 대학 환경에 바탕을 둔 나로서는 학생에게서 그런 반응을 끌어내려 하거나 교육의 목적을 그런 식으로 구축하려고 시도한 적이 전혀 없었다. 그때 그가 내놓은 이야기는 이 사업과 다양한 학과목, 학생들에 대해 대학이 갖는 태도와 근본적으로 어긋나 보여 충격적이었다. 나는 이처럼 열린 강의실에서 그런 주제를 꺼낸 적이 단 한 번도 없고, 학생 중 누구도 이곳을 고백의 장으로 삼거나, 특별히 '관련 있는' 개인적 경험을 자기가 읽은 내용에 직접 대입하는 자리로 삼지 않았다고 설명했다. 나 자신도 예외는 아니었다. 나는 재소자들이 그러한 학문 외적인 상호 작용을 할 기회는 강의실 바깥의 더 넓은 공간에서 찾을 것이며, 대학은 그와 아주 다르게 그들이 학생으로서 존재하고 실력을 발휘할 기회를 제공하는 공간이라고 생각한다고 말했다. 이런 관점은 초기부터 나와 맥스에게 당연한 것이었고, 바드칼리지의 기풍과도 잘 맞았다. 바드교도소사업단에 관여하는 기간이 길어질수록 나는 이러한 접근법이 우리 사업에서 얼마나 핵심적인지를 더욱 크게 느꼈다.

교도소 대학은 도스토옙스키를 사로잡았던 질문을 여전히 붙들고 있다는 점에서 논쟁적인 면이 있다. 우리 중 보수주의자들은 개인이 세상에서 동떨어진 원자적 존재로서 자기 행동에 책임을 져야 한다고 주장하는 경향이 있다. 그러나 그들의 주장은 갈수록 가혹해지는 경제적 현실을 드러낼 뿐 아니라, 개인이란 처벌할 대상이 필요하다는 바로 그 이유 때문에 발명된 것이라던 조롱 섞인 니체의 말을 떠올리게 하는, 인간으로서 우리가 처한 조건을 뭉뚱그려 그려 내는 행위다. 사회주의적 관점을 지닌 진보주의자들은 개인이 구조적 폭력과 불평등,

그리고 집단적으로 무시당해 온 역사가 지속적으로 빚어낸 결과물에 불과하다고 주장하는 경향이 있다. 이런 시각을 가진 사람은 개인과 처벌에 집중하는 것은 정의와 별 상관이 없으며, 정치적 대응을 이끌어 내야 마땅한 대단히 사회적인 현실을 모호하게 가리는 행위에 더 가깝다고 생각한다. 한편 자유주의자들은, 내 경험에 비추어 보면 형사사법에 개입할 때 효과가 있든 없든 단일한 개인 주체와 그 주체의 행동 교정 또는 개조에 더 호의적인 경우가 압도적으로 많다. 그러면서도 그들은 보수주의자와 진보주의자가 내놓는 양극단의 사고 사이에서 명확하거나 강력한 입장을 취하지 않는다.

우리 사회의 법적 사회적 문화에 걸맞게, 형사사법에는 극도로 개인주의적인 세계관이 담겨 있다. 개인적 범죄, 개인적 희생자, 개인적 가해자 그리고 그들의 책임과 억제책, 처벌에 집중한다. 이러한 개인주의적 시각은 가혹하고 강력한 국가의 '오른손'만 아니라 보다 온화하고 복지주의적인 '왼손'에서도 나타난다. 즉 행동 교정, '좋은 선택'에 대한 긍정적 부정적 보상 유인책, 분노 조절 요법, 약물 중독 치료법, 직업훈련 과정 등 끝없이 이어지는 제도권에서의 온갖 개인적 개별적 훈련을 통한 개별 주체의 변화에 골몰하는 것이다.

이러한 지형에서 대학의 역할은 독특하다. 양분된

이념적 지향에 몰두하는 집단 사이에서 어느 쪽과도 화합하지 않으면서 모두와 협력한다. 갈라진 채로 존재할 수 있으며 그래야만 하는 이러한 지향이 한편으로는 개인의 선택, 자유, 책임을 강조하는 방향으로 대학을 이끈다. 하지만 동시에 권력의 습성과 역사, 우리의 결정, 선호, 욕구가 담긴 사적인 삶을 구축하는 구조적 권력을 충분히 인지하기를 요구하기도 한다. 사람들 사이의 윤리적 관계에는 개인의 책임에 대한 확고한 감각이 필요하다. 권력과 시민권 사이의 정치적 관계에서는 사회적 집단적 역사적 책임을 상정할 필요가 있다. 이 모든 차이에도, 사고와 감각의 양식은 둘 다 자유교양대학의 복합적인 기풍에서 핵심적인 위치를 차지한다.

바드교도소사업단을 출범시킨 바드의 학생들은 자유교양학 교육이 거의 쓸려 나간 교도소 체계 안에서 성장했다. 그러나 교도소 내의 '사업'에는 여전히 상당 규모의 국가 재정이 투입되고 있었다. 자유교양학은 크게 감소했지만, 비징벌적 교정 사업은 사실 더 늘어났다. 어떤 의미에서 비용은 '절감'되지 않고 이전되었다. 직업훈련과 치료 기법이 고등교육을 대체한 것이다. 학자 타니아 어젠이 자세히 살펴보았듯이, 최근에는 교정과 선교 목적을 결합한 복음주의적 사업도 이 공간을 파고들었다. 교도소에 대한 종교적 개입은 주 교도소 체계를 감독하는 정치 기구 그리고 그것이 가장 적합한 민관 협력 형태라고 보는 공무원들에게 날이 갈수록 환영받았다.

바드교도소사업단의 목표는 재소자가 자신의 범법 행위를 성찰할 치료 공간을 제공하는 것이 아니다. 사회가 그들을 부당하게 대했다는 믿음을 심어 주려는 것도 아니다. 우리의 사명을, 그리고 주 정부와의 협력을 그토록 까다롭게 만드는 요소가 바로 이것이다. 하지만 혹시 효과가 있기만 하다면 우리는 재소자들이 교육을 통해 바로 그러한 질문을 수없이 마주할 수 있는 자기만의 길을 찾기를 바란다. 이런 입장은 교도소 안에서 운영하는 대학과 교육 사업의 존재를 정당화해 주는 한편, 그 진정성을 수호하는 데 가장 큰 장애물이 되기도 한다. 그러나 주 정부와 함께 일하다 보면, 우리의 사업을 지지하는 공무원과의 협력 관계가 바로 이러한 세계관을 바탕으로 형성될 때가 많다.

대학과 교도소 사이의 이러한 관계를 어떻게 이해하는가가 사업의 모든 측면에 영향을 미친다. 두 기관 모두 개인의 성격을 형성하고 주체성을 변화시키고 행동을 지시하고 제어하고자 한다는 측면에서 서로 잘 맞으며, 제도적인 협력 관계를 적절히 형성할 수 있다고 보는 사람이 많다. 이런 관점에서는 '교정 교육'이라는 말이 완벽히 이해된다. 사실 이 영역을 지칭할 때 전형적으로 쓰는 표현이기도 하다. 주 입법부부터 미국 교육부와 주요 재단에 이르기까지, 교도소 대학을 교육이 아니라 교정 정책의 산물로 바라보는 경우가 여전히 너무 많다. 자유교양학은커녕 더 폭넓은 고등교육 기회 제공이라는 목표도 아닌, 형사사법적 지표에 근거해 사업을 기획하고 평가하는 것이다.

대학 교수진이 외부에서 들어와 시설의 일상적인 운영 보상책과 장기적인 교정 목표에 무난히 부응하는 경우가 너무 많다. 양쪽 모두 재범 가능성 절감을 공통의 평가 기준으로 삼을 수 있다. 이처럼 교육과 교도소 사이의 구별이 사라지는 현상은 더 구조적이거나 공식적인 사업일수록 더 큰 문제가 된다. 공공기금에 기반하며 교정 중심의 정책 접근법을 적용하는 교도소 대학에서는 국가와 수감 주체 사이에 대학이 자리할 공간이 축소되거나 사라진다. 교정 직원과 대학 교수진 사이의 경계선이 자주 흐려지거나 합쳐진다. 양쪽이 힘을 합쳐 재소자의 장기적 '재진입 계획'을 실행하고, 교과 내용을 조정하고, 중등 이후 교정 교육의 '용량'을 효율적으로 조절한다.

점점 보수주의로 기울던 솔 벨로가 소설 『험볼트의 선물』Humboldt's Gift을 통해서 1960년대와 1970년대에 교도소 대학을 받아들이는 자유주의 정부를 조롱하며 했던 이야기가 이처럼 진보적 교육과 주 교정 정책을 뒤섞는 방식을 가리키는 것이었을 테다. "미국에서 교육은 근사하고 보편적인 보상책으로 전락했다. 심지어 연방 교도소의 처벌을 대체하기까지 한다. (……) 사나운 호랑이와 훈련받은 말이 교차해 종말 속에서 상상도 못한 혼종을 빚어낸다." 이러한 동맹의 유령에게서 벨로가 느낀 실망감을 나 역시 똑같이 느낀다.

세상만사가 그러하듯이, 교도소에 진입하면서 대학은 변형된다. 교도소는 그 시설을 통과하는 모든 개인, 집단, 기관에 강력한 힘을 행사한다. 감금과 강압이라는 조건이 자유교양대학과 학생 사이의 관계를 비트는가? 자유교양학의 의미를 대체하거나 규정하는가? 이런 질문에 손쉬운 답은 없으며, 재소 학생과 함께하는 교육자라면 계속 붙들고 고민해야 한다.

교도소와 대학의 목적은 매우 다르고 사실상 조화를 이룰 수 없다는 점을 반드시 인식해야 한다. 현실적으로 말해서, 교도소에 발을 들여놓고자 한다면 대학은 반드시 교도소 측과 일정한 거리를 두어야 하고, 그 관계는 어색하고 비효율적이어야만 한다. 그래야 긴장감을 유지할 수 있다. 그와 동시에 일상적으로 협력하는 상대이자 대학의 존속을 좌우하는 위치에 있는 공무원들과 상호 존중 및 신뢰 관계를 유지해야 한다. 이처럼 어렵고 갈등을 빚을 수도 있는 기관의 내부에 펼쳐진 공간에서, 재소자는 엄청난 힘과 목적을 품은 채 학생으로서의 삶에 아주 근접한 일상을 살아간다.

동일성과 차이

본교 학생들과는 나이, 처한 상황, 사회 경험, 학문적 준비 상태가 아주 다를 수 있는 재소 학생에게 다가가려 할 때, 대학은 기존의 구조와 기준을 어느 정도로 변경해야 할까? 교과과정을 재소자와 훨씬 관련이 높은 쪽으로 대체해야 할까? 명백히 윤리적 규범에 좌우되는 기관인 대학이 죄과가 있는 사람, 형이 확정된 수형자를 공공연하게 자유교양학과 특별한 관계가 있는 존재, 즉 학생으로 인정해야 할까? 교도소 대학 공간을 특별한 정치적 기회로 보아, 교정기관에 대응 또는 대항하기 위해 기본적인 요구 사항을 재편해야 할까?

바드의 인류학과장은 바드교도소사업단을 통해 바드에 들어온 학생과 본교 학생 간의 동일성과 차이에 관해 이야기하면서 흥미로운 일화를 공유한 바 있다. "본교에 있는, 여러분이 '기존' 학생이라고 부르는 학생들은 수업 중에 '그런데 잠시만요, 여기 있기가 상당히 불편해지는데요'라고 말하는 경우가 흔합니다. 수업 중에 불편을 느끼는 것이 그 학생들에게는 중요한 문제거든요. 하지만 바드교도소사업단에서는 교도소가 점점 편해지는 걸 느꼈다고 설명하는 학생을 여러 명 만났습니다. 그 학생들은 '다시 불편해지기 위해서' 바드에 지원했다고 표현하더군요."

바드교도소사업단과 본교 학생 사이에 실재하는 중요하고 거대한 차이의 극히 일부를 암시하는 이야기다. 그러나 바드교도소사업단은 교도소와 재소 학생의 특수성을 학술정책 설계 및 수행의 지침으로 삼기를 거부했다. 본교에 있는 것을 결점까지도 전부 그대로 복제하고자 했다.

이러한 접근법을 실천하기 위해 바드교도소사업단은 두 가지 유혹에 저항해야 한다. 첫째는 물론, 학생들을 그리고 그들의 학습 내용을 형사사법 또는 교정 체계에 따라 정의하려는 유혹이다. 두 번째 유혹은 학생들이 권력의 사회적 정치적 지리적 중심에서 바깥으로 밀려난 '서발턴'subalterns이라는 사실에 기반해 학습 과정을 설계하려는 욕구로, 본교에서 기초로 삼은 자유주의적 교육 방식의 특성을 따르지 않고 교도소 대학 과정 설계에 교과과정 또는 교육법을 통해 특별한 정치적 개입을 할 기회로 삼는 접근법이다.

교도소 안에서의 사업에 누구보다 관심이 높은 대학

교수들은 성인 재소 학생에게서 나타나는 욕구와 관심을 그 자체로서만 아니라 교수진이 자의적으로 설정한 대량 구금 또는 '구금 국가'에 대한 저항 행동에 맞춤으로써 대학을 정치화하고 변형하려는 생각에 누구보다 푹 빠져 있다. 본교에서 사용하는 기존의 교수법을 이처럼 의도적으로 변형하는 데에서 교도소와 재소 학생을 본교에서 교수 자신이 할 수 있거나 기대받거나 허용받는 수준보다 표면적으로 더 낫거나, 더 민주적이거나, 더 정치 참여적인 교육 방식을 추구하고 수립할 기회로 바라보고 있다는 사실이 드러나곤 한다. 본인의 소속 대학에서 교도소 대학을 설립하고자 했던 어느 교수와 함께 일했을 때, 그 교수는 강압적일 정도로 '보수적인' 본교의 교육 방침과 학부장이 허용하는 상상력 부족하고 수구적인 교육 방식에 관해 나에게 기나긴 불평을 늘어놓았다. 그와 같은 입장에 있는 교수진은 교도소가 특정한 기회의 장, 즉 본교에서는 좌절당했을 대안적이고 진보적인, 또는 사회주의적이고 급진적인 교수법을 적용할 수 있는 장소라고 판단했기 때문에 교도소를 선택한 것이다.

이는 잘못된 것인데, 이런 접근법은 재소 학생이 처한 특유의 고립 상태를 가중시킴으로써 본교에서 누릴 수 있는 기회로부터 단절된 정도를 완화하기는커녕 오히려 확대할 것이기 때문이다. 또한 대학이 학생을 대하는 태도와 방침을 크게 바꿀 것이다. 관리자이자 활동가로서 바드교도소사업단에서 일하는 우리는 양쪽의 학생과 대학의 유사성을 강조한다. 이것이 온전하거나 유일한 진실이어서가 아니라 제도적으로나 수사적으로나 가장 강력한 저항의 방법이며, 따라서 교과과정 설계 또는 교수진 교육 시 가장 주의를 기울일 부분이기 때문이다. 차이를 부풀리는 것이 유사성을 부풀리는 것보다 훨씬 더 위험하며, 이 전형적이지 않은 공간에 진입한 '전형적인' 대학에 다니는 학생들은 자기 눈에 보이는 만큼, 그리고 시간이 흐르며 발전시키는 만큼 자기의 관심사를 추구할 무수한 기회를 마주하고 창출해 낼 것이다.

바드교도소사업단에서는 주관성보다 객관성을, '자율적 개인' 개념보다 '구조' 개념을, 규범을 식별하고 체득하는 과정보다 개념에 대한 비판을 강조한다. 이러한 교육 방식이 교도소에 개입하는 이 사업의 성격을 규정한다. 이는 순수성이 아니라 강조점과 외연적인 구조를 말하는 것인데, 이런 종류의 대학 교육이 항상 주관적이고 개인주의적이며 규범화하는 경향을 보이기 때문이다.

'객관적'인 교육을 강조한다는 말은 학생이 교재, 논쟁, 개념, 서사 등 제시된 자료를 마주할 때 자기의 주관적 지위와 그것이 자료와 갖는 특정한 관계를 돌아보는 성찰을 하기에 앞서 연구 대상 자체에 관심을 집중하도록 요구하는 경향을 말한다. 이러한 접근법에서는 교도소라는 환경 또는 재소 학생의 생애 경험, 인종, 계층, 도덕률, 법률상 지위에 관한 외적인 성찰을 뒤로한 채 자료와 그 맥락을 대하도록 한다. 전적으로 배제하는 것은 아니지만(글쓰기 과정에서는 확실히 아니다), 구금 상태라는 사실 또는 조건 때문에 자료와의 관련성을 강조하지는 않는다는 뜻이다.

분석의 범주로서 '개인'보다 '구조'를 강조한다는 것은 자유교양학 교육과정 전반에서 구조와 체계에 분석적 우선순위를 둔다는 말이다. 이 특유의 교과과정과 교수법은 구금 상태에 있는 사람이 자신을 둘러싼 공권력으로부터 경험하는 지배적인 대응법과 대조된다. 그런 지배적인 대응법은 개별적인 선택, 개별 행위에 따른 보상, 처벌, 유인책과 억압책, 개인적 변화 이론을 강조하는 경향이 있다.

마지막으로, '개념-비판'은 진행 중인 윤리적 정치적 비판의 일환으로서 개념을 식별하고 분석하고 역사화하는 교과과정 및 학습의 모든 측면을 가리키는 것이다. 강의실과 대학의 사회적 공간 자체는 상당 부분 이 작업을 위해 존재한다. 개념 비판은 자유교양학 교과과정을 통틀어, 특히 역사학, 철학, 인류학 과목 그리고 인류학과 역사철학에 매우 깊이 뿌리를 둔 전통적인 인문학 분야에서 무엇보다 중요하다.

교도소 교육 제도는 명확히 처벌의 도덕적 정당화를 지지하는 방식으로, 도덕적으로 자율적인 주체이자 이론상 죄과가 있는 주체에게 접근하는 길을 열어 준다. 이 점이 교도소 공무원 중 상당수가 교도소 교육을 잠재적으로 내부에 들여놓을 만한 가치가 있는 사업으로 보고 받아들이는 이유 중 하나다.

내가 학습 상담자 역할을 하던 중에 2년 차 학생 한 명이 교과 선택 문제로 조언을 구한 적이 있다. 그는 이전 학기에 교수들에게 받은 학업 평가 때문에 고민하고 있었다. 교수진 여러 명이 그에게 "앞으로 더 나아가"거나 "더 깊이 들어갈" 필요가 있다고 말했던 것이다. 주장하는 바는 잘 구성했지만 논의가 피상적인 수준에 머물러 있다는 의견이었다.

나는 '깊은' 것과 '피상적인' 것의 차이를 좀 더 생각해 보기 위해서 가상의 학생이 작성한 과제를 제시하고 그것을 함께 비평하는 것으로 대화를 시작했다. 먼저 그에게 가상의 학생이 쓴 논술문의 첫 단락을 상상해 보라고 했다.

> 대학은 흥미로운 공간이다. 대학이 흥미로운 이유는 그 안에 들어가서 만나는 사람들의 다양성에 있다고 보는 사람이 많다. 학생도 교수도 누구 하나 똑같은 사람이 없다. 그러나 내가 제일 큰 흥미를 느끼는 대상은 대학에서 배우는 교과

> 과목이다. 실제로 각 과목이 내게는 내용으로 보나 과목 자체로 보나 독특한 한 사람과 마찬가지여서, 나는 대학 내에서 교수진과 학생의 다양성을 접하는 것보다 거기서 배우는, 독특하고 매혹적인 각 과목의 다양성에 푹 빠져 있다.

나는 이 정도면 논술의 도입부로서 아주 완벽한 서술 방식이라고 말했다. 그런 다음 가상의 논술문을 계속 이어 나갔다.

> 예를 들어, 키에 대해 생각해 보자. 키가 똑같은 사람이 없는 것과 마찬가지로, 강의 시간이 똑같은 과목도 없다. 겨우 50분밖에 안 되는 짧은 과목이 있는가 하면, 길게는 3시간이나 이어지는 긴 과목도 있다.

학생이 웃기 시작했다.

"왜 웃는 거예요?" 내가 물었다.

"각 수업의 차이는 그런 데 있는 게 아니니까요." 그가 답했다.

"하지만 분명 다른 점이기는 하잖아요?"

"그렇죠. 무슨 말씀을 하시는지 알겠어요. 그것도 다른 점이기는 하지만, '깊이'가 없어요."

"그러면 각 강의를 구분할 만큼 '더 깊이 있는' 특성은 뭐가 있죠?"

"주제나 견해, 뭐 그런, 수업 **내부**에서 진행되는 것이겠죠." 학생이 대답했다.

"좋아요. 그러면 수업 내부 상황을 들여다봅시다. 가상의 우리 학생이 쓴 글은 다음과 같이 이어집니다."

> 또 다른 예로 강의실의 좌석 배열에 관해 생각해 보자. 각 수업은 의자와 책상 배열에 따라 구분된다.

학생은 다시 웃으며 따졌다. "제가 말한 내부 상황은 그런 게 아니에요. 실제 내용 말이에요. 수업에서 교사가 하는 말이나 학생이 읽는 자료 같은 거죠." 그가 말했다.

"맞아요. 하지만 평범한 사실도 그 안을 들여다보면 생생하게 다가올 수 있어요. 이 사실, 그러니까 당신이 여기서 피하고자 하는, 피상적으로 보이는 좌석 배열이라는 것이 어떤 '깊이'를 느끼게 하는, 실제로 흥미로운 사실이라고 한번 생각해 봅시다. 좌석 배열 방식을 바탕으로 특정 수업에 대해 알아내거나 이해할 수 있는 것은 뭐가 있을까요?"

"글쎄요." 학생이 잠시 생각했다. "수업 시간에 앉은 자세를 보고 여러 가지를 알 수 있겠지요. 구부정하게 앉아 있는 학생은 그다지 얻는 것이 없을 테지만 똑바로 앉아서, 그러니까 집중을 하고 있고, 단정하다든지 하면, 그 사람은 훌륭한 학생이 되겠지요."

"지금 주제를 바꾸셨어요."

학생은 어리둥절한 듯 나를 쳐다보았다.

"우리가 좀 전에 하던 이야기를 돌이켜 보고, 당신이 어떻게 주제를 다른 것으로 바꾸었는지 생각해 보세요."

학생이 잠시 생각하더니 고개를 끄덕였다. "좋아요. 네, 뭔지 알겠어요. 좌석에 관해 물으셨죠. 그게 놓여 있는 곳, 그러니까 여기 이 강의실이나 교도소의 모든 강의실에 놓인 책상과 의자에 관한 이야기였는데, 저는 학생이 거기에 어떤 자세로 앉아 있는가로 주제를 바꾸었어요."

"**그것**도 실은 정말 흥미로운 주제예요. 사람들이 어떤 태도를 취하는가도 분명히 관심을 기울일 만한 또 다른 주제라고 할 수 있지만, 일단 좌석 자체에만 집중을 해 보죠. 워낙 관심거리가 안 될 것 같은 주제니까요. 수업별로 강의실 좌석 배열이 실제로 어떻게 달라지죠?"

"우선 일렬로 배치하는 경우가 있죠. 지금처럼 하나하나 줄을 맞춰서요." 학생이 말했다.

"그리고 방향은요?"

"칠판을 향하죠. 선생님 쪽으로."

"네, 좋아요. 그러면 다른 경우는요?"

"둥그렇게 둘러앉거나, 반원형을 이루는 경우도 있어요." 대답을 하는 학생의 말이 빨라졌다. "수업을 듣는 학생들이 서로를 볼 수 있고, 그런 수업에서는, 확실히 그래요. 서로 대화를 더 많이 하죠. 선생님도 그렇고, 저희에게도 그러도록 유도하는 편이죠. 더 많이 대화하고 토론하도록. 그런 점이 각 수업에서 어떤 일이 벌어지는지 구분하는 큰 차이점이죠. 그러니까 학생들이 수업 중에나 밖에서나, 공부하는 중이거나 마당에 나가 있을 때, 일할 때, 수감동에 있을 때 서로 관계 맺는 방식이 달라져요."

"강의실 좌석 배열은 누가 결정하나요? 이 강의실 같은 경우는요?" 내가 물었다.

"음, 교정 공무원이겠죠. 아니면 교도소 선생님들이요. 교수진이 정하는 규칙이 있겠고." 그가 잠시 말을 멈추었다. "전통도 있겠죠."

"훌륭해요. 이제 강의실 좌석 배열에 영향을 주는 갖가지 요소에서 사람들 간의 관계, 대화 방식에 영향을 주는 요소까지 이야기하고 있어요."

"구조의 일부죠." 학생이 명확히 짚었다.

"맞아요. 여기에 쓰기 아주 적합한 표현이에요."

"구조요? 수업에서 썼던 말이잖아요." 그가 말했다.

"그러니까 우리는 강의실에 있는 의자와 책상 그리고

교사와 학생의 배치라는 한 가지 세부적인 사실에서 출발했는데, 당신은 이제 누군가의 가상의 논술을 처음보다 더 깊이 있게 만들어 주는 연결고리를 끌어내고 있어요."

나는 여기서 잠시 멈추었다가, 평소에는 잘 하지 않는 교도소 자체의 환경과 체제에 대한 적나라한 분석까지 대화를 한 걸음 더 밀고 나가고 싶은 마음이 들어 위험을 감수하고 나섰다.

"이제 거기다 제가 뭔가를 더 얹어 볼게요. '교정'이 개인에게 초점을 맞추는 경향이 있다는 점을 한번 생각해 보세요. 개인의 태도를 판단한다고 할 때 주목할 만한 것으로, 각 학생이 의자에 어떤 자세로 앉아 있는지를 본다고 해 봅시다. 집중하는 학생, 부지런한 학생, 게으른 학생 등 여러 유형이 있겠죠. '대학'은 이와 반대로 교사, 교수요목, 강의 주제와 같은 **구조**에, 구조 개념을 강조하는 데에 초점을 맞출 거예요."

우리 둘 다 입을 다물었고, 학생은 심각하게 굳은 얼굴로 나를 바라보았다. 한참 뒤에 그는 미소를 지으며 딱딱하게 유지하고 있던 자세를 풀더니 책상 바깥으로 팔을 쭉 뻗고 마치 공상에 잠기듯이 그 위에 엎드려 턱을 괴었다. 그러다 갑자기 몸을 일으켜 바로 앉고는, 의미심장하고 기쁨에 찬 미소를 지으며 말했다. "네, 무슨 뜻인지 알겠어요."

"좋아요. 그럼 제안을 하나 하지요. 제가 대학

교과과정과 '구조' 개념, '개인' 개념을 가지고 가설을 제시했는데요. 나눠 드린 강의 안내서에서 강의 목록과 설명 자료를 추려서 검토해 보세요. 다음 주 등교해서 수강 신청을 하기 전에 강의 설명이 이 가설에 부합하는지 반하는지 토론할 준비를 해 오세요."

주입

회의적인 생각을 가진 협력자들은 내부에서 교도소 대학을 어떻게 바라보느냐고 묻곤 한다. 대학에 다니지 않는 재소자들은 적대적인지, 대학의 선별성, 즉 특정 교도소에서든 교도소 체계 전체적으로든 대학 교육에 참여할 기회가 그토록 적게 주어진다는 사실에 분개하는지, 바드와 같은 기관에 대해, 그리고 이 기관이 본교와 동일하게 제공한다고 하는 교육 형태에 관해 상당히 미심쩍어하는지.

마지막 질문이 가장 흥미롭다. 학생 중에는 대학이 낯설기도 하고 본질이 의심스러운 적대적인 기관이라 생각해 지원을 거부했던 이들이 있다. 대학 교육이 '백인'의 방식, 더 심하게는 '길에서' 자기 삶을 지지해 주던 사상과 이념을 불법적이고 부정한 방법으로 깎아내리는 일종의 세뇌에 불과하다고 생각해 오랫동안 외면했다고 내게 말해 준 학생들도 있다.

교도소에 있는 명석하고 역량 있는 사람들이 대학 교육 기회를 일종의 인종적 계층적 또는 교정 차원의 세뇌라고 의심해 외면한다는 이 관념이 내게는 가장 흥미로운데, 이것이 학술 산업 그리고 대학, 특히 자유교양대학 자체에 내재하는 세계관 또는 이념의 핵심을 찌르기 때문이다.

그 학기 중에 나는 또 한 번 도서실에 머물게 되었는데, 이번에는 수업 시간 외에 학생들의 과제에 관해 의논하기로 미리 약속한 회의가 있어서였다. 데지와 동급생 몇 명이 참석하는 자리였지만, 도서실 내부는 그 밖에 미적분학 공부 모임과 2년 차 중국어 연습 모임 등 오가는 다른 학생 무리로 가득 차 있었다.

진지하면서도 유쾌한 대화가 이어지는 가운데 점점 목소리가 높아졌다.

"어디서 **그런 걸** 찾아낸 거야?" 누군가 말하자 주위에서 웃음을 터트리는 소리가 들렸다.

뭐가 그렇게 재미있는지 궁금해진 내가 돌아보며 무슨 일이냐고 물었다.

학생들이 주저하며 알려 주지 않으려 했다.

그러다 마커스가 큰 소리로 말했다. 마커스는

고등수학과 중국어 과목에서 두각을 나타내며 뛰어난 학업 성과를 거두어 학사 학위 과정을 조기 졸업할 예정인 학생이었다. 엄격한 통제를 받는 '맥스에이'max-A에 해당했던 그는 멀리 있는 다른 교도소의 위성대학에 다니고 있었는데, 경비 등급이 완화된 후 동부로 옮겨 왔다. 바드의 학생이긴 했지만 멀리 떨어져 있다가 우리가 '본교'라고 부르는 동부에 이제 막 합류한 참이었다.

도서실을 가득 메운 사람들이 귀를 기울이는 와중에, 우호적인 내 태도에 안심한 마커스가 설명했다. "교육과 주입의 차이를 현미경으로 자세히 들여다보자고 했어요."

"그게 가능한가요, 마커스 씨?" 내가 물었다. "그 차이를 말해 줄 수 있어요?"

"저 마당에는 교수님이 흑인에게 말하는 방법을 가르친다는 것을 **싫어하는** 사람들이 있어요. 이미 유창하게 말할 줄 아는 **흑인에게** 백인의 영어를 가르칠 거라고 생각하기 때문이에요."

"일리 있는 생각이네요." 내가 말했다. "이야기를 나누는 집단이 있는 한, 그만큼 다양한 언어가 존재할 겁니다. 방언이라든지, 지역이나 가족별로도 그렇죠. 그런 언어들이 번갈아 주류를 형성해요. 제 생각에 미국에서 주류를 이루는 '표준' 언어는 구성원의 다양성이 빚어내는 변화에 민감한, 유난히 유동적인 언어예요."

마커스가 말했다. "네, 좋아요. 하지만 과제를 제출하면, **저희**가 자라면서 배운 언어로 쓴 글을 교수님은 전부 틀렸다며 고치시잖아요."

"네, 그건 분명 사실이에요." 내가 말했다. "우리는 표준미국영어Standard American English, SAE로 가르치고 표준 문법, 문체 등도 다 거기에 따르지요. 그게 학문의 언어예요. 경쟁을 하려면 그 언어를 잘 다룰 수 있어야 해요. 이론적으로, 그 분야에서 전문가가 되려고 한다면요. 여러분이 저보다 잘 알고 있겠지만, 이것은 코드를 변환하는 겁니다. **이** 코드를 익히면 더 좋은 기술이 하나 늘어나는 것뿐이죠. 그리고 아마도 여러분이 쓰는 다른 언어 또는 코드에는 없는 것을 얻게 될 겁니다. 그저 다언어 사용자가 되는 한 가지 방법 정도로 생각하시면 돼요."

마커스가 생각에 잠긴 채로, 하지만 여전히 회의적인 눈빛으로 나를 바라보았다.

내가 다시 설명했다. "바인라이히라는 언어학자가 있었어요. 정확히는 막스 바인라이히인데요, 유럽 출신이지만 홀로코스트가 자행되던 제2차 세계대전 기간에 뉴욕에 살며 맨해튼 서쪽 16번가에 있는 학교에서 독일의 옛 유대인 방언인 이디시어 강의를 하고 있었어요. 강의 중에 방언과 언어의 과학적 차이에 관한 논쟁이 벌어졌는데, 어느 순간 청중석에 있던 브롱크스 고등학교 교사 한 명이 일어나 말했답니다. '언어와 방언의 차이를 알고 싶으세요? 육군과 해군을 갖고 있는 방언을 언어라고 한답니다.'"

"하." 마커스가 픽 웃었다. "멋지네요."

"좋아할 것 같았어요. 뭐, 저도 그렇습니다. 아마 여러분을 가르치는 교수들도 거의 다 좋아할 거예요. 특히 역설적이게도 여러분의 문법을 수정하느라 바쁜 분들이 말이죠! 그러니까 그게 바로 문법 점수를 매길 때 저희가 하는 일이에요. 육군과 해군을 지닌 방언으로 코드를 전환할 수 있으면 좋겠죠. 외부에서 지배적인 방언을 바꾸려는 시도를 할 수도 있고, 말하자면, 결국은 그렇게 될 거예요. 실제로 계속 변하니까요. 하지만 내부에서도 외부에서도 다 바꾸고 싶을 수도 있잖아요. 어떻게든 코드를 터득하세요. 바꾸고자 한다면요."

미소를 짓고 있던 마커스가 멈칫하더니 심각한 혼란에 잠긴 모습으로 되돌아갔다. "저 마당에 제 친구가 있는데요. 공부를 꽤 많이 하는 녀석이에요. 충분히 들어올 수 있는 친구인데 대학에 오지 않으려고 해요. 그 친구 생각에는 여기서 하는 일이, 뭐, 같은 말을 반복하진 않을게요."

"편하게 하세요. 저는 얼굴이 두꺼운 편이라. 누가 알겠어요? 그 친구 말이 고민해 볼 만할지도 모르잖아요. 아니면 그저 다른 사람의 평가를 받고 싶지 않은 걸 수도 있고요. 적어도 '제' 평가는요."

"그 애는 교수님이 교도소 편이라고 했어요."

"음, 저희가 여기 와 있는 건 그 사람들의 재량 덕이죠."

"교도소 편에서 일한다고 말할 수 있나요?"

"골치 아픈 답을 하게 만드는 골치 아픈 질문이네요." 내가 말했다. "대학은 여기 있을 권한도 없고, 여기서나 다른 어디에서나, 수감 중인 사람을 대학에 다니게 할 권한도 없어요, 좋든 나쁘든 간에. 누군가 열쇠를 돌려 문을 열어 주지 않으면 저희는 여기 못 들어와요. 아무도 모를 일이겠지만, 여기 온다고 교도소 측에서 저희에게 돈을 주지도 않아요. 좋든 나쁘든 간에 말이죠."

"그건 대답이 아니잖아요." 마커스가 미소를 지으면서도 여전히 꽤 심각한 표정으로 말했다.

"제 대답은, 저희가 교도소를 위해서 일하지 않는다는 것이고, 저는 그게 아주 좋다고 생각해요. 하지만 약간 다른 관점에서 보면 교도소를 위해 일한다고도 볼 수 있는 게, 교도소 측에서는 저희가 자기들을 위해 일한다고 생각하지 않겠어요? 그렇게 추측하는 게 비합리적이지는 않죠. 안 그러면 그 사람들이 뭐 때문에 저희를 들여놓겠어요?"

"교수님 생각도 그렇고요?"

"지금 하시는 그 질문에 대해서는 저도 고민할 필요가 있다고 생각해요. 마커스 당신도 그렇듯이. 우리는 제각기 다른 이유로, 다른 방식으로 이 일에 참여할 테니까요."

"참 잘 빠져나가시네요, 카포위츠 교수님."

"그러니까 당신이 제 헛소리를 참고 들어 주는 거겠죠."

다시 심각해진 마커스가 말을 이었다. "제 친구, 마당에 있는 그 애 말로는 '가르친다'teach는 단어나 '교리'doctrine라는 단어나 똑같이 '도케레'docere에서 나온 거라고 해요. 라틴어죠. 영어로는 **유순하다**docile라는 말이고. 그러니까 같은 거예요. 단어만으로도 이미 이렇게 말하고 있는 거죠. '이봐, 행동 똑바로 하는 게 좋을 거야. 안 그러면 대학에서 끌고 나와 내동댕이쳐 버릴 테니까.'"

"음. 어원으로 보면 맞는 말로 들리는데요. 하지만 저는 라틴어를 몰라요." 내가 대답했다.

학생들의 시선이 나를 향했다.

그곳 대학에서 함께한 지 몇 년이 지났는데도 학생들은 여전히 그런 솔직한 순간을 놀라워했다. 나는 라틴어를 모르는데, 마당에 있는 마커스의 친구는 아주 일리 있는 말을 했을 수 있다니.

내가 말을 이었다. "보세요. 친구분 말에 생각해 볼 가치가 있어요. 저는 우리 언어에 담긴 단서나 숨은 뜻에 관해 듣는 걸 좋아해요. 뿌리 깊이 묻힌 지혜가 상당하죠. 친구분과 마찬가지로 저도 우연히 그 어원을 발견한 적이 있어요. 예전에 이 얘기를 듣고 어원을 확인하려고 사전을 다시 펼쳐 봤더니, 가르침, 교리, 유순함 모두 연결되어 있는 것 같더군요. 이 연관성이 납득이 되세요?"

"그러면 우리가 여기서 하는 게 다 그런 건가요?" 마커스가 내게 물었다.

"질문에 질문으로 답을 하네요. 좋아요. 단어 그 자체에 어느 정도 진실이 담겨 있다고 한다면, 그 어원이 맞는다면, 그렇게 봐도 되죠. 하지만 아마도 가르친다, 교리를 주입한다, 유순하게 만든다라는 이 말들은 사실 같은 의미를 담은 단어가 **아니라** 같은 주제를 다루는 변종으로 봐야 할 거예요. 물론 어떤 단어를 그 어원과 동일한 것으로 볼 수도 있어요. 그럴 수 있죠."

나는 잠시 말을 멈추고 기다렸지만, 아무도 입을 열지 않아 다시 말을 이었다.

"그래도 돼요. 여러분이 대상과 근원을 동일시하기를 원하는지는 모르겠지만요."

이때 깡마른 몸에 긴 머리를 묶고 다니는 조지프가 처음으로 입을 열었다. "사람에 대해서도 똑같은 이론을 적용할 수 있어요."

"무슨 뜻인가요?" 다른 학생이 조지프를 돌아보며 물었다.

"사람에 대해서도 똑같이 생각할 수 있다고요. 출신을 알면, 그러니까 그 사람이 어디서 왔고, 어디 있었는지, 어떤 사람이었는지를 알면 지금 그 사람을 알 수 있단 말이에요.

어떤 단어든, 관념이든, 그 과거가 곧 현재**라고** 말할 수 있죠. 그게 어디서 왔는지를 알면, 어원이나 근원을 안다면, 그 정체가 무엇**인지**, 그 핵심이 뭔지 이해하기 아주 유리한 위치에 서게 돼요. 그 대상의 비밀을 알아냈으니까요."

"그래서 **당신은** 어떻게 생각하죠?" 다른 학생이 조지프에게 물었다. "제 말은, 분명 조지프는 그동안 여기서 가르치는 걸 곧이곧대로 받아들였단 말이에요. 대학을 믿고 있다는 거죠. 교육의 근원이 교리의 주입이라는 사실에 대해서 어떻게 생각해요?"

조지프가 미소 지으며 대답했다. "저는 그걸 경고라고 봐요. 진실이 아니라."

4

최초의 졸업식: 졸업연설자들

2004년 늦가을 무렵, 바드교도소사업단의 첫 번째 졸업식이 다가왔다. 몇 년 동안 위험을 무릅쓰고 공부한 학생들 그리고 처음으로 공식적인 결실을 맺기에 이른 대학 지도부의 지난 시간을 멋지게 축하하는 기념식을 열기로 한 것이다. 실제로 맥스가 동부에 대학을 세우기 시작한 후로 6년 동안 재소 학생을 비롯해 학부장과 교수진 모두 이 일이 가능하며 해를 거듭할수록 점차 진전되고 있다고 생각하고 엄청난 신뢰를 쏟아부었다. 졸업식은 학생들로서는 처음으로 살아 있는 실체로서의 대학을 전면적으로 마주하는 시간이고, 교수진과 이사회로 이루어진 조직으로서의 대학은 처음으로 손수 졸업장을 건네주기 위해 동부의 재학생들과 마주할 진실의 순간이었다. 날짜가 다가올수록 지나친 두려움에 떠는 사람이 많았는데, 그 두려움의 정체는 우리가 이루고자 하는 희망을 품고서 그동안 감수해 온 위험과 성취해 낸 열망의 징후였다.

그렇지만 우리의 첫 졸업식은 내가 이 일을 하면서 마주하는 피할 수 없는 긴장이 드러나는 자리이기도 했다. 졸업 연설을 준비하고 행하면서 학생들은 학습자이자 재소자로서 상충하는 역할을 수행하는 입장에 처해야 했다. 자신을 길러 준 이들 앞에 성인으로서, 그리고 자녀들 앞에 부모로서 단상에 서서 졸업식을 치러야 했다. 그들은 인생의 중요한 이정표를 찍은 사실을 기념하는 독립적인 인간이자,

새롭고 지독히도 복잡하며 야심만만한 교육기관을 설립하는 작업에 크게 기여한 학생 집단의 일원이기도 했다. 또한 구금 상태에 놓인 주체로서, 언제나 스스로 결정한 말과 행동에 따르는 위험과 보상을 가늠하고 크고 작은 자각의 고통을 수시로 겪으며, 수감 생활과 학문적 성취라는 두 가지 과제를 협의하고 이행해야 했다. 나는 이날 결국 졸업생 중 한 명이 자기가 맡은 연설 시간을 이번 행사가 무엇을 의미하는지, 그리고 어쩌면 교도소 대학이 수행하는 모든 일이 죄다 무엇을 의미하는지 드러낼 기회로 삼아, 지금껏 내가 본 그 어느 학생보다 훌륭한 성취를 이루는 장면을 목격할 예정이었다.

학위는 실질적인 자격증이자, 특히 가족 중 최초로 대학에 다닌 학생에게는 강력한 상징으로서 의미가 있다. 그리고 졸업은 한 세대와 다음 세대를 잇는 끈으로서 아주 큰 의미를 갖기에, 성공과 좌절, 성취와 상실이 대단히 긴밀히 엮여 있는 교도소에서 졸업식의 상징성은 더욱 심화된다.

이 모든 면에서 불안이 파고들었다. 졸업식이 다가온다는 게 믿기지 않는 심정이었다. 이런 사업이 거의 존재하지 않던 시절에 바드의 학생들은 대학이 재소 학생에게 학위를 수여할 것이며 그럴 수 있다는, 아직 검증된 바 없는 약속에 의지한 채 확신을 품고 학업에 몰두했다. 재소자 대상 무상 학비 보조금이 가차 없이 폐지되고 그에 따라 관련 사업이 순식간에 무너진 것이 비교적 최근 일임을 감안하면 처음부터 이 약속이 이행되지 않을 거라고 염려할 이유가 충분했다. 바드에 처음 들어온 학생 중에는 수년 전 보조금 제도가 있던 시절에 대학 생활을 시작했다가 사업이 날아가자 모든 것을 잃고 만 이가 많았다. 그들은 이런 역사를 직접 겪어서 알고 있었다.

학위는 남은 형기 동안 학생들이 대학에서 이룬 성취와 정체성을 간직하게 해 줄 유일한 상징이었을 것이다. 학업을 계속 이어 갈 수 있다는 약속을 받긴 했어도 앞일이 너무나 불확실했다. 따라서 졸업식 같은 공식적인 분리 절차에는 상실에 대한 두려움 또한 가득 차 있었는데, 대학의 시공간이 이처럼 활력 있게 되살아날 수 있다면 거꾸로 대학에서 자신의 입지가 좁아질 가능성, 언젠가 상황이 악화될 가능성도 있었기 때문이다.

학생들이 평범하게 과거 일을 이야기하는 걸 들어보면, 상당히 짤막한 회상에도 아주 특별한 내용이 담겨 있는 경우가 많았다. 이를테면 입학 면접 중이라든지, 강의실 밖에서 편하게 스쳐 지나가는 도중에 학생이 이런 말을 하는 것이다. "어릴 때 어머니가 그러셨어요. '교육은 꼭 받도록 해. 그건 누구도 절대 네게서 빼앗아 갈 수 없는 것이니까.'" 문득 나는 내 가족 중 누군가에게 이런 말을 들어 본 적이 없었다는 걸 깨달았다. 내 가족 역시 그런 경험이 전혀 없었을 것이다. 그러니까 이런 말에는 수 세대에 걸쳐 고질적으로 이어 내려온 상실과 박탈의 경험이 서늘한 흔적으로 남아 있다고 볼 수 있다.

날이 다가오자 대학 측에서는 꽃과 휘장에다 전통적인 대학 예복, 바드 졸업식에서 항상 연주하는 금관 오중주 예약에 이르기까지 모든 격식을 다 차렸다. 졸업장은 라틴어로 인쇄해 두었고, 이사진이 모여들었고, 총장은 연설 준비를 마쳤다. 본교 기념식과 최대한 비슷하게 하려고 학생들이 단상에 걸어나가 졸업장을 받기까지 무대 연습도 했다. 이번 행사에서만 아니라 바드의 모든 기념식에서 갖추는 격식과 진지함, 외적인 화려함을 계속 갖추어 나갔다. 웅장하고 거창한 졸업 기념식의 풍경을 교도소 담장 안에 그대로 옮겨다 놓고, 문화적 상징이 가득한 기념식을 조직함으로써 대학은 졸업생과 가족의 마음을 북돋우려 했다. 하지만 동시에 자유교양대학의 후원자들과 교도소 대학을, 그들을 불신하거나 분하게 여길 이유가 있는 사람들로부터 멀어지게 만들곤 하는 차이를 더 부각시킬지도 모를 일이었다. 그러나 기념식의 중요성을 규정하는 것은 가족의 일원이자 교도소 체계 내에 붙들린 수형자로서 졸업생들이 처한 각기 다른 입장 사이에 존재하는 긴장 또는 갈등이었다.

사립대학과 당국 사이의 제휴는 서로에게 이익이 되는

협업이었다. 그러나 교도소 대학의 제휴 관계를 떠받치는 공통의 기반에도 불구하고, 조직 문화와 사명이 전혀 다른 대학과 교도소 체계가 함께 움직이기란 언제나 쉽지 않은 일이었다. 기념식의 형식과 세간의 관심 때문에 모두 안절부절못했다. 지난 4년 동안 회의적인 주지사의 시선에서 어느 정도 벗어난 채로, 좋게 말해 너그러운 외면 아래 사업을 진행 온 덕에 바드교도소사업단은 교도소 안팎에서 언론이나 기타 불필요한 접촉에 시달리는 일을 최대한 피할 수 있었다. 다가올 행사에 대한 관심이 높아짐에 따라 무슨 일이 벌어질지 알 수 없었기에, 이따금 우리는 이 졸업식이 처음이자 마지막 졸업식이 될까 두려워했다.

기념식을 몇 주 앞두고, 복잡한 행사 내용과 참석 예정자 수백 명을 관리하는 임무를 맡은 공무원이 각 재소자가 가족에게 나눠 줄 수 있는 졸업식 초대장 할당량을 늘리기로 결정했다. 그와 동시에 졸업생과 얼마나 가까운 관계이든 상관없이 가족이 아닌 사람은 배제하기로 했다. 평소에는 아무 때나 방문 가능한 가족의 수가 극히 제한되어 있었던 만큼 대단히 너그러운 취지에서 나온 결정이었다. 하지만 거의 가상의 친척이나 마찬가지일 정도로 무척 가까운 관계이지만 부모, 자녀, 배우자 같은 기준에 해당하지 않는 사람을 초대하지 못하게 된 일부 학생은 난처한 입장에 놓였다.

우리의 최우수 학생 중 한 명인 말릭이 이 일을 포함해 여러 가지 압박에 분개한 나머지 졸업식을 거부하겠다고 했다. 키 크고 깡마른 말릭에게는 형기 내내 곁을 지켜준 오랜 여성 반려자가 있었다. 사실관계가 그러했듯이 그 여성을 가족 구성원으로 보고 사실혼 관계의 아내로 인정했다면, 더 완화된 새로운 규칙하에서 졸업식에 초대할 수 있었을 것이다. 실제로 새롭게 할당받은 좌석 수만큼 초대할 가족도 없었던 말릭은 그냥 가족 초대권 중 한 장을 자기 인생에서 소중한 이 사람에게 쓸 수 있게 해 달라고 요청했다. 하지만 관리자 입장에서는 이 요청을 허용하면 다른 요청이 쏟아져 들어와 감당하기 어려울 듯했다. 어쨌든 말릭은 요청을 거부당했고, 인생에서 가장 중요한 존재였을 여성을 빼놓고 법적인 가족 몇 명만 초대해야 할 상황에 놓였다. 나는 이 일이 넓은 범위의 가족에 대한 기존의 경계선에 상당한 압박을 줄지 모른다고 생각했다.

졸업식의 특이한 속성이 마치 유령의 집에 놓여 있는 거울처럼 그 앞으로 지나가는 모든 것을 늘이고 비틀었다. 학생과 가족에게 이 행사는 성공과 실패 모두를 더욱 뚜렷이 드러나게 하는 장치였다. 맥스에게, 그리고 분명 내게도 이 행사는 바드교도소사업단이 당면한 위험을 과민하게 느끼게 만드는 장치였다. 우리가 몇 년 동안 야심 차게 주의를 기울여 실천해 온 대로, 공공부문과 협력하기 위해 민간은 어느 수준까지 지원해야 하는지가 모두 드러날 예정이었다. 날짜가 다가오는 동안, 나는 졸업생들 사이에 한 가지 인식이 퍼져 나가고 있음을 감지했다. 학생들은 자신의 것인 동시에 학교와 교도소의 것이기도 한 이 기념식에 참석함으로써 그날과 그날이 의미하는 모든 것과의 사이에 이미 꼬여 버린 관계를 더욱 헝클어트리며, 스스로 교도소 측에 순응하고 공개적으로 권한을 인정하는 것처럼 보일 수 있다고 생각하고 있었다.

4년 전에 대학에 들어오는 이 사람들을 보았을 때, 나는 소중한 무언가를 갈망하기에 자신을 취약하게 만들 무언가에 뛰어들기로 결심한 그들이 존경스러웠다. 대학에 참여함으로써 그들은 공공기금으로 운영되던 시절에 그랬듯이 너무나 쉽게 사라져 버릴지도 모를 일에 동참하고, 그 기반을 다지고 돌보는 역할을 맡아야 했다. 대학을 진심으로 갈망하다가는 교도소 안에서 더욱더 취약한 존재로 밀려날 수도 있었다. 바드교도소사업단이 첫 졸업식을 열기까지의 초기 몇 년 동안이 특히 심각했는데, 1990년대 중반에 너무나 갑작스럽게 폭력적으로 폐지되고 만 교도소 대학의 기억이 대단히 크게 남아 있던 당시로서는 이 실험이 무척 위태로워 보였기 때문이다.

졸업을 맞이한 재소자들은 이번 행사의 핵심이 될 연설을 맡게 되었다. 이론적으로, 단상에 서 있는 동안에 그들은 무엇이든 하고 싶은 말을 할 수 있었다. 그러나 로이드가 그랬던 것처럼 자신의 일거수일투족을 지배하는 공무원들이 지켜보는 앞에서 그 말을 해야 했다.

만만치 않은 시간이었다. 바드교도소사업단의 학술국장인 내 입장에서는 연설문에 대한 의견을 주는 데서 그치지 않고 그 연설이 '현명하게' 잘 쓰였는지 확인할 책임이 있었다. 또한 자기표현의 순간을 맞이했을 뿐 아니라 대학의 관심사를 암묵적으로 대표하는 사람으로서 앞에 나서게 된 졸업생들의 조언자 노릇을 해야 했다. 나는 몇 년 동안 글을 분석하고 살피고 반응하는 방법을 지도해 온 사람으로서 졸업생의 연설문 초안을 살펴볼 예정이었다. 그리고 전에 없이 공개적인 이날 행사를 앞두고 대학과 교도소 사이의 관계에 대한 관심이 높아진 상황에서, 바드교도소사업단이 처음으로 정체를 드러내는 더 넓은 정치적 환경을 예민하게 인식하고 책임을 다하기 위해 연설자들의 검열관 노릇까지도 할 참이었다.

처음 연설문 초안을 검토하러 가기로 한 전날 저녁에 참석자 초대에 관한 새로운 규정이 나왔고, 말릭이 입장을 밝혔다. 거두절미하고 자기 졸업식에 참석하지 않겠다는 것이었다. 맥스는 새로운 규정에 대해서, 그리고 학생들이 이 상황에 어떻게 대응해야 할지 알아보러 갔고, 나는 규정을 지킬 수밖에 없다면 말릭이 마음을 바꾸어 이 상황을 최대한 잘 활용하도록 설득해 볼 생각이었다. 몇 명 되지도 않는 첫 졸업생 중 한 명이 빠진 상태로 행사를 망치고 싶지 않았다.

교도소까지 먼 거리를 운전하는 동안 말릭을 설득할 가장 좋은 방법이 뭘까 계속 고민했다. 나는 말릭이 이 기념식에 함께하기를 진심으로 바랐다. 그러나 주목받는 학생인 말릭을 예정대로 무대에 올리고 싶은 대학의 조직 차원의 욕심을 어디까지 솔직히 밝힐 수 있을지 불확실했다. 학교 구역에 들어간 나는 말릭을 찾아서 타협을 시도하고, 가능하면 위기를 이겨내고 내 생각에 그 자신에게 해로울 듯한 이 선택을 하지 않도록 설득하고자 했다. 어떻게든 참석하는 쪽으로 유도하고 싶었다.

말릭은 아주 명석하고 매력적인 구석도 많았다. 둥그런 얼굴에 커다란 눈, 내면 깊은 곳에서 우러나는 멋진 미소가 있었다. 책벌레이긴 했어도 바드교도소사업단의 교과과정 전반을 쉽게 소화하지는 못했다. 하지만 대단히 재능 있는 배우이자 뛰어난 단편소설 작가이기도 했다. 이름난 저자인 교수들은 말릭이 얼른 책을 내야 한다고 생각했다. 바드 본교처럼 예술이 중심이자 특별한 위치를 차지하는 학교에서 공부했더라면 크게 성장했을 학생이었다.

말릭은 늦게 나타났다. 단단히 결심한 듯 나를 향해 고개를 끄덕이는 모습에서 고집보다는 체념이 느껴졌다. 임시로 만들어 둔 회의 탁자의 한쪽 구석에 앉아 있던 내가 옆자리에 앉으라고 의자를 내주었지만 끝내 앉지 않았다. 그래서 나도 따라 일어섰고, 이야기를 마칠 때까지 말릭은 강의실에 들어오지 않고 문밖에 서 있기만 했다.

"졸업식에 오지 않을 생각이라고 들었어요." 내가 말했다.

"네, 맞아요."

"이유를 말해 줄 수 있어요?"

"제가 그러기로 결정했으니까요."

나는 실제보다 덜 긴장한 모습을 보여 주며 분위기를 풀어 보려고 웃음을 터트렸다. 참석 거부를 기정사실로 받아들이고, 실망을 표현하되 담담하게 결정을 받아들이는 모습을 보여 주기로 한 터였다. 압박이 아니라 설득에 더 관심이 있는 듯이 보이고 싶었다.

"그 일에 관해 더 이야기하고 싶어요?" 내가 물었다.

말릭은 특유의 매력적인 미소를 띠고는 엷고 슬픈 표정으로 시선을 피하다가 다시 정면으로 나를 바라보았고, 침묵을 지키며 애매하게 머리를 움직였다. 나는 '왜 스스로 그런 짓을 하는 거죠?'라고 묻지 않았다. '우리는 말릭이 필요해요'라고도 하지 않았고, 절대 하지 않을 작정이긴 했지만 머릿속에 떠올라 버린 이 말도 꺼내지 않았다. '우리에게 이보다는 더 좋은 모습을 보여 줘야 하잖아요.'

말릭이 말했다. "제 약혼녀와 여동생 사이에서 선택할

마음은 없어요. 말도 안 돼요. 그동안 이런 일을 너무 많이 겪었어요. 다 이런 식이에요. 전부 다. 이런데도 제가 가서 행복한 얼굴을 보이기를 원한단 말이에요?"

말릭이 비꼬는 듯 일부러 어릿광대처럼 행복해하는 표정을 흉내 냈지만, 그나마 아주 잠깐이었을 뿐 곧 사라졌다. 슬프고 침울하고 고립된 듯한 모습으로 돌아갔는데, 그 모습도 내게는 연기하는 것처럼 보였다. 말릭은 연기력 뒤에 숨어 있었다. 의도적으로 말이다. 그동안 대화를 나누며 나는 말릭의 마음을 얼마나 못 읽어 냈던가? 어떤 표현이 마음에서 우러난 것이고 어떤 것이 의식적인 연기였는지 얼마나 몰라보았던가? 연기하듯 과장하거나 화를 내거나 비웃거나 매력을 드러내거나 체념하거나 씁쓸해하는 그 모든 모습이 진심에서 우러난 것일 수도 있고 짐짓 꾸며 낸 것일 수도 있었다. 나 자신의 무지로 인해 말릭이 교도소에 오기 전의 삶의 일면이나, 더 좁게는 교도소 안에 갇힌 채 어떤 식으로 존재하고 있었는지를 얼마나 몰라보았던 것인가? 나와 어울리는 동안 늘 상당히 의식적으로 연기를 하고 있었다면, 그것은 나나 대학을 경멸해서 그런 걸까, 아니면 나이도 비슷하고 명석한 청년으로서 나와 자기 사이에 존재하는 격차를 메꾸기 위해 자존감 높지만 비참한 상황에 처한 사람이 취할 만한 가장 합리적인 태도를 취한 것이었을까?

이런 생각에 잠긴 채로, 냉랭하고 심지어 도도하게 무시하는 듯한 그의 표정을 통해 나 역시 연기를 하고 있다는 걸 깨닫고는 역설적으로 내가 정말로 믿었던 진심을 그에게 납득시키고자 했다. 때때로 자기 자신에게서 떨어져 나온 채로, 자기의 말과 몸짓에 영향을 미치는 자신을 지켜보는 순간이 있다. 그 말과 몸짓이 실제로 우리가 생각하고 느끼는 그대로를 반영한다는 것을 알고 있을지라도 말이다. 우리 둘 사이에는 더 이상 아무런 접점이 없어 보였다. 아마도 그런 건 아예 존재한 적이 없었을지 모른다고 생각하니 두려웠다.

나는 다시 말문을 열고, 좌석 배정 방식 때문에 말릭이 특히 직접적으로 민감한 짐을 떠안게 되기는 했어도 어떤 면에서는 불합리하지만은 않은 결정이라고 말했다.

말릭은 어깨를 으쓱했다. 그가 내 말을 헤아려 준다면, 서로 공감을 표현하고 앞으로 나아갈 방법을 찾아낼 기회를 만들려는 나의 노력에 동참할 수 있었다. 그러나 말릭은 여전히 문밖에 선 채로 강의실로 들어오려고 하지 않고 대화에 참여하려고도 하지 않았다. 한동안 나는 당장 상징적 위험에 빠져 있는 그의 가족 관계를 단절시키는 식으로 처벌을 가하기 위해 설계되어 있는 교도소 안에서 지금까지 긴 삶을 살아왔고 앞으로 또 긴 삶을 살아가야 할 한 남자의 모습 외에 아무것도 감지할 수 없었다.

나는 말릭에게 무엇을 바랐던 걸까? 나는 그가 자신이 벌이고 있는 투쟁으로부터 대학을 지켜 주기를 바랐다. 말릭을 위해 그토록 열심히 일했던 맥스 그리고 바드교도소사업단을 세우고자 노력해 온 대학을 향한 의리를 바탕에 두고 이 싸움을 하기를 바랐다. 그리고 이 말을 교도소장이 했을 때 내가 비웃었던 것과 똑같은 감상임을 알면서도 모른 체하며, 바드에 감사하는 마음을 갖고 이 일에 대처하기를 바랐다.

말릭은 아마도 대학이 지도부와 교수진, 재소 학생이 다 함께 만들어 가는 무언가가 될 수 있으리라는 생각을 거부한 재소자 중 한 명이었을 것이다. 수니파 이슬람교로 개종한 아프리카계 미국인으로서, 말릭은 어쩌면 바드를 서서히 퍼지는 '진보의 전초기지'로서, 연쇄적으로 동화 작용을 진행시키는 데 전념하는 기구로 보고 반감과 불신을 가졌을지 모른다. 이것은 적어도 내가 마음속으로 접점을 만들어 낼 전략을 찾는 데 열중하는 사이에 떠오른 생각의 일부였다. 나는 이 영역에서 교도소 폐지주의 운동가를 포함해, 솔직히 말해서 개혁주의적이고, 민간기금으로 운영하며, 선별적으로 입학 절차를 진행하고, 내부 교과과정을 재정치화하기를 거부한다는 등 수많은 이유를 들며 바드에 분개하는 활동가를 많이 만났다. 자기들 눈에 바드가 중산층 방식이나 엘리트주의자의 문화적 선교로 보인다는 것도 그 이유 중 하나였을 것이다.

긴 침묵을 깨고 말릭이 말했다. "어머니는 항상 '너는 꼭 네 몫의 교육을 받아야 해. 그 사람들이 절대 네게서 빼앗아 갈 수 없는 것이니까'라고 말했어요."

나는 기다렸다.

말릭이 말을 이었다. "그런 말을 하는 사람은 어떤 사람일까요? 어떤 사람이 그렇게 **느낄까요**?"

"흠." 내가 진지하게 대답했다. "너무 많은 걸 잃어버린 사람이겠죠."

"너무 많은 걸 빼앗긴 사람일 거예요." 말릭이 고쳐 말했다.

나는 주춤했다가 다시 기념식 건으로 돌아갔다.

"알다시피, 만약 이게 저희에게 달린 문제였다면, 공식적인 지위가 어떻든 상관없이 당신은 지인을 전부 초대할 수 있었을 거예요. 행사장을 가득 채울 만큼 많은 사람을 초대했을 거라고요. 원래 대학에서 이런 행사의 초대장은 조금밖에 안 나와요. 그래도 여기서는 상황이 허락하는 한, 졸업생이 원하는 모든 사람을 다 포함할 만큼 폭을 넓힐 수 있었을 거예요. 그리고 저는 당신들이 항상 이런 일을 견뎌야 한다는 걸 알고 있어요. 대학이 겪는 건 많지 않고, 그게 저희가 하는 일의 일부이고요……. 하지만 제 말은, 이 졸업식은 다른 모든 사람, 다른 졸업생과 가족의 것이기도 하지만, 말릭 당신의 것이에요. 대학에도 어느 정도 지분이 있긴 하지만, 그보다 훨씬 더…….”

말릭이 잠시 물러서서 내 말에 대해 생각하고 있었다. 어쩌면 더 잘 반박할 방법을 찾고 있었을 뿐일지도 모른다. 아니면 그 행사를 마련하는 데에 졸업생과 다른 이들만큼이나 대학도 주요한 역할을 맡고 있다고, 그렇게 자임하는 듯한 내게 모멸감을 느꼈을 수도 있다.

그는 미소를 띤 채 아무 말도 하지 않았다.

나는 생각했다. **말릭은 슬퍼하고 있어. 잠깐 동안은, 이렇게 거부하는 몸짓만으로 해를 입힌다는 게 뿌듯해서 싸움을 즐기며 신이 난 것 같아. 하지만 당황스럽기도 한 상태야. 이 싸움이 사소하고 의미 없다는 걸 알고 있을 테니까.**

“이번 졸업을 축하할 권리를 스스로 얻어 냈어요.” 내가 말했다. 그는 침묵했다.

“가족도 마찬가지고요.”

이 말에는 반응이 있었다. “저는 그런 식으로 그들을 나누지 않을 거예요.”

“그분들은 이해할걸요……. 그분she은요.”

말릭이 눈을 찌푸렸다. “아니요. 이 결정은 **내가** 해요. 절대 그런 부탁은 하지 않을 거라고요.”

완전히 틀린 건 아니었다. 나는 이 상황이 말릭에게

어떻게 보일지 전부 다 이해할 수 있다고 생각했다. 그의 마음을 돌리려 애쓰고 설득하는 동안 연민의 감정은 뒤로 밀쳐 두었다. 말릭은 이 문제를 다르게 바라볼 수 없는 걸까? 내가 보기에 불합리하지만은 않은 규칙 때문에 자기만 손해를 볼 이 싸움을 계속하느니 다른 학생들과 마찬가지로 자기를 바쳐 함께 기반을 닦아 온 이 대학을 자기 것으로 만드는 일에 동참해야 하지 않을까?

내가 만약 이 문제에 대한 대학의 입장을 직접적으로 표현했다면, 말릭이 내 말을 좀 더 수긍할 수도 있었을 것이다. 내 직감은 다른 쪽을 향했다. 어쨌든 그런 말은 하지 않는다.

"알고 있겠지만, 우리에게 빚이 있다는 말은 절대 하지 않겠어요. 그런 건 다 쓸데없어요."

말릭은 눈길을 돌렸다. "쓸데없다고요. 그래요."

그 순간, 그가 눈을 돌리며 낮은 목소리로 말했을 때 나는 그 어느 때보다, 앞으로도 마찬가지로, 그에게 가장 가까이 다가갔다는 느낌을 받았다.

"악마가 찾아온 거예요." 말릭이 덧붙였다. 그 말을 듣자마자 가까워진 듯한 느낌이 깨어져 버렸는데, 사실 그러라고 한 말이었다.

"그게 무슨 뜻이죠?" 내가 물었다.

내가 잘못 들었거나, 말릭이 경솔하게 아니면

은유적으로 한 말이기를 바랐다. 비난하는 듯한 그 말에 마음이 상했다. 내가 알지 못했던 그의 마음과 삶의 많은 부분이 담긴 말. 그와 연결고리를 찾으려 애쓰다 실패한 나의 마음속에서 지나치게 크게 부풀어 오르던 그 말에.

"악마가 왔다고요. 이런 일이 일어나는 걸 보면."

"악마라니요? 진짜, 실제 악마를 말하는 거예요?"

"네. 저는 그렇게 믿어요. 제가 믿는 종교에서는 악마가 나와요. 그리고 이런 일은 전부 악마가 한 짓 때문에 생기는 거예요. 오만Hubris의……." 나는 다음 말을 기다렸다.

"속삭임이죠."

다시 한 번 그의 얼굴에서 슬픔과 역설, 도발과 체념이 뒤섞인 기묘한 표정이 나타났다.

시간이 다 되었음을 알리는 종이 울렸고, 우리는 헤어졌다. 가까이 다가갔지만 아무 데도 닿지 못했다. 말릭이 내가 헤아릴 수 있는 것보다 훨씬 더 많은 문제를 안고 있었다는 걸 알았다.

동부에서 빠져나와 지난 몇 년간 수없이 다녔던 길을 따라 운전하는 동안, 익숙하게 휘어져 나가는 길 위로 마치 최면에 걸린 듯 차가 나를 몰고 가는 느낌이 들었다. 눈부시게 아름다운 허드슨 계곡의 풍경을 다시금 둘러보며, 이 계곡 사면을 따라 솟아오른 잔혹한 교도소들을 떠올렸다. 목가적이지만 사람이 떠나간 시골 지역, 문 닫힌 상점들, 점점 늘어나는 대학 교수진과 자원의 행렬. 이렇게 멀리 떨어진 주립 교도소 재소자에게 향하는 다리를 놓는 사립대학에서 일하는 다국적 직원들은 대체로 시내의 이민자 거리에서 불과 한두 세대 전에 이주해 온 집안 출신이었다.

작고 분주한 거미처럼, 바드교도소사업단은 롱아일랜드 출신 이탈리아인, 크라운하이츠Crown Heights 출신 유대인 하시딤Hashidim과 아프리카계 미국인, 보르시벨트* borscht-belt의 휴양객 등 수십 년에 걸친 경제 변동에 따라 도시의 복잡한 사회생활로부터 떨어져 나와 주 북부로 흩뿌려진 파편을 한데 엮어 내고 있었다. 학위 수여식을 통해 바드교도소사업단이 초래한 독특한 사회적 혼합과 불편한 공존이 드러나고 강화될 것이다. 시내의 각기 다른 지역에서 이곳으로 이동해 온 졸업생들은 졸업식을 보러 교도소 안에 모여들 복잡한 구성의 청중을 어떻게 맞이할까? 그리고 이 질문에 대해 오직 졸업생만이 내놓을 수 있는 답 중에서 무엇이 우리를 위태롭게 할까?

* 뉴욕주 캐츠킬산맥에 형성된 유대인 호텔 단지를 가리킨다. 이 책에 등장하는 동부교도소와 멀지 않은 지역이다.

연설

졸업생 네 명의 연설이 기념식에서 중요한 순서를 차지할 참이었다. 이 교육이 자신에게 어떤 의미를 지니는지 밝히고, 몇 년 전 그린에서 열린 수료식에서 로이드가 그랬듯이 대학이 수감 생활과 어떤 관계에 있느냐는 질문에 각자 자기만의 대답을 내놓기로 했다. 그러니까 교도소 대학을 가능한 한 '일반적'인 대학 생활을 누릴 수 있는 곳으로 만들고자 하는 바드교도소사업단의 전반적인 접근법을 드러내는 일련의 의식이 이번 졸업식의 핵심을 차지하고 있었다. 강의실 안에 보이지 않게 드리워 놓은 바드교도소사업단의 운영 원칙을 표면으로 끄집어내는 것이 졸업식이 가진 힘이자 위험이었다.

무대에 오르는 졸업생들은 강당의 음향 설비를 통해 실시간으로 자신의 목소리를 내보내는 마이크 앞에 서서 아무런 방해물 없이 다수의 중요한 청중을 향해 직접 발언하는 그 특별한 자유를 누리게 되었다. 해당 교도소만 아니라 교정 체계 전반을 담당하고 운영하는 경비대와 공무원도 그날 행사에 참석할 예정이었다. 그중에는 학위 수여식에 대해, 그리고 고급스러운 기념식으로 고등교육을 기념하고 명예를 과시하는 행위에 대해 분개하는 사람도 있을 것이다. 한편 더 오랜 기간 교정과 갱생의 담론을 마주해 온 사람들은 사법 체계가 제공할 수 있는 가장 좋은 일에 함께하고 있다고 믿으며, 새삼 자신이 맡은 공적 업무에 담긴 존엄과 희망을 느끼고 감동에 젖을 것이다.

학위 수여식이 2주도 채 남지 않은 그날, 말릭을 설득하려다 실패한 바로 다음 날이었다. 나는 졸업 연설자 네 명 중에서 첫 번째로 연설에 나설 노블과 만나기 위해 또다시 빅토리아풍 교도소 건물 정면을 통과해 경비의 안내에 따라 뒤편에 있는 학교로 들어갔다.

몇 년 전 그린 교도소에서 연설문을 쓸 때 로이드 애덤스는 '헌법과 노예제도' 수업에서 다루는 중심 교재 중 하나인 『미국 노예, 프레더릭 더글러스의 삶에 관한 이야기』를 글의 뼈대로 삼았다.

그린에서 한 해 동안 꾸준히 성장한 끝에 동급생들의 압도적 지지로 연설을 담당하게 된 로이드와 달리, 노블은 학교에 들어오기 전부터 자신감이 넘쳤다. 독서량이 상당한 데다 말도 많고 설득력 있는 연설 실력도 갖추어 동급생들과 잘 어울렸다. 학생들은 친구, 동료, 공동학습자로서 그의 주위에 몰려들었다. 마치 대양을 항해하는 허먼 멜빌의 소설 속 인물처럼, 노블은 키 작고 통통해도 눈에 잘 띄는 매력적인 구심점 같은 존재로서 주변 사방이 자기를 중심으로 돌아가는 듯 보이게 했다. 그리고 이처럼 학생들 사이에서 받는 애정과 존중 덕에 학위 수여식 연설을 담당하는 졸업생 네 명 중 한 명으로 발탁되었다. 굉장히 명석했고 학점도 아주 높았다.

그래도 학생으로서의 노블은 실망스러웠다. 과제나 강의실 안팎에서 나누는 대화를 통해 나는 그가 뚫을 수 없는 벽을 두고 공부하고 있다는 것을 알았다. 성적은 잘 받았지만, 마주하는 저자와 그 사상을 온전히 파고들지 않았다. 전반적인 내용과 숨은 의미를 서술하고 솜씨 좋게 분석할 수는 있었다. 그러나 동급생이나 교수진, 저자에게 별 감흥을 느끼지 않았고, 정교하게 빚어낸 견해나 자기만의 주장을 내놓는 일도 거의 없었다. 만약 그런 것이 있었다고 해도 속으로 품고만 있을 뿐, 대학 생활을 통틀어 학생으로서나 지식인으로서나 노블 자신은 변하지 않은 듯 보였다.

언젠가 노블이 자기가 무어과학사원Moorish Science Temple이라는 아프리카계 미국인 종교 분파의 전통에 따라 성장했다고 말했다. 그는 입학 전에는 교도소 안에서 대학을 운영한다는 발상 자체를 회의적으로 보았다고 했다. 나는 그가 대학에 들어오기로 결정한 지 한참 뒤까지도 공부에 더 깊이 파고들지 않고 거리를 둔 것이 혹시 종교적 집단적 충성심 때문인지 궁금했다. 노블이 가진 놀라운 회복력과 변함없이 쾌활한 성격은 인종적 자부심, '향상'과 자립 강조, 대안적 기원설, 자기표현 방식 등 사원 운동과 관련된 사상에서 유래했을 가능성이 충분해 보였다. 그러나 어쩌면 바로 그러한 회복력을 키워 준 사상으로 인해 우리 대학에서 제공하는 것 같은 교육을 받아들이지 못하게 되었을지도 모른다. 이례적으로 뛰어난 재능을 가진 학생임에도 불구하고 노블은 우리와 함께 접하는 그 어떤 사상도 가슴을 열고 받아들일 뜻이 없고 마음 깊이 모셔 둔 지적인 우상들을 대학 공부 도중에 꺼내 놓을 의향도 전혀 없어 보였다. 절대로 이러한 내면의 삶을 공유하거나 비평하지 않고, 다른 삶의 방식과 맞대어 볼 만한 하나의 전통으로서 꺼내 놓지 않았다. (만약 노블이 충분히 오래 우리와 함께했다면 대학 생활에 더 깊이 파고들 방법으로서 무어과학사원의 역사를 졸업 논문 주제로 선택할 수도 있었을 것이다.) 그에게 지적 도전이란 내밀한 발견보다는 바깥 세계에 얼마나 통달하고 내면을 얼마나 잘 지켜 내는가 하는 의지를 시험하는 행위에 더 가까워 보였다. 최고 등급의 학점을 기록했음에도 불구하고, 다른 여러 학과의 교수들이 받은 인상도 이와 비슷했다.

노블을 만나려고 자습실에 막 들어서는데 복도에서 조지프가 나를 조심스럽게 막아섰다. 도처에 숨은 역설에 자극받은 듯, 특유의 연민 어린 눈빛으로 나를 바라보았다.

“무슨 일이죠?” 불길한 느낌에 내가 물었다.

“둘이 더 있어요.” 조지프가 은밀한 모의라도 하듯이 내 쪽으로 몸을 살짝 굽히며 낮은 목소리로 말했다. 온화한 미소가 호의적으로 보이면서도 약간 우쭐대는 느낌도 들었다.

“뭐가 둘이 더 있어요?” 내가 되물었다.

“캘빈과 샐비오요. 그 둘도 안 온대요.”

교도소에서 처음 맞이한 학생 중 한 명이자 내가 그동안 만나 본 학생 가운데 가장 재능 있고 지적인 매력을 지닌 학생에 속하는 이 오랜 친구를 가만히 바라보았다. 요컨대 졸업생이 두 명 더 줄었다는 말이었다.

“뭔가 관련이 있는 건가요?” 내가 물었다.

조지프가 어깨를 살짝 으쓱하며 얼굴을 찌푸렸다. 대학 자습실 쪽으로 몸을 틀며 “노블이 안에서 기다리고 있어요”라고 말했다. 내게 더 몰아붙일 틈을 주지 않고 문을 열어 나를 안으로 인도했다.

노블에게 연설문 초안을 건네받고 자리를 잡았다. 늘 그렇듯 눈을 아리게 하는 형광 불빛 아래, 리놀륨 바닥재와 콘크리트 블록 벽, 철제 가구 사이로 달그락대는 소음이 울려 퍼지는 가운데 마주 앉았다. 우리는 사방이 내내 소란한 와중에도 일종의 재치 겨루기에 빠져들기도 하며 대화에 심취해 언제든지 둘만의 사적인 공간을 형성할 수 있었다.

글을 막 읽으려는 찰나에 노블이 리처드 라이트의 소설 『미국의 아들』에 나오는 주인공 비거 토머스라는 인물을 중심으로 연설문을 구성했다고 말했다. 비거 토머스? 졸업식에서 우리가 처한 위태로운 상황에 대한 걱정이 다시 몰려왔다.

초안을 다 읽고 나서, 노블에게 큰 소리로 읽어 보라고 요청했다. 시간을 재고 운율과 어조를 여러 가지로 바꿔 보았다. 맑고 낭랑한 노블의 목소리에서 브루클린과 남부 지역의 억양이 묻어났고, 우아한 힘이 느껴졌다.

"여기 있는 우리는 모두 비거 토머스입니다." 노블이 연습 삼아 나를 청중이라 생각하고 큰 소리로 낭독했다. "여기 있는 우리는 자신을 어떻게 정의할지 뚜렷한 입장을 택했습니다. 우리는 모두 삶의 깊은 의미를 빼앗으려 위협하는 제약에 저항하며 살아왔습니다. 우리는 약점과 추한 일면을 그대로 지닌 채로, 우리 자신과 주위 사람들의 커다란 가능성을 믿고 그 가능성에 투자할 의지가 있다는 급진적인 선언을 내건 반역자입니다. 우리는 어제의 야수가 아닙니다. 우리는 실수와 실패, 실망의 집합체가 아닙니다. 우리에게는 회복력이 있습니다. 우리는 폭풍이 걷힌 자리에 남아 있는 존재입니다. 우리는 우리 자신에게서 의미를 빼앗아 가는 낙인을 받아들이지 않을 것입니다. 하여, 두려워하는 분들께 말합니다. '우리의 목소리는 죽지도 죽임당하지도 않고 다시, 또다시, 또다시, 또다시 기록될 것입니다. 감사합니다!'"

울림 있고 열정적이며 도발적인 연설이었다. 나는 다 마음에 들었다. 비거를 불러낸 점만 빼고.

노블은 다가올 학위 수여식의 가장 중요한 요소를 선명하게 드러내고 있었다. 적어도 무대 위에서나마 모두를 정점까지 이끌어 갈, 표상을 두고 벌이는 다툼 말이다. 노블은 정체성이 타인의 눈을 거친 정형화된 상으로부터 수동적으로 형성되는 것처럼 이야기하면서도, 의식적으로 자기를 형성하고 표현하는 것 또한 가능하며, 졸업식은 자기를 지키고 재형성하는 행위라고 공언했다. 거칠고 때로 강박적이기까지 한 교도소라는 환경에서 이는 대담하고도 중요한 주제였다. 그토록 강력한 기관에 붙들려 있는 한 남자가 공개적으로 자기가 처한 상황에 대해 근본적인 질문을 던지고 거침없이 답을 제시할 때 다가오는 특별히 강한 울림이 있었다.

하지만 나는 걱정스럽기도 했다. 나나 다른 졸업생과 가족을 제외한 나머지 청중, 그러니까 내가 업무상 고려해야 하는 또 다른 대상인 대학 측 내빈과 영향력 있는 주 공무원들에게 이 연설이 어떻게 들릴까? 그 생각을 하면

할수록 나는 연설 내용이 아니라 노블이 고른 상징적 기수, 비거 토머스가 마음에 걸렸다. 미국의 문화 정전에 등장하는 인물 중에서 대단히 논쟁적이며 인종적 격분을 불러일으키는 존재. 미국 공산주의 저항 문학의 상징적인 '니그로'이자, 우리 문학 전통에서 가장 악명 높은 가상의 흑인 살인자. 비거는 공포와 억눌린 분노에 휩싸여 백인 중산층 고용주의 딸을 침실에서 목 졸라 살해한 다음, 범행을 숨기기 위해 시신을 토막 냈다. 도주 중에는 강박에 빠져 혼미한 상태에서 연인을 강간 살해하고, 양심의 가책에 시달리는 마음과는 상반되는 행동을 저지르다 발각된 후 사형 선고를 받는다.

이런 상징이 부여된 인물을 그 어느 때보다 민감한 이 행사에 불러내는 게 과연 맞을까? 노블에게는 맞았을 테지만, 나와 대학 그리고 전체 학생 집단과 뒤이어 들어올 모든 사람의 입장을 생각하면, 의문스러웠다.

라이트는 비거를 악령이 씐 끔찍한 범죄자인 동시에 문화적 강박에 사로잡힌 인물로 제시했다. (소설 마지막 장 제목이 '운명'이다.) 비거는 오랜 인종차별 역사와 지속적인 경제적 인종적 모욕에 시달린 탓에 영혼이 비틀린 존재로서, 미국 도심 지역이 배출한 '자연적' 결과물의 상징으로 사용되었다. 엽기적인 동시에 감정을 자극하는 범행과 형벌이 부패한 사회의 산물인 비거를 순교자로 만든다.

자연주의 문학 전통에서 인간 세계를 형성하는 가장 중요한 힘은 사회 그 자체이고, 그 영향력은 연구하고 측정할 수 있으며 조작도 가능한 만큼, 어쩌면 비거의 이야기는 우리가 법과 인문학 수업 시간에 둘러앉아 토론했던 '타고난 방탕'의 중요한 변주였을 것이다. 그러나 학위 수여식에서는 비거라는 인물이 작중 설정에 비해 더욱 선동적으로 비칠 것 같아 두려웠다.

실제로 노블이 비거라는 상징을 활용하고 자신을 포함한 졸업생들을 거기에 빗댄 데는 숨은 의도가 있었다. 비거는 '운명'에 무릎 꿇고 말았지만 졸업생들은 공부를 통해 그 운명을 극복했다고 밝힘으로써 졸업식을 반상징으로 삼고자 한 것이다. 하지만 나는 그런 의도는 전혀 드러나지 않고 다만 저 끔찍한 비거를 극적으로 소환했다는 충격만 전달될까 봐 불안했다. 그러면 작중에서 그가 저지른 살인과 강간이 그러했듯이, 유린당한 비거 토머스라는 상징이 미국의 인종적 예속과 범죄 처벌 제도를 성토하는 용도로만 쓰인 뒤 비극적인 사형 선고와 함께 버려지고 만 청년이라는 논쟁적인 함의로만 남을 것 같았다.

비거를 대표적인 상징으로 쓰지 않으면 더 좋은 연설문이 될 것 같았지만, 내가 이 방향을 제안한 다음 이에 관한 노블의 생각을 듣다 보니 비거가 단지 상징적 의미에 그치는 존재가 아니라는 걸 알 수 있었다.

“『미국의 아들』을 처음에 어떻게 접했어요?” 내가 물었다.

노블이 미소 지었다. “대니얼, 공민학 수업에서 그 책을 다 같이 읽는 걸로 알고 있는데요.”

“음, 사실 공민학 수업에서는 『미국의 아들』을 읽지 않아요. 제임스 볼드윈이 그 소설에 관해 쓴 비평을 읽죠. 볼드윈은 그런 종류의 저항 소설이 문제의 일부가 되었다고 보았어요.”

노블은 아무 말도 하지 않았다.

“그러니까 제 말은 학위 수여식 무대에 선다는 것이 정말로 당신에게 어떤 **의미인지** 관심을 기울이고 있는 것만큼이나, ‘비거’라는 유명한 인물을 끌어들이는 데 대해서도 고민해 보았으면 좋겠다는 거예요.”

묵묵부답이었다. 그래서 내가 계속 말했다.

“볼드윈은 라이트가 그 소설에서 이룬 성취를 대단히 흠모했어요. 알다시피 자기가 쓴 산문을 모아 낸 책 제목도 라이트의 소설에서 따온 거였죠. 『미국의 아들의 기록』Notes of a Native Son. 정확히 말하면 대단히 신앙심 깊은 동시에 대단히 폭력적이었던 아버지에 관해 쓴 글이기도 해요……. 하지만 그런 입장에도 불구하고 라이트에 대해, 그리고 그 작가가 문학 정전에 끌어들인 상징에 대해 비판적인 태도를 보입니다. 책 제목을 그렇게 썼는데도 글에서는 볼드윈이 느낀 역설과 비판을 읽어 낼 수 있단 말이죠."

하지만 노블은 그 수업을 듣지 않았다. 전통적으로 동화 정책과 오만 그리고 '앵글로색슨'계 미국인 예외주의를 함축하는 단어인 '공민학'이라는 수업 제목에 회의를 느껴서 그랬을 것이다. 물론 내 수업은 많이 달랐다. 미국 자유주의 전통에 대한 심층적 비판에 더해, 항상 논쟁을 일으키며 끊임없이 변화하는 우리의 시민권을 구성하는 포함과 배제의 공생적 역사를 어떻게 바라보는지 탐구하는 시간이기도 했다. 그러나 나는 노블이 비거를 학위 수여식 청중 앞에 던져 놓기 전에, 적어도 내가 19세기 최고의 미국 작가라고 생각하는 볼드윈에게 비거가 어떤 존재였는지라도 반추해 보기를 바랐다.

"저는 그 수업 안 들었어요, 대니얼." 노블이 내게 말했다. "하지만 제 친구 조지프와 그 수업 이야기를 했죠."

노블이 미소를 지으며, 편하고 자신감 있는 어투로 말했다. "다들 교수님 수업 얘기 많이 하거든요. 그리고 조지프와 저는 사상이나 책이나 온갖 것들에 관해서 이야기를 나누는데, 그 작품, 있잖아요, 거기 담긴 발상이 엄청 충격적으로 다가왔어요. 비거가 저희와 닮은 부분도 많고, 그래서 그 작품에 담긴 사상에 저만의 시각을 결합시켜 봐야겠다고 생각한 거예요."

"용기 있게 잘 썼어요. 좋은 글이고, 저도 감동받았어요.

조금 더 의논해 보면 도움이 될 거예요."

노블이 라이트도 볼드윈도 읽지 않았다는 생각이 들자 마음이 불편해졌다.

"볼드윈의 비평을 되새겨 보면, 그가 라이트의 소설에 매우 비판적일 뿐 아니라 분노하기까지 했다는 걸 알 수 있을 거예요. 볼드윈이 다른 무엇보다도 **분노하는** 대상은, 당신이 아주 잘 써냈듯이 인물과 표상의 힘 그리고 과거라는 주제에 한결같이 어리석은 모습을 보여 온 미국이에요. 그렇게 일차적으로는 미국에 분노하지만, 동시에 자신보다 앞서 등장한 뛰어난 아프리카계 미국인 소설가 리처드 라이트에게도 실망하고 분노합니다. 문학적 창조물로서, 그리고…… 정치적 장치로서 비거 토머스에게 분노하는 거죠. 볼드윈을 격분하게 만드는 요인 중 하나는 상징으로서 비거가 가진 힘 그 자체예요. 그가 생각하기에 비거는 거칠게 그려 낸……."

나는 탁자에서 일어나 서가에서 볼드윈의 『미국의 아들의 기록』 대학판을 꺼내 들었다. 원래 노블에게 소리 내 읽어 달라고 할 생각이었지만, 내가 읽는 편이 낫겠다 싶었다.

내가 다음 단락을 읽어 보았다.

> 그럼에도 불구하고 (라이트는) 분노에 빠져 지낸 나날을 기록하는 동시에, 미국인이 '니그로'라는

> 말을 내뱉을 때 마음에 품는, 최초의 노예가 채찍을 맞던 그 순간부터 우리가 품고 살아온 그 허황되고 두려운 환상을 기록하는, 이전에는 어느 '니그로'도 하지 않았던 작업을 했다. 이 점이 『미국의 아들』이 중요한 이유이며, 불행히도 엄청난 한계를 안고 있는 이유이기도 하다.

노블은 듣고 있으면서도 아무 말을 하지 않았다.

"그러니까 이 단락을 보면 볼드윈이 라이트의 성취를 대단히 칭송하면서도 염려하고 있다는 게 드러나지요. 뭘 염려한 걸까요?"

노블이 말했다. "모르겠어요. 하지만 제가 하려는 말은 그게 아니라, 그렇게 세밀한 부분이 중요한지 잘 모르겠어요. 저는 제가 무슨 말을 하고 싶은지 명확히 알고 있거든요. 그게 이해가 안 될까요?"

"아뇨, 이해돼요. 하지만 당신의 연설문에는 대학, 그러니까 실제 대학 과정과의 연결고리가 하나밖에 없어요. 그 연결고리만 가지고 라이트의 소설에서 논란의 여지가 있는 상징인 비거를 인용했죠. 그래서, 네, 저는 이 점을 제대로 이해해야 한다고 생각해요. 다른 단락을 읽어 볼게요. 가장 어려운 부분이에요. 어렵지만 가치가 있죠. 마음에 들 거예요. 연설문을 더 탄탄하게 만들 방법을 찾을지도 몰라요.”

내가 계속해서 볼드윈의 글을 낭독했다.

> (……) 비거를 사회적 병폐를 드러내고 재앙을 예언하는 사회적 상징으로 창조하는 것이 바로 라이트의 의도였다. 하지만 나는, 우리가 이 가정을 더 주의 깊게 검토할 필요가 있다고 생각한다. 비거는 자기 자신과 자기 삶, 자기 사람뿐 아니라 그 밖에 어떤 사람과도 뚜렷한 관계를 맺고 있지 않은 것으로 보이며 (……) 그가 가진 힘은 사회의 기본 단위로서의 중요성이 아니라 미신의 화신으로서의 중요성에서 나온다.

이 문장들을 낭독하면서 나는 다시금 볼드윈이 이룬 성취에 경탄했다. 최전성기의 볼드윈보다 더 걸출한 근대 작가를 나는 결코 만난 적이 없다.

“어떻게 생각해요?” 내가 물었다.

“심오하네요. 멋진 글이에요. 대단해요. 제가 생각하고 있는 것도 그거예요. 아시잖아요, 사람들이 저희에 대해 갖고 있는 미신. 저희가 무슨 일을 저질렀는지는 저도 아주 잘 알고 있긴 하지만, 미신이죠.”

노블은 내게 보여 주었던 초안으로 눈길을 돌리더니

연설문을 읽기 시작했다. "우리는 어제의 야수가 아닙니다. 우리는 실수와 실패, 실망의 집합체가 아닙니다. (……) 우리는 우리 자신에게서 의미를 빼앗아 가는 낙인을 받아들이지 않을 것입니다."

"네, 무슨 말인지 알아요. 바로 이 '미신의 화신'을 좀 더 와닿는 표현으로 대체하려는 거죠." 내가 말했다.

노블이 소설 『미국의 아들』도, 볼드윈의 평론도, 아니면 이 두 작품보다는 더 그의 마음에 들었을 프란츠 파농의 글도 읽지 않은 것이 분명했다. 그럴 마음도 없는 게 틀림없었다.

노블의 연설은 오로지 무대를 차지하고 예복을 입고 학위증을 치켜드는 저항의 의식에만 초점이 맞춰져 있었다. 이러한 행위와 의식의 밑바탕을 이루는 수년간의 고된 학업의 시간, '대학'의 생명선이라 할 동료 학생들과 원전과의 상호 작용에 관해서는 아무런 언급도 하지 않았다. 이렇게 중요한 본질이 빠진 저항, 자기주장이란 **그저** 요식이 아닌가? 그저 미신이 아닌가?

내가 불편했던 건 노블이 로이드처럼 수감의 원인을 제공한 사건에 대한 자기 책임을 학위 수여식과 직접적으로 연결시키고 싶어하지 않아서가 아니었다. 이 자리는 회한을 털어놓거나 공표하는 자리도 아니고 가석방 위원회 앞에서 약속하는 자리도 아니었다. 그런 담화는 강압과 극도로 불평등한 조건하에서 엉성한 가짜 연설을 짜내는 데나 쓸 만한 것으로, 내게는 대체로 무의미하게 느껴질 따름이었다. 하지만 나는 노블이 '비거'를 원용하는 행위와, 졸업을 하기까지 학생들이 이루어 낸 의미 있는 작업에 대해 진지하게 고민하기를 바랐다. 어쩌면 비이성적으로, 또는 부당하게, 선동을 두려워했던 것도 맞지만, 자기가 연설문에 끌어다 쓴 원전을 직접 읽고 생각하는 과정을 아예 무시하는 듯한 노블의 태도에 화가 났다. 수업에서 다룬 원전을 끌어오는 행위를 통해 대학이 어떤 곳이었는지가 명확히 드러난다는 점에서 이런 연설문 작성 과정이 워낙 중요한 것이다 보니 감정이 더욱 격해졌다.

나는 이렇게 제안했다. "노블, 이번 행사의 성격상, 이 연설에서 남는 것은 당신도 거부하고자 하는 서늘한 미신 그 자체인 비거의 인상뿐일 거예요. 볼드윈의 평론을 다시 읽어 보고, 그라면 이 연설문에서 비거 토머스와 관련해 어떤 말을 했을지 생각해 보는 게 어때요? 알다시피 볼드윈은 탁월한 대중 강연자였어요. 꽤나 잔혹한 사내인 그 아버지가 목사로 있던 할렘의 강단에서 어린 연설자로 이름을 날린 아동 연설 영재였죠. 어쨌거나 책을 보면 다 알게 될 겁니다. 저는 다음 주에 다시 올 거예요. 여기 직원분이 연설문 수정안을 팩스로 본교에 보내 주면 그때 한 번 더 만나야 할 거예요."

"그럴게요, 대니얼." 노블이 연설문을 챙겨 강의실을 떠날 채비를 하며 말했다. 대부분의 우수한 학생과 달리 노블은 대학 강의실에 별로 머물지 않았고, 개인 시간에는 다른 곳에서 조지프나 다른 학생들과 대화했다. 쾌활하고 태연한 노블을 보니, 그가 연설문을 재고하거나 시간을 내어 볼드윈을 직접 읽는 일은 거의 없을 듯했다.

혼란스럽고 울적하고 실망스러운 마음으로 강의실을 걸어 나오는데, 숨을 돌리기도 전에 나를 발견한 샐비오에게 이끌려 좁은 복도 바로 건너편에 있는 빈 강의실로 향했다. 몇 시간 전에 조지프로부터 샐비오도 불참할 거라는 말을 듣고 놀랐던 터라 자세한 사정을 알고 싶었다. 나는 샐비오를 따라 들어가 문을 닫았다.

말릭과 마찬가지로 불만을 토로할 줄 알았는데 그렇지 않았다. 기념식을 통제하는 규칙은 샐비오와 아무 상관이 없었다.

"그냥 가고 싶지 않아요. 안 갈 거예요. 거기서 그러고 있는 걸 견딜 수 없어요."

이해가 안 되었다. "거기요? '거기'가 어딘데요?"

"**거기**, 강당 말이에요. 저는 야외에서 졸업식을 하고 싶었어요. 잔디밭에서요. 강당에서 하는 행사는 그냥 잔디밭 없이 하는 행사일 뿐이에요. 내가 얼마나 실패한 인간인지, 가족을 얼마나 실망시켰는지 일깨워 줄 뿐이죠." 샐비오가

울음을 터트렸다.

나는 소년 같은 샐비오의 얼굴을 들여다보다가 문득 희끗한 머리카락과 눈가와 입가에 드러나는 노화의 흔적을 발견하고 놀랐다.

작게는 획기적인 순간이랄 게 거의 없다는 점에서도, 수감 생활은 길고 힘겨운 여정이다. 단조로운 환경 속에서 시간의 흐름에 따라 인생에서 의미 있는 변화를 경험하는 역사를 박탈당하는 위험이 처벌의 중요한 부분을 차지한다고 볼 수 있다. 감형된 사형 선고처럼, 살아 있되 단지 나이만 먹는 존재로 그저 머물러 있는 거나 매한가지일 것이다. 이따금 유난히 젊은 외모를 유지하던 장기수들이 갑자기 몇 년을 건너뛰며 눈 깜짝할 사이에 나이 든 모습으로 변하는 걸 볼 때면 괴상한 방부제처럼 작동하는 교도소가 새삼 충격적으로 다가왔다. 학생들이 교도소와 대학 양쪽의 요구에 균형 있게 대응하기 위해서 끝없는 규칙과 장애물의 미궁 속에서 협상을 벌여야 했던 그 조건이, 내게는 항상 이 교육 기회를 지키기 위해 학생들이 얼마나 많은 타협을 해야 했는지, 그리고 우리가 매일같이 암묵적으로 얼마나 많은 요구를 그들에게 했는지를 보여 주는 표지로 느껴졌다. 분명 학생들에게는 그런 독촉이 전혀 필요치 않았다.

집에 도착해서 오래전부터 갖고 있던 『사라진 수많은 목숨들』을 다시 살펴보았다. 책상 뒤편 높은 벽에 기대어

놓은, 흔들거리는 3미터 높이의 낡은 사다리를 타고 올랐다. 위태로운 상층부에서 아슬아슬하게 균형을 잡으며 볼드윈의 첫 문장을 다시 읽었다.

> 과거가 죽었다고 믿는 것은 (……) 감상적인 착오다. 전부 지워졌다고, 니그로가 스스로 잊어버렸다고 말하는 것은 아무 의미가 없다. (……) 어린 시절 자기를 때리던 손과 두려움에 떨게 만들던 어둠을 기억하지 못한다 하더라도, 그 손, 그 어둠은 영원히 뗄 수 없는 존재로서, 어디로 도망치려 하든 그를 몰아가는 열정의 일부로 그에게 남아 있다.

이런 분노를 이런 우아함과 통찰력으로 녹여 낸 글을 본 적은 결코 없었다고, 나는 생각했다. 나이를 먹으며 내가 일하는 세상을 더 많이 경험할수록 볼드윈의 성취를 향한 나의 경외심은 더욱더 커지기만 한 모양이었다. 하지만 여기서 노블이나 내가 얻을 수 있는 실용적인 지침은 뭐가 있을까? 우리 학생 중 일부는 흑인이고 다수는 백인이나 아시아계, 라틴계이지만, 볼드윈이 천재성을 발휘해 씨름했던 그 문제, 그 싸움 끝에 거둔 성과를 모든 미국인의 유산으로 남겨 준 바 있는 바로 그 문제와 모두가 다 씨름하고 있었다.

내 마음은 다시금 로이드에게 향했다. 프레더릭 더글러스와 접점을 만들고자 시도했고, 재능 있고 고난도 많았던 가족으로부터 물려받은 모든 유산과도 연결점을 만들어 보려 했지만, 이제는 아마도 포기했을 듯한 그 사람에게로.

이틀 뒤 팩스로 노블의 수정안을 받았다. 바뀐 것은 본문의 단어 몇 개 정도였다. "반역"을 "저항"으로 바꾸었고, 젊은 소설가 볼드윈이 썼다는 "누구나 이야기를 품고 있으며, 그 이야기는 저마다 꺼내 놓을 가치가 있다"라는 문장을 하나 추가해 놓았다. 마음이 내려앉았다.

노블은 잘 해낼 수 있었다. 하지만 비거라는 도상을 무대에 올리는 무모한 즐거움을 택했다. 아니면 그저 내가 바랐던 대로, 읽어 보라고 한 대로 순순히 읽고 싶지 않았던 걸까? 노블은 우리가 대학에서 제대로 공부할 때 하듯이 이 작품에, 아니 사실은 그 어느 글에도 파고들 마음이 없는 게 분명했다. 단지 사례만 골라 쓰고 싶었을 뿐이었고, 그래서 볼드윈의 원전을 왜곡하여 거의 알아볼 수 없을 정도로 부정확하게 활용했다. 어찌 보면 사소한 조직 내부 정치 차원에서 약간의 강박증에 사로잡힌 나는 대학의 앞날이 위태로워졌다고 느꼈다. 거기에 더해, 자유교양학 정신이 공개적으로 버림받은 것처럼 느껴졌다. 어쨌거나 학생의 판단력과 지성을 존중하는 교사로서도 정치적 공간에 이 위험천만한 작품을 선보이는 안내자로서도 나는 맡은 임무를 감당하지 못하고 있었다.

노블이 인용한 볼드윈은 가짜였다. 볼드윈은 '누구나 이야기를 품고 있다'는 글을 쓴 적이 없다. 그런 식으로 쓰인 문장은 없었다. 그 인용문은 애초에 볼드윈이 글에 담았던 맥락에서 떨어져 나와, 역사의 재현이나 우리 세계의 상징을 구축하는 일을 표현하는 말인 양 활용되는 가짜 인용구, 심지어 의미 없고 진부한 문장에 불과했다.

원론적으로 졸업식 무대에서 인종에 대해, 교도소에 대해, 실존 인물이든 가상인물이든 미국인으로서 비거 토머스라는 인물상에 대해, 그 인물상이 자신을 포함한 졸업생들과 어떤 관계인지에 대해 무슨 말을 할지 결정할 권리는 노블에게 있었다. 거기에 내가 개입하는 것은 지극히 주제넘은 짓이 아닐까? 그렇다고 해도 그 상징을 선택하는 노블을 보고 내가 감지한 위험이 그가 대학 생활에 **임하는** 태도, 라이트의 비거든 볼드윈의 라이트든 원전을 직접 읽고 제대로 들여다보려는 자세가 얼마나 부족했는지와 관련이 있다고 판단하는 것은 정당하다고도 생각했다.

> "손에 권총이 쥐어졌으니, 그걸 쓸 생각이에요."

마지막 기회로 동부에서 다시 만났을 때 노블이 먼저 입을 열었다.

"팩스 받으셨어요?"

"네." 나는 고개를 끄덕이며, 손으로 만지작거리는 통에 구겨진 팩스 용지를 꺼내 들었다.

노블은 내 반응이 진심으로 궁금한 듯했다.

"중요한 단어를 좀 바꿔 보았어요. 하지만 핵심은 손대지 않았어요."

"네."

"반역은 뺐어요. 저항으로 바꿨죠."

내가 말했다. "네, 그것도 사소하지는 않죠. 이봐요, 노블. 제 생각에 당신은 졸업식을 본다는 기대를 품고 정문을 통과해 강당으로 들어오면서 청중이 떠올릴 심상에 대해서 상당히 중요한 지점을 언급하고 있어요. 여기 있는 사람은 어떤 사람인가 하는 것이죠. 하지만 지난번에 제가 말했듯이 이 이야기를 하는 데에 비거 토머스를 이용하는 것은 만만찮은 일이에요. 어느 정도 조심스럽고 정밀한, 그런 작업이 필요하다는 말이죠. 그리고 저는 정말로 이 연설문이 본인의 의도와 정반대의 기능을 하는 면이 있다고 생각해요. 기념식에서 인종적으로 왜곡된 심상을 제거하는 것이 아니라, 그러니까 도리어 고착시킨다는 거죠. 바로 이 점이 라이트의 소설에 대해 볼드윈이 염려한 바가 아니었나요? 이 부분을 한번 낭독해 줄 수 있겠어요?"

나는 집에서 챙겨 온, 밑줄이 그어진 볼드윈의 책을

넘겨주었다.

> 이 소설의 이면에는, 내가 보기에, 파괴하려고 쓴 그 무시무시한 전설을 지속시키고 보완하는 요소가 담겨 있는 듯하다. (……)
>
> 비거의 비극은 그가 냉혈한이라거나 흑인이라거나 배고프다거나 심지어 미국에 사는 흑인이라는 데에도 있지 않다. 그게 아니라, 그가 자기 생을 부정하는 신학을 받아들였고, 인간 이하의 존재가 될 가능성을 수긍한 탓에, 날 때부터 물려받았다는 그 잔혹한 규준에 따라 자기의 인간성을 지키려는 투쟁을 하도록 내몰렸다고 느낀다는 점에 있다. (……) 실재하며 뛰어넘을 수 없는 범주화 자체가 그의 것이라는 입장을 고수하면서 삶을, 인간 존재를 거부하고, 아름다움, 두려움, 권력을 부인한다는 점에서 저항 소설로서는 실패한다.

"인상적이네요." 노블이 말했다. "하지만 이걸로 뭘 더 하라는 거죠?"

"저도 모르겠어요. 솔직히, 뭘 해야 할지 판단이 서지 않아요."

“그래요.” 그가 말을 막았다. “여전히 요점이 뭔지 정말 모르겠어요. 저는 그 범주화가 실재가 아니라는 걸 보여 주고 있는데요.”

“보세요, 노블. 만약 ‘비거’가 지금까지도 당신과 여기 있는 사람들의 운명에 어느 정도 영향을 끼치는 유령으로 남아 있는 게 사실이라면, 거기에 도전하고 변화를 일으키기 위해서는 더욱 세심한 수사적 투쟁을 전개할 필요가 있어요. 그게 아니라면, 그저 볼드윈 때문에 그러는 건가요? 애당초 비거를 들먹이는 이유가 뭐죠?”

내 목소리가 점차 잦아들자 노블은 우두커니 나를 바라보았다. “그러니까 제 비유가 마음에 안 드시는 거네요. 교수님과 다른 사람들을 죄다 불안하게 만든다는 거죠. 좋아요. 제가 힘을 좀 빼 볼게요. 잠시 시간을 주세요.”

내 말은 교사나 동료보다는 검열관이 하는 말에 더 가깝게 들렸다. 나는 정말로 그런 존재가 되고 만 것일까? 나는 태도를 바꿔 보았다. 더 간곡하지만 진심은 덜어 낸 목소리로 말했다. “이번 행사는 알다시피 바드교도소사업단 최초의 졸업식이 될 거예요. 이 안에서 당신과 맥스, 저, 그리고 다른 모든 사람이 수년에 걸쳐 해 온 일을 세상에 알리는 자리예요. 대학이 주 교정부보다 훨씬 힘이 약하다는 건 잘 알고 있겠죠.”

“물론이죠. 그건 잘 알죠. 저는 교수님과 맥스를 주

교정부와는 전혀 다르게 생각해요. 알잖아요, 대니얼."

"저도 알아요, 노블. 그건 제게 정말 의미 있는 일이에요. 그리고 주 교정부가 더 신경 쓰는 게 뭔지도 너무 잘 알잖아요. 그걸 뭐라고 불러야 할까요? 사람들이 대체로 느끼는 감정 말이에요." 나는 잠시 멈췄다가 덧붙였다. "뉴욕의 감정."

노블이 웃음을 터트렸다. "뉴욕 주민의 감정이죠." 그가 웃으니 다시 그와 가까워지는 느낌이 들었다. 볼드윈과 비거에 대해 설명하는 데에 신경을 덜 쓸수록 말이 더 쉽게 나왔다.

"정말 그래요. 그렇지 않아요? 우리에게 가장 중요한 제도적 협력자가 언제든 한 발만 떼면 위험한 적대자에게 돌아갈 수 있는 근거리에 있다는 사실 말이에요. 게다가 우리는 토요일에 오를 무대보다 더 큰 자리는 경험한 적이 없어요."

나는 조심스럽지만 닦달하는 교사에서 계산적인 관리자로 입장을 바꾸어 보았다. 어쩌면 노블이 대학의 당면한 이해관계에 더 도움이 될 만한 방향으로 글을 써 볼지 모른다는 희망을 품고, 권력과 주인의식에 대한 노블 나름의 감각에 호소해 보려는 것이었다.

"아주 많은 것이 여기에 걸려 있어요. 우리는 당신의 뒤를 따라 대학에 들어올 사람들이 있기를 바라고, 그들이 누릴 기회가 어느 정도는 이 과정을 지키고 넘겨줄 수 있는 당신의 능력에 달려 있어요. 노블 당신도 동문, 그러니까 대학 교육의 특권을 누리는 소수 집단의 일원으로서 교도소 대학을 재건하는 몇 안 되는 개척자 중 한 명이라는 사실을 염두에 두세요. 다음 주에 연설할 때 이 대학의 대표자라는 마음가짐으로 단상에 오를 수도 있겠지요. 재소자나 학생으로서만이 아니라, 대학과 교정 체계를 통해 교도소 대학이 이루려는 목표를 대표하는 사람으로서 행동할 수 있단 말이에요. 정치인처럼요."

노블은 아무 말 하지 않았지만 작은 의자에 기대고 있던 몸을 앞쪽으로 내밀며 고개를 끄덕였다. 자신이 이끄는 기관을 대표하여, 신중한 계산에 따른 이해타산에 발맞춰 움직이는 정치인이라는 상이 그에게 아주 잘 맞았던 모양이었다. 그때 내 말이 건방지게 들렸을 것을 알았지만, 그건 나 자신에게 하는 말이기도 하다고 생각했다. 노블이 연설문에 끌어다 쓴 원전, 소설 속 비거 토머스에 대한 두려움, 마구 헝클어진 볼드윈의 평론, 손만 대어 보고 물러서 있고자 하는 이 졸업생의 바람. 이 모든 복잡한 문제가 내가 써먹기로 한 이 새로운 기교에 묻혀 사라져 갔다.

노블의 위협적인 초안이 놓인 탁자를 사이에 두고 마주 앉은 채로, 나는 줄곧 그의 등 뒤편에 걸려 있는 벽시계를 바라보았다. 면담 후 노블과 다른 학생들은 수감동으로 돌아가고 나는 건물 밖으로 나가야 하는 그때가 오기 전에 또 다른 연설자를 만나 초안을 한 편 더 검토해야 했다.

노블 역시 면담이 끝나고 강제로 '복귀'해야 할 때를 기다리며 시계를 힐긋거렸다. 헤어질 때가 정해져 있다는 사실에 안도감을 느끼는 듯했다.

복도를 지나 조지프를 만나기 전까지 몇 분 정도의 소중한 시간이 남아 있었다.

내가 노블의 손에 손을 뻗었다.

"노블. 이건 진심으로 하는 말이에요. 토요일에 당신은 무엇이든 하고 싶은 말을 할 수 있고 하게 될 거예요. 우리 서로 생각이 다르다는 데는 동의할 수 있어요. 위험을 감수할 마음이 있다면, 손댈 곳은 하나도 없어요. 이 사업은 다 같이 해 온 것이고 앞으로도 그럴 거예요. 다만 이제 동문이 된 대학을 대표해서 어떻게 하는 것이 가장 효과적일지 꼭 생각해 봐 주세요."

노블이 평소처럼 장난스럽고 태연자약한 모습으로 출입문에 서서 나를 바라보았다.

미소를 지으며, 그가 내게 이별의 말을 건넸다.

"손에 권총이 쥐어졌으니, 대니얼, 그걸 쓸 생각이에요."

조지프

귓가에 노블의 말이 맴도는 채로, 조지프를 만나기 위해 하얗게 칠해진 복도를 걸어갔다. 시간은 한 시간 정도 남아 있었다. 다음 면담자와 연설문에 집중하기 위해서 캘빈과 샐비오가 참석을 거부했다는 소식을 머릿속에서 지워 버리려 애썼다.

조지프는 복도 건너편 강의실에서 평소처럼 다른 학생들의 과제를 도와주고 있었다. 그는 대학 운영에 참여하고 있었고, 뒤이어 대학에 들어올 또래 학생 몇 명의 조언자 역할을 맡을 예정이었다.

북적이는 공간에서 나가기로 한 우리는 복도 건너편 컴퓨터실 구석에 자리를 잡았다. 플라스틱과 크롬 재질의 의자 두 개에 나란히 앉았다. 무려 2년 전, 주 북부에서도 두 개 카운티를 더 지나야 하는 먼 곳에서 로이드와 함께 앉았던 자리와 꼭 같았다.

내 옆에 앉은 사람은 아주 어릴 때부터 대단한 창의력과 지적 잠재력을 갖고 있었던 것이 틀림없었다. 체포될 당시 그는 입학하기 대단히 어려운 브롱크스 과학고등학교 학생이었다. 나는 직업 때문에, 조지프는 신중한 성격 때문에 말을 아꼈지만, 우리는 서로 강한 애착과 존경심을 갖고 있었다. 우리 둘은 생일이 같고 나이도 거의 비슷했다. 4년 동안 조지프를 가르친 나는 앞으로 그가 새 삶을 맞이해, 이미 내 마음에서 그러하듯이 우리가 또래로서 더 편하게 만나게 될 때를 고대하고 있었다.

맥스가 바드교도소사업단의 첫 입학생을 모집하던 당시, 교정부에서는 이 사업을 성공적으로 시작할 수 있도록 도와주려는 의도로 입학생 전원을 이전에 대학에 다닌 경험이 있는 사람으로 구성하는 방안을 제시했다. 불과 5년 전만 해도 동부에는 공공기금으로 운영하는 대학 두세 곳이 활발히 운영되고 있었고, 거기 다니던 학생 중 다수가 여전히 교도소에 남아 있었다. 그리하여 바드교도소사업단의 첫 입학생은 대부분 교도소 대학에 다닌 경험이 있는 사람으로 채워졌다. 그래도 맥스는 교정부에서 제시한 방안에 예외를 두어 두 사람을 더 뽑았는데, 그 자리에 들어온 사람이 말릭과 조지프였으니 결과적으로 정말 잘한 일이었다.

그러나 내가 합류했을 때, 고졸 검정고시와 성인기초교육(ABE)을 관장하고 대학 부지 운영을 맡는 고용직 공무원인 교육 감독관이 경고하기로, 조지프는 영악한 수준을 넘어설 정도로 머리가 좋고 다루기 무척 까다롭다고 했다. 그들이 반공식적으로 일러 준 조언에 따르면 지나치게 몰입하는 조지프의 성향은 교정교육학 또는 범죄심리학에서 그에게 딱 들어맞는 특정 유형의 범죄자가 보이는 특유의 강박적 성향이라는 듯했다. 그는 교도소의 작동 방식, 운영 방침과 그 효과 등에 관해 생각이 너무 많은데, 이론에 따르면 이는 명석하지만 다루기 힘든 부류의 재소자에게서 나타나는 편집증적 반응이었다. 요컨대 이런 유형에 역량을 허비하지 말라는 게 그들의 조언이었다.

누구나 이러한 유형화, 성격론, 유사 평가가 난무하는 가운데 살아가지만, 교도소 같은 시설에 있는 사람에게는 분명 이런 상징이 주는 압박이 특히 더 클 것이다.

대학에 들어온 조지프는 실제로 엄청난 집중력을 보이며 공부에 몰두했다. 교도소에서 진행한 나의 첫 강의에서 헨리 클레이의 '1850년 타협안'Omnibus Bill of 1850에 관한 시험 문제에 엄청나게 상세한 답을 제출하는 바람에 나는 답안지를 채점하기 전에 관련 서적을 살펴봐야 했다.

조지프는 사실만큼이나 개념을 엄밀하게 다루었다. 다른 강의에서 우리는 정치 전통에서 핵심적이면서도 항상 변화하며 논쟁의 대상이 되는 '자유'를 핵심 개념으로 다루는 역사가 에릭 포너의 글을 읽었다. 수강생들에게 글의 핵심 사상을 요약해 보겠느냐고 물었을 때, 조지프가 이렇게 답했다. "요점은 자유에는 역사가 있다는 거예요. 죄송해요,

정확한 표현이 아니네요. 자유의 **개념**에는 역사가 있다는 겁니다."

그리고 조지프가 다른 교수의 문학 수업에서 쓴 단편 한두 편과 인류학 수업 과제를 읽었을 때는 익숙한 일상의 사소한 부분에 숨어 있는 의미의 층위를 알아보는 예리한 눈도 갖고 있다는 걸 알 수 있었다. 그는 추상적인 개념을 좋아했지만, 말로 하든 안 하든 일상적 교류 속에서 사소한 것을 유심히 관찰하여 탐구하는 데 뛰어났다.

지적 허영에 빠질 만도 했건만 조지프에게서 오만은 전혀 찾아볼 수 없었다. 그가 스스로 쌓아 올린 자부심은 우위를 입증하는 것과는 아무 관계가 없었다. 뛰어난 지적 활동을 직접 하기도 좋아하고 지켜보는 것도 좋아했다. 사회적 민감성이 높아, 경험이나 역량이 부족한 학생이 대다수를 차지하곤 하는 강의실에서 주위 분위기를 잘 살피며 수업에 임했다. 언제부터인가 대학에서 친구가 된 몇몇 학생의 조언자 역할을 하기 시작했다. 아직 입학하지 않았지만 꼭 참여하길 원하는 재소자들을 북돋우고 가르쳐 주기도 했다. 자기는 대학 공부도 지원도 할 능력이 안 된다고 느끼는 재소자를 설득할 때도 많았다. 자기 공부에도 시간을 많이 들였지만, 다른 학생에게 수학을 가르치거나 원전을 자기 식으로 바꿔 쓰는 작업을 도와주는 모습도 자주 볼 수 있었다. 나는 조지프의 연설문이 졸업식에 마음 놓고

당당히 내놓을 만큼 통찰력과 신중함을 모두 갖춘 수사학의
결정체일 거라는 기대 속에 초안을 무척 고대했다.

그리고 드디어 조지프가 넘겨준 연설문을 읽었다.

충격적이었다. 실망스럽고, 지루했다.

교도소에서의 변신을 번데기에서 나비로 변하는 애벌레에 비유한 내용이었다. 그러니까 그저 청중이 보통 재소 학생에게 기대하고 바라는 상에 가장 잘 맞아떨어지는 글이었다. 교도소 대학의 치유 효과를 칭송하며 치켜올리고 있었다. 더 큰 문제는 두서없고 따분하다는 점이었다. 평소 몹시 이성적이면서도 함축적이고 복합적인 조지프 특유의 목소리가 이상할 정도로 지워져 있었다.

노블이 그토록 기꺼이 끌어안았던 '체제'에 대한 저항이라는 유혹 앞에서, 조지프는 아첨과 순응으로 기계적인 대응의 산물을 내놓았다. 공식적인 가석방 신청서라는 게 있다면 거기에 쓰기 딱 좋을 글이었다.

어떻게 해야 이런 글에 침착하게 대응할 수 있었을까?

나는 초안에서 삭제하고 다시 쓰면 좀 나아질 만한 구절이 있을까 싶어 훑어보았다. 그러다 예시로 살짝 언급하고 지나간 축제fête이라는 용어를 찾아냈다. 바드의 역사학 교수인 마이라 암스테드의 강의 시간에 배운 18세기 미국 축제를 가리키는 말이라고 했다.

나는 조심스럽게, 너무 익숙한 비유를 사용한 탓에

연설문의 전개가 뻔하게 느껴진다고 말했다.

"그러니까 제 말은, 조지프, 교도소 내에서의 '변신'을 표현하기에 딱 맞는 비유가 정말 없었을까요? 인과적인 측면에서 볼 때, 실제로 교도소 대학에서 일이 얼마나 복잡하게 돌아가는지 저보다 더 잘 알 거 아니에요? 흔히 이러하리라 짐작하는 공식적인 이야기와는 전혀 다르다는 걸 말이에요."

조지프가 고개를 끄덕이며 나를 응시했다.

"그럼 여기 이 부분부터 고쳐 써 보면 어떨까요?" 내가 물었다. "3쪽, 그래요. 여기 있네요. 마이라의 강의에서 배웠다는 그 사례. 역할 반전 축제? 거참 흥미로운 소재네요."

잠시 말을 멈춘 사이에, 나를 바라보는 조지프의 입꼬리가 살짝 올라가는 게 보였다. 하지만 그는 아무 말 없이 듣고만 있었다.

"지금 가져온 초안에서 가장 탄탄한 부분이 여기예요. 실제로 대학을 다니면서 얻은 경험에서 나온 것이니까요. 그게 졸업식과 관련이 있다고는 **했지만**, 왜 어째서 그러한지는 설명하지 않았어요. 저는 그 책을 읽어 본 적이 없는데요. '영속적인 축제'라는 게 무슨 뜻인지, 그게 졸업식과 무슨 관계가 있는지, 한번 이야기해 봐요."

교도소에서 지급한 안경에 가려 조지프의 눈빛이 읽히지

않았다.

마침내 그가 아주 무덤덤하게 말했다. "써 놓은 연설문이 하나 더 있어요. 하지만 그건 접어 두었죠." 그러고는 내가 들고 있는 초고를 가리켰다. "그건 2안으로 쓴 거예요. 제 생각에 그게 더…… 적절할 것 같아서요."

속을 알 수 없는 조지프의 표정을 똑같이 따라 하며 그를 바라보았다. 나는 솔직함의 미덕을 좋아하는 편이라 평소에는 그런 행동을 거의 하지 않았다.

"더 적절하다니 누구에게 그렇다는 거예요? 저에게요?"

조지프는 어깨만 으쓱할 뿐 아무 말을 하지 않았다.

노블과 이야기를 나눈 게 틀림없었다. 어쩌면 비거를 끌어오는 데 대해 내가 지나치게 강압적으로 반응했다는 이야기를 듣고 영향을 받은 걸까?

그러자 문득 한참 잊고 있었던 일이 떠올랐다. 조지프는 이미 동급생들의 선택을 받아 연설한 적이 있었다. 그린에서 로이드를 포함한 학생들이 그토록 자랑스러워했던 조촐한 수료증 수여식의 연사 중 한 명이었다. 이번만큼 거창하지는 않았던 그 행사는 우리가 처음으로 연 교도소 대학 시범 학기의 성공적 종료를 기념하는 시간이었다. 물론 임시로 마련한 수료증도 배부했다.

그 행사에서 조지프는 대학 교수진과 다른 재소자들 앞에서 상투적인 표현으로 부드럽게 돌려 쓴 평범하고

식상한 연설문을 낭독했다. 그리고 얼마 후에 다른 학생들이 내게 말하길, 그가 행사 하루 전 즈음에 따로 연설문 초안을 낭독하는 시간을 마련했는데 그때 본인만 아니라 주위 여러 학생도 함께 울었다며 아쉬워했다. 수년 전 그날, 조지프는 행사가 열리기 직전에 자기가 공들여 훌륭하게 써 놓은 연설문을 갑자기 안전하고 시시한 문장으로 고쳐 쓰기로 마음먹었다.

이 뒷이야기를 어쩌다 잊어버렸던 걸까? 오는 토요일의 가장 큰 기대주인 이 연설자는 이보다 부담이 훨씬 덜한 자리에서도 비슷한 상황에 처하자 입을 다문 전적이 있다.

내가 말했다. "조지프, 저는 대학의 이해를 최우선으로 고려해야 하는 입장으로 이 자리에 와 있어요. 알다시피 졸업식이며 대학이며 교도소며, 하여간 온갖 일이 벌어지는 상황 속에서 우리에게 도움이 되는 방향을 고민하는 게 제 역할이란 말이에요. 그러니까 일단 지금은 뭐가 적절하고 적절하지 않은지 고민하는 일은 **저에게** 맡겨 보는 게 어때요? 원래 준비한 연설 내용을 지금 보여줘 봐요. **정말** 하고 싶었던 이야기를요."

조지프가 때를 놓치지 않고 질문했다.

"슈미트 씨 사건 기억해요?"

기억하고 있었다. 교도소 일을 하면서 맞닥뜨린, 마치 소규모 전투처럼 터졌던 순간 중 하나였다. 대개 무사히 넘어가지만 때로는 크게 터지기도 한다. 그런 이야기는 평소에 잘 꺼내지 않기 때문에 대체로 기억 저편에 묻혀 있는 편이다. 일기장이나 집으로 보낸 편지, 아니면 한참 뒤에 교도소 일지나 단편소설, 사고 보고서 같은 데서 발견되기도 한다.

밖에서 드나드는 교사 입장에서 그런 돌발 상황은 정문에서 경비 직원의 검문을 받을 때나, 어쩌다 보니 강의실을 벗어나 교도소 내부와 학교 사이에 있는 복도에서 교정 직원이나 학생, 그 밖에 다른 재소자를 만나려 할 때에 겪게 된다.

슈미트 씨 사건을 돌이켜보았다. 몇 달 전, 내가 진행하던 강의 시간이 끝난 뒤에 다 같이 복도 건너편 다목적 도서실로 이동하던 중이었다. 교육 감독관 사무실 바로 옆이었다. 나는 할당된 시간을 넘기고 허가받은 영역도 벗어난 그곳에서 학생 몇 명과 대화를 나누고 있었다. 교도소 복도와 대학 강의실 사이의 경계선 언저리를 배회하고 있었던 것으로, 그렇게 복도에서 서로 어울리는 건 교도소 규정에 어긋나는 행위였다.

그러다 보니 슈미트 씨의 눈에 띄었다. 그는 평소 우리 학생들, 그에게는 재소자인 이들이 대학 교수와 함께 강의에 관해 능숙하고 열정적으로 이야기하는 모습에 늘 모욕감을 느꼈다.

“**이게** 뭡니까? 새로 생긴 길모퉁이인가요?” 슈미트 씨가 쾌활한 목소리로 비꼬듯 말했다.

학생들이 즉시 입을 다물었다.

안 보이는 데에서야 무수히 겪는 사소한 모욕일 테지만 이번은 달랐다. 교도소와 학교 사이 슈미트 씨의 관할 영역에서 벗어나 있기는 해도 깨어지기 쉬운 ‘다른 세계’인 대학 공간에서 함께 지내는 사람인 내 앞에서 벌어진 일인 것이다. 학생들은 어떤 말투를 쓰건 처벌받을 각오를 하지 않고서는 대꾸를 할 수 없었다. 일상적으로 일어나는 일이긴 해도 방문 교수가 보는 가운데 이런 적은 거의 없었다. 사실 대학 생활의 근간은 그들을 가두고 있는 시설의 **지배적인** 양식과 대비되어 더 강렬하게 부각되는 사상과 표현의 자유, 자기표현에 있었다. 잠정적으로 형성되는 대학 공간에서 규율은 여전히 강력하게 작동하면서도 분리, 재조합된다. 지상낙원은 아니지만 대학이 불러내고, 학생들이 형성하고, 대조적인 교도소 환경이 강화시키는, 분명 이상향을 떠올리게 하는 그런 공간이다.

슈미트 씨는 아마도 친근하게 대했다고 생각했을 것이다.

나는 더 고민하거나 똑같은 말투로 반응하지 않고, 곧바로 고쳐 말했다. “**아뇨**, 새로 생긴 길모퉁이라니요. 여기는 새로운 **광장**입니다.”

이 사건을 떠올린 후 내가 말했다. "네, 조지프, 그 대화 기억해요."

"저, 연설문에 그 이야기를 썼어요. '이게 뭡니까, 새로 생긴 길모퉁이?'라던 슈미트 씨의 말도 그랬지만, 교수님이 '아니요, 새로운 **광장**입니다'라고 대답한 것도 흥미로웠거든요. 처음에는 물론 그 대답이 마음에 들었어요. 그러니까 슈미트 씨가 뭘 지적하는 건지도 알고, 우리가 강의실을 벗어나 다 같이 어울려서는 안 되는 복도에 몰려나가 있었던 사실도 알고 있었단 말이에요. **교수님**이 무슨 뜻으로 그렇게 대답했는지까지도요. 하지만 나중에 그런 생각이 들더라고요. **잠깐만**, 지금 권한을 갖고 있는 백인 두 명이 **우리**가 누구이고 뭘 하고 있는지를 설명하고, **광장**은 '좋다', **길모퉁이**는 '나쁘다'는 식으로 정의 내리면서 **우리**에 관해 이야기하고 있잖아." 말을 하는 조지프의 눈이 반짝였다. "제가 보여 드리지 **않으려고** 하는 그 초안에 썼어요. 우리를 명명하고, 대학에서 공부하는 우리가 무엇을 하고 있는지 규정하는 교수님과 슈미트 씨에 관해서요. 그리고 그거, 길모퉁이에 대해서도 썼어요."

조지프는 여기서 잠시 멈추었다가 다시 이야기를 시작했다.

"저는 옛 동네가 너무 그리워요. 브롱크스도, 길모퉁이도. 여기 이 대학에서 공부하는 시간, 그게 저한테 어떤 의미인지 아시죠? 그건 지금의 제가 예전 그 기분을, 그 길모퉁이를, 그리고 집에서 보낸 제 인생 최고의 시절을 가장 가깝게 떠올릴 수 있는 시간이란 말이에요. 그래서 이런 장면을 그려 보았어요. 여기서 저희를 가르치는 교사 중 한 명이 자기 차에 저희를 태우고 옛 동네로 데려가서, 저희와 닮은, 저처럼 생긴 애들이 길모퉁이에 우르르 서 있는 모습을 잠긴 차 문의 유리창을 내리고 내다보면서 이렇게 말하는 거예요. '봤어요? 저 사람들 아마 거래하는 중일 겁니다.'"

여기서 그가 또 한 번 말을 멈추었다.

"그리고 그 말이 맞을 거예요. 저희는 대부분, 거래를 하고 있는 게 틀림없어요."

나는 기쁨을 감추기 어려웠다. 차 문을 잠그고 유리창을 내린 채 내다보며 규정하는 '교사 중 누군가'에는 슈미트 씨만 아니라 나도 해당한다는 사실을 알고 살짝 움찔하기는 했다. 그러나 조지프가 사고하는 방식이 인상적이었고, 말하는 방식도 재미있었다.

조지프가 말을 이었다. "저기 저 강의실 입구에서 교수님 수업에 대해 이야기 나누던 그때처럼, 저희끼리는 실제 사람들이 소통하듯이 이야기를 많이 하잖아요. **그게** 거래죠. 뭐가 불법이고 합법인지 누가 알겠어요?"

대학에서 느끼는 환희, 사회 이론에서 연산까지 아우르며 점점 수준이 올라가는 학업에서 거두는 좋은 성과는 조지프가 십 대 시절 브롱크스에서 누리던 삶의 일면에 해당했다. 대학에서 제공할 수 있는 모든 형태의 학습을 수행하는 것은 집에서 살 때 익혔던 생활 방식과 학습 방식을 더욱더 존중받고 보답받는 일이었다. 물론 학문을 대할 때 그는 비판과 찬사를 모두 다 활용했다. 나는 그의 유머 감각이 참 좋았다. 하지만 무엇보다도, 조지프가 동등한 관계에서 나누는 자유로운 대화를 통해서 나에 대해, 그리고 나와 슈미트 씨가 가진 지위에 대해 자기가 분석한 바를 들려줌으로써 조지프 같은 사람이 사려 깊은 말과 행동으로 형상화할 때 실현되는 지상낙원으로서의 대학을 누구도 흉내 낼 수 없는 그만의 방식으로 내게 보여 주었다는 점이 나를 들뜨게 했다.

나는 미소를 지으며 말했다. "이게 왜 논란거리가 될 수 있다고 생각하는지 알겠어요. 하지만 제 생각에는, 졸업식에 이보다 **더** 적절한 연설이 있겠나 싶어요. 정말 멋져요." 그리고 덧붙였다. "그리고 조지프, 이 이야기, 당신이 안주머니에 품고 있지만 제게는 보여 주지 않을 그 연설문에도 축제가 등장하나요?"

조지프가 얼굴을 찌푸리며 물었다. "아직도 **그게** 쓸 만하다고 생각하세요?"

"모르죠. 그럴 수도 있을 것 같은데요. 알다시피 작가로서 제가 가진 수많은 문제 중 하나는 연결점을 잘 찾고 제대로 구성하기만 하면 흥미를 자극하는 거의 **모든 소재**를 다 쓸 만하다고 생각하는 거예요. 마이라의 수업에서 가져왔다는 역할 반전 축제라는 그 소재. 당신이 대중의 입맛에 맞춰서, 아니면 저의 검토 기준이라는 것에 맞게 (이 부분에서 나는 미소를 지었다) 고쳐 쓴 그 연설문에는 흔적으로만 남은 그 소재가 아주 괜찮을 것 같아요. 학위 수여식과 역할 반전 축제? 어쩐지 이걸 가지고 무엇이든 당신이 생각하는 바를 진짜 연설문에 잘 녹여 낼 수 있으리란 예감이 든단 말이죠."

조지프가 건성으로 고개를 끄덕였다. 이미 머릿속으로 구상을 하기 바쁜 모양이었다.

슈미트 씨와 나의 대화에 대한 분석이 좀 따끔했지만, 그가 이렇게 근사한 연설문을 구상했다는 게 기뻐서 벅찬 마음으로 컴퓨터실을 나섰다. 노블이 하고 싶어 하는 연설을 하지 **않도록** 유도하려 한 데 자책감을 느끼고 있었는데, 조지프가 나의 전문성을, 그리고 어쩌면 우정을 확신하고 내게 비판적인 시선을 던질 수 있었다는 사실에 조금은 자부심이 되살아나는 느낌이었다. 그는 가짜 초안, 안전한 초안으로 나를 시험했다. 나는 내가 그 시험을 통과한 것이기를 바랐다.

복잡하게 이어지는 복도와 모퉁이, 계단을 통과해 밖으로 나온 다음 길고 긴 시골길을 달려 본교로 돌아가는 동안, 이 대학, 동부에서 우리가 다 같이 하고 있는 이 일의 모든 의미가 조지프와 에둘러 나눈 대화 속에 담겨 있다는 생각이 들었다. 허드슨강 위를 지나는 다리를 건널 무렵에는 조지프가 먼저 내놓은 초안이 그 안에 담긴 상투적인 표현이나 곤란한 문제를 회피하는 방식에 대한 나의 반응을 보려는 시험이자 속임수였다는 사실도 깨달았다. 내가 초안이 별로라고 말했을 때 묘하게 만족스러운 미소를 지었던 이유가 거기 있었다.

이제 더 면담할 시간이 없으니, 어느 연설문을 선택할지는 조지프 스스로 결정할 일이었다.

물론 졸업생 다수가 참석을 거부한다면 행사의 중심이 되어야 할 연설이 별것 아닌 요식으로 끝나 버릴 수도 있었다. 말릭과 캘빈, 샐비오는 정말로 참석을 거부할까? 그런 일이 벌어진다면 졸업식은 그대로 재앙이 될 것이다. 그리고 노블은 그 가상의 '총'이라는 것을 쓸까? 그러면 대학은 교도소 내부의 우호적인 관리자들과 함께 어설프고 전문성 없고 '통제력도 없는' 집단으로 전락할 것이다. 학생들은 고마워할 줄도 모르고 까탈스러우며 부끄러움을 모르는 자가 될 것이다. 2주 전의 나는 정치적으로 민감한 기관의 무대에 정교한 작품을 올리는 솜씨 좋은 무대 감독을 자처했다. 어느새 녹초가 되어 버린 내가 깨달은 사실은 그렇게 오랫동안 힘을 보태어 온 이 사업을 관장하기에는 나의 능력이 너무나 부족하다는 것뿐이었다.

학위 수여식 전날 밤, 나는 맥스와 함께 말릭과 샐비오 등에 관해 의논하며 상황을 점검하고 있었다. 누가 참석할지는 여전히 오리무중이었다. 내가 맥스에게 말했다. "맥스, 학생들이 이번 졸업식 때문에 괴로워해요. 너무 충격적인 일이에요. 이러면 안 되는데. 하지만 이렇게 되고 말았어요."

맥스가 대답했다. "네, 그러게요. 하지만 뭐 어쩌겠어요. 눈 딱 감고 잊어버리는 수밖에."

맥스는 무대 위아래에서 쏟아질 따가운 시선을 받으며 내빈을 맞이하느니 차라리 행사가 끝날 때까지 밖에서 기다리는 편이 낫겠다고 말했다. 우리는, 특히 맥스는, 이날이 오기까지 그렇게 오랜 시간을 일했는데도 이번 주말이 지날 때까지 도저히 버틸 수 없을 것만 같았다.

졸업식 날

오후 1시 행사를 앞두고 모두가 한 줄로 섰다. 내빈은 오전 9시 30분까지 도착해야 했다. 교도소 측에서 바드교도소사업단의 첫 졸업식에 참석하러 온 300여 명의 하객을 입장시키는 데는 적어도 두 시간이 걸릴 것으로 예상되었다.

대부분 뉴욕시에서 오는 터라 동트기 전에 일어나 준비한 사람도 많았다. 뉴욕의 온갖 인종과 계층의 사람들이 교도소 로비를 뱀처럼 휘감으며 길게 한 줄로 늘어섰다. 맨해튼의 투자자에서 동네 식료품 가게 점원까지, 학계 저명인사에서 택시 운전사까지, 학벌 좋은 변호사에서 비번인 경찰까지 다양한 사람이 보안 검색대 앞에서 천천히 움직이는 순례 행렬을 이루었다. 경찰이 도시의 소수 부유층 거주지를 보호해 주는 존재라고 생각하는 부유한 사람들은 교도소 또한 자기가 살고 일하고 여행하는 영역을 보이지 않게 지켜 주는 공권력의 일부로 알고 있었다. 나머지 사람들에게는 사랑하는 이를 만나기 위해 교도소 보안 검색대를 통과하는 절차가 너무나도 익숙할 따름이었다.

교도소에 한 번도 발을 들여 본 적 없는 사람들은 까다로운 규정에 애를 먹었다. 운전면허증을 놓고 온 사람도 있고 휴대전화와 호출기를 차에 두고 오는 걸 깜빡한 사람도 있었다. 고급 전자제품은 사회적 격차를 지워 주는 만큼, 부유하든 가난하든 모두가 똑같은 기기를 갖고 있었다. 마찬가지로 굴욕적일 수 있는 순응의 경험을 공유하게 만드는 보안 검색 절차는 모든 사람을 '하향 평준화'하는 좋은 사례였다. 건망증 있는 사람들은 민망해하며 자기 뒤에 서 있는 낯선 사람의 팔에 외투를 맡겨 둔 채 추위를 뚫고 달려 나갔다가 쌀쌀한 공기 중에 입김을 내뿜으며 허둥지둥 돌아왔다. 이런 기관은 대부분 방문자를 사회 집단별로 분리해 그 사이에 존재하는 격차가 드러나지 않도록 숨기지만, 동부의 그 줄에는 모두가 한자리에 모이는 바람에 간극이 뚜렷하게 드러났다.

교도소로 돌아온 나는 평소보다 안쪽으로 더 깊이 들어가 중앙 강당에 도착했다. 어둑한 동굴 같은 강당 안에 모인 사람을 재빨리 훑어보았다. 18미터 높이의 둥근 천장에 달린 환풍기 10여 대에서 나는 소음이 콘크리트 벽과 100줄의 플라스틱 의자 사이로 울려 퍼졌다.

하객들은 강당을 가로지르며 일행과 조용히 대화하거나, 우연히 마주친 졸업생을 향해 과하게 축하 인사를 건넸다. 그리고 대형 무대와 재소자 무리로부터의 거리를 가늠해, 노란 테이프로 표시해 둔 강당 뒤쪽 줄에 '일반인' 좌석을 형성하며 모여 앉았다.

졸업생은 모두 전통적인 검은색 졸업 예복을 입었는데, 제일 아래쪽 단 아래로 삐져나온 부분만 제외하면 초록색 죄수복이 거의 가려졌다.

나는 초조하게 현재 상황을 파악하려 했다.

"오늘 연설자 몇 명이에요, 조지프?"

그는 심각한 표정으로 뜸을 들이다가 활짝 웃으며 대답했다.

"네 명이요."

그렇다면 적어도 연설자 중에서는 참석 거부자가 발생할 가능성이 사라진 셈이었다.

"그리고 전체 불참자는 몇 명이죠?"

"말릭뿐이에요." 그가 대답했다.

"샐비오는요?"

"올 거예요. 그렇지만 가족들에게는 오지 말라고 했다네요."

내빈이 모두 착석했다. 맨 앞줄에는 검은 학사모와 가운을 걸친 졸업생들이 나란히 자리 잡았다. 무대 위에는 열대 조류처럼 보이는 예복을 입은 교수진과 대학 총장, 이사진, 교정 제도 위원, 감독관, 나, 맥스가 앉았다. 턱시도를 차려입은 금관 오중주단이 바드의 학위 수여식에서 항상 연주하는 곡으로 세계 각지에 있는 바드 졸업생들의 추억을 자극하는 브람스의 『하이든 주제에 의한 변주곡』의 주제선율을 연주하기 시작했다.

총장의 호명에 졸업생 10여 명이 차례로 무대로 올라갔다. 말릭도 호명되었지만, 이곳에서는 특히 낯선 표현인 '결석'이라는 단어가 따라 붙었다. 그때 말릭은 동부교도소 부지 반대편 끝에 있는 면회실에서 자기 손님을 따로 만나고 있었다. 나머지 졸업생은 모두 참석해 ‘행진’에 동참했다. 유일하게 하객이 아무도 없었던 샐비오는 행진 전에도 후에도 홀로 서 있었다.

노블이 연설을 시작했다. “제임스 볼드윈은 말했습니다. ‘누구나 이야기를 품고 있으며, 그 이야기는 저마다 꺼내 놓을 가치가 있다’라고.” 다행히도, ‘여기 있는 우리는 모두 비거 토머스입니다’가 아니었다. 그래도 내 마음은 여전히 무거웠다.

노블은 낭랑한 목소리와 마음을 다독이는 듯 부드럽고 친근한 어조로 연설을 이어 나갔다. “오늘 우리는 성숙하고 발전하여, 전혀 다른 모습으로 다시 태어나는 번데기의 기적을 보여 드리기 위해 이 무대 위에 섭니다.” 고맙게도 노블은 자기 손에 쥐어진 ‘총’을 쓰지 않았다. 그 대신 조지프가 버리기로 한 것과 비슷한 소재를 가져다 썼다. 볼드윈을 파고들지도 않았고, 재소자에 대한 ‘상’이 어떤 면에서 잘못되었으며 그날 무대 위에서 새로운 상을 제시하는 것이 얼마나 중요한지에 대한 자기의 주장을 정교하게 다듬지도 않았다. ‘범죄자’나 ‘재소자’처럼 자신들에게 들러붙은 개념 속에 굳어 있는 ‘생애와 전설의 힘’에 스스로 뛰어들고자 한 볼드윈의 도전을 이어받지도 않았다.

그 대신에, 자기와 동료 학생들을 변화가 가능하며

어두운 과거를 가진 사람도 좋은 사람으로 성장할 수 있다는 증거로 제시했다. 신비로운 변태기를 거쳐 나비로 변신하는 고치에 빗대어서 말이다.

내가 느끼기에 노블의 연설은 진심에서 우러난 것이 아니고, 자기를 포함한 졸업생들이 이룬 성취에 대해 애초에 하고 싶었던 이야기와도 거리가 멀었다. 그는 성실한 재소자, 심지어 고분고분한 학생 노릇을 하고 있었다. 이 사업을 지키기 위해 대학의 정치적 대리인 역할을 해 달라는 내 부탁을 받아들였지만, 그러느라 자기가 느낀 진실과 본심은 내려놓았다. 번데기와 나비 이야기를 들었을 때 나는 노블이 그런 식으로 굴복하는 것이, 게다가 거기에는 내 책임도 있다는 사실이 몹시 슬펐다. 내가 요청한 대로 대학을 배려하는 마음으로 한 행동이었지만, 그것은 대학의 근원적인 목적과 가치를 배반하는 행위이기도 했다. 내 마음은 두 갈래로 나뉘었다. 그 연설은 노블이 날 위해 준비한 선물이었는데, 옹졸하게도 나는 그걸 내던져 버리고 싶었다.

나중에 그 연설이 정말 마음에 들었다고, 굉장히 와닿았고 무엇보다도 감명 깊었다고 많은 이들이 말해 주었다.

그리고 드디어, 내게는 폭로나 다름없는 연설 차례가 다가왔다.

소개에 따라 무대에 오른 조지프가 연단에 서서 자세를 바로잡았다.

기대에 찬 침묵이 강당을 뒤덮는 사이에, 그가 천천히 예복 안주머니에서 안경을 꺼내어 썼다. 그리고 청중에게 들려주고자 하는 이야기의 주제를 시사하며 다음과 같은 선언을 했다. “우리는 이곳 동부에서 바드와 함께 공부했습니다.”

세심한 부분에 집중하는 성격에 걸맞게, 조지프는 그 안에서 진행되는 모든 일을 우리가 최선을 다해 꾸며 놓은 가상의 세계인 ‘바드’라고 뭉뚱그려 부르는 습관을 따르지 않는 편을 택했다. 그렇다고 자신이 ‘동부’라고 칭한 그 공간을 교도소 자체로 축소시킴으로써 자부심을 꺾는 쪽도 택하지 않았다. 학위를 얻기까지 지난 몇 년 동안 자기가 발 딛고 있었던 이 두 기관 사이의 균형을 자기만의 방식으로 이루어 내고자 했다.

“오늘 여러분과 나누려는 이야기 주제는 ‘역할 반전 축제’라는 19세기 초의 공개적인 의식에 관한 것입니다. 저희가 데이비드 월드스트레이처의 『영속적인 축제의 한 가운데』In the Midst of Perpetual Fêtes에 등장하는 이 용어를 접한 것은 바드 역사학과장이신 마이라 암스테드 박사님의 ‘국민의 형성’이라는 수업을 통해서였습니다.”

조지프는 연기하는 느낌을 가미해, 교수들이 강단

앞에서 주로 보이는 학자 특유의 버릇을 장난스레 흉내 내며 연설의 맛을 더했다. 그러나 이 가벼운 풍자에 담긴 의도는 비판보다는 친근한 태도로 분위기를 풀어 주려는 데 가까웠다. 연설이 진행될수록 이 점은 더욱 또렷해졌는데, 본인이 아주 좋아하는 수업의 내용을 연설에 은근히 담아내려 한 것이 분명해 보였기 때문이다. 교수진을 살짝 놀리고 있기는 했지만, 그러면서 자기가 생각하기에 그들이 제일 좋아하는 것 그리고 지난 몇 년간 그들과 지내며 자기가 만끽했던 것을 정성스럽고 진지하게 잘 표현해 냄으로써 경의를 표하고 있었다.

조지프의 설명에 따르면 이런 축제는 초기 미국에 실재했던 역사적 사실로서, 19세기 농촌 사회에서 지키던 독특한 절기였다. 이 '축제' 기간에는 평상시의 사회적 위계가 '뒤집어졌다.' 노예 노동자들은 잘 차려입고 자신의 윗사람처럼 행동할 수 있었고, 그 윗사람들은 평민들과 어울리고 마시고 춤추기 위해 정장을 벗고 겸손히 '낮은 자리로 내려갔다.'

청중을 둘러보며, 조지프는 이런 역할 반전 축제가 어떤 식으로 잭슨 시대* 미국 노예제도의 극단적 위계를 완화하는 역할을 했는지 설명했다. 이처럼 위험한 사회적 역할극은 기존의 사회 제도를 흔드는 동시에 지속시키는 요소였다.

* Jacksonian, 1830년대 앤드루 잭슨 대통령 재임 시기. 미국의 국가 정체성이 형성된 시기로 본다.

"여기 동부에 있는 저희는 본교에서 같은 강의를 듣는 학생들의 반응을 궁금해할 때가 많습니다. 암스테드 교수님은 '본교'에서 하던 강의와 정확히 똑같은 내용, 똑같은 방식으로 가르치려 하시지만, 저희가 그러하듯 교수님도 다른 환경에서 공부하는 저희에게서 나타나는 차이를 흥미롭게 여깁니다."

조지프에 따르면 암스테드 교수는 본교 학생들이 영속적인 축제라는 개념을 처음 들었을 때는 혼란스러워하지만, 일단 이해하고 나면 그 개념이 왜 흥미로운지 알아차리지 못한다는 사실을 발견했다. 역사학자가 남북전쟁 이전의 미국을 이해하는 데에 이 축제가 무슨 도움을 준다는 것인가?

조지프가 청중석에 있는 졸업생들을 가리키며 말했다. "그러나 여기 동부에 있는 저희는 단박에 이 축제의 의미를 알아챘습니다. 여러 면에서 차츰 민주화하고 있던 미국에서 여전히 노예로 사는 삶이란 어떤 것이었을지, 통찰과 흥미를 안겨 주는 개념이었습니다. 이유가 무엇이든 간에, 저희에게는 자연스럽게 느껴졌습니다."

나는 조지프의 연설에 감탄하며 그 안에 담긴 수많은 개념들과 줄거리를 따라잡으려고 최선을 다했다. 무대에서 안경을 꺼내 쓰고 자세를 바로잡는 등 약간의 조롱이 담긴 이 이상한 교수 흉내 내기로 연설을 시작한 것은 아마도 역할 반전 축제에 맞춘 것인 듯했다. 조지프는 단상 앞에 서서 천천히 돋보기안경을 꺼내 쓰고, 확신에 찬 표정으로 청중을 빤히 바라보고, 허세 가득한 단언을 하는 동작으로 이 희극의 물리적 측면을 연출했다. 스스로 바라는 것과 주위에서 부여한 것을 포함해 자기가 맡은 다양한 역할 사이에 존재하는 역설을 조율하며, 교수가 학자로서 보여 주는 모습과 졸업식 청중 앞에서 연설하는 자신의 역할을 희화하고 있었다. 또한 대학에서 배우는 구체적인 내용을 청중에게 소개하면서, 대학과 교도소의 조우에 담긴 의미와 그날 행사에 담긴 의미까지 동시에 전달했다. 바드라는 이름을 공유하는 본교와 교도소 대학이라는 서로 다른 영역 사이에 보이지 않게 상존하는 평행선을 청중 앞에 드러낸 것이다. 역할 반전 축제를 단순히 미국사 시간에 배우는 내용 중 하나인 양 소개했지만, 조지프는 그 개념을 통해 현재 미국사가 어떻게 쓰이고 있는지, 그리고 그날 동부에 모인 우리 모두가 어떤 역할을 맡고 있는지까지도 살펴볼 수 있다는 이야기를 하고 있었다.

그러고는 자신이 복도에서 목격한 대결 장면으로 넘어갔다. 스스로 권한을 갖고 있다고 생각하는 대학 측 관리자와 교도소 교육 감독관이 '학자'이거나 '범죄자'인 재소 학생들을, 나아가 그날 강의실을 벗어나 교도소 복도까지 흘러나간 대화의 위상을, 누가 더 제대로 규정하는지 '자기' 학생들이 보는 앞에서 겨루었던 사건 말이다.

변화를 일으키는 교도소 교육의 힘을 번데기와 연결시켰던 노블의 연설은 매우 성공적이었다. 청중은 연설 도중에 손뼉 치며 환호했고, 행사가 끝난 뒤에는 그 연설이 얼마나 감동적이었는지, 그 자리가 모두가 모인 이유를 얼마나 잘 보여 주었는지 모른다며 극찬했다. 그에 비해 조지프의 연설은 그리 좋은 반응을 얻지 못했다. 나중에 소감을 들어 보니 지나치게 난해하고 도전적이라 따라잡기 어려웠고, 연설 시작한 지 몇 분 만에 흥미를 잃었다는 사람이 많았다. 혹은 풍자극을 하듯 학자들의 버릇을 흉내 낸 그의 유머에 주의를 빼앗긴 사람들도 있었다. 그가 사용한 지적 상징과 교도소와 그 안에 있는 대학이 그러하듯, 그 상징에 담긴 무수하고 도전적인 서사의 틀을 따라잡는 데 흥미를 느낀 사람은 드물었다. 그의 연설을 좋아하는 사람은 나를 포함해 몇 명 정도였고, 더러는 그간 들어 본 최고의 졸업식 연설이라고 생각하는 사람도 있었다. 하지만 대부분은 무관심하거나, 딴 데 정신이 팔리거나, 낯설고 역설적이기까지 한 그의 연설 방식을 다소 불편해했다.

뒤이어 두 사람의 연설까지 모두 끝나자 청중은 환호했다. 총장이 부르는 대로 졸업생들이 한 명씩 무대에 다시 올라 연단을 향했다. 학위증을 받기 위해 총장 앞으로 몇 걸음씩 더 나아갔다. 오른쪽에서 왼쪽으로, 눈 깜짝할 사이에 학생이 내민 손 위로 두루마리가 넘어가면 두 사람은 거의 동시에 악수하며 무대 아래쪽 어두운 곳에 서 있는 사진사를 향해 얼굴을 돌렸다. 나는 연습도 없이 수여식이 이렇게 쉽게 진행되는 데에 놀랐다. 졸업생들은 저마다 생애 처음 경험하는 일인 반면, 대학 총장에게 수여식이란 전혀 힘들일 것 없이 익숙하게 수행하고 연출 가능한 의식이었다. 모든 절차가 순조롭게 진행되었다.

학위증 수여를 마치고 우리는 점심을 먹으러 체육실처럼 휑한 재소자 구내식당에 모였다. 강당 바닥에 고정된 의자와 객석 주위에 두른 노란색 경찰 저지선에서 벗어난 졸업생과 가족, 대학 측 내빈이 그곳에서 자유롭게 어울렸다.

노블이 웃는 얼굴로 활기차게 내 쪽으로 다가왔다. 개인적인 성취뿐 아니라 수년에 걸친 대학의 노력이 공개적으로 결실을 맺은 데 대한 자부심에 들뜬 모습이었다. 내 손을 잡더니 교사로서 또 한 인간으로서 내가 자신에게 얼마나 중요한 존재인지 말해 주었다.

“사랑하는 마음을 전해요. 카포위츠. 저희 식으로, 이렇게!”라며 내 손을 꽉 쥐었다. 고무된 채 나를 인정해 주는 노블을 보니 마음이 놓였고, 그날 일을 얼마나 만족스러워하는지 느껴져 기뻤다.

그 감격한 모습과 모두에게서 우러나는 승리감에 압도된

나는 “저도 마찬가지예요”라고 대답했다.

그런 다음, 나는 졸업생 부모들을 찾아 돌아다녔다. 그동안 동부에서 교도소 대학을 설립하는 과정에 정말로 많은 도움을 주어 언제까지나 대학의 은인으로 남을 사람들이었다.

하지만 엄한 표정을 한 조지프의 아버지와 대화할 때는 말이 잘 안 나왔다. 교도소에서 나의 학생이 되었고, 상황과 각자의 성향이 맞아떨어지는 선에서 지적 동지이자 업계 친구가 된 사람을 아들로 둔 이 남자의 표정에서는 아무것도 읽어 낼 수 없었다. 그의 아들과 나는 비슷한 연령대였고, 내 부모님도 그날 그 자리에 와 있었다. 나는 그에게 아들이 명석한 학생일 뿐 아니라, 다른 학생들을 돕고 이 과정에 대해 조언도 자주 해 주어 대학에 정말로 크게 기여했다고 말했다.

남자가 무표정하게 나를 바라보았다.

“조지프는 어려운 환경에서 대단히 귀한 일을 해냈어요. 앞으로 길이 남을 일이고, 뒤이어 올 사람들에게도 큰 도움이 될 겁니다. 저희는 정말 자랑스럽게 생각해요.”

그는 고개를 끄덕였고, 그게 다였다.

점심 식사가 끝나자 우리의 축제도 막을 내렸다. 졸업을 맞이하고 대학의 밝은 빛 아래서 하루를 보내던 남자들이 다시 수감자 신분으로 돌아갔다. 그들이 검은 예복을 벗으니

대학이 초록색으로 물들었다. 마치 삼투 현상처럼, 그들은 뒤섞인 군중으로부터 천천히 빠져나와 구내식당 제일 안쪽 구석으로 모여들었다. 그리고 그 자리에 나타난 공무원들이 지켜보는 가운데 한 줄로 서서 인원 점검을 받은 후 문밖으로 이끌려 나갔다. 건물의 거대한 공간감을 느끼며, 내빈들은 아무 말도 건네지 못한 채 모두를 한자리에 모이게 한 그 남자들이 사라져 가는 모습을 지켜보았다. 학위 수여식이 끝났다.

바드교도소사업단의 동료, 친구와 저녁 모임을 하기로 한 본교 근처 농가로 향하는 동안 나는 지치고도 들떠 있었다. 늘 그렇듯, 기쁜 마음에 슬픔이 파고들었다. 우리가 최초로 만들어 낸 커다란 이정표는 앞으로도 수없이 반복되겠지만 우리의 활동으로는 조금도 고쳐 볼 수 없는 훨씬 더 거대한 쓰레기 더미의 그늘 아래에 세워져 있었다.

자기검열을 하던 조지프가 멋지게 자기 나름의 표현을 다 해내는 모습이 내게 교훈과 감동을 안겨 주었다. 노블은 정반대로 움직였다. 적극적인 자기표현으로 시작했지만 내가 보기에는 잘못된 것이었는데, 목표를 잘못 잡아서 그런 것은 아니었다. '정당하게 하자'라는 설득을 받아들이면서도 끝까지 파고들지는 않은 채, 내가 요청한 바에 맞을 거라고 짐작한 상투적인 이야기로 마무리 지어 내게 선물했다. 어쩌면 내가 결과에 지나치게 연연한 탓에 그의 본래 의도를 파악하지 못하고 내 의견을 명확히 전달하지 못했기 때문일 수도 있다.

수년이 지난 지금, 서류철과 노트에 보존해 둔 두 학생의 초안에 담긴 내용을 살펴보며 당시의 연설을 곱씹어 본다. 지금 보니 노블의 원래 연설문이 그때 내가 느꼈던 것만큼 자극적이지는 않은 것 같다. 무대에서 비거 토머스를 언급하는 상황에 대한 과장된 공포나 볼드윈을 직접 읽고 다시 생각해 보라는 내 조언을 거부당한 데 대한 당황스러움에서 벗어나고 보니, 초안에 담겨 있었지만 청중에게는 결국 전할 수 없었던 한 문장이 눈에 띈다. 노블은 그 졸업식이 "어떤 이야기도 스스로 세상에 드러날 기회를 갖기 전에 사장되지 않도록 지키려는 운동이자 진행 중인 작업"을 기념하는 자리라고 썼다.

조지프는 처음에 자신이 진짜로 생각하고 느끼는 바를 숨겼다. 아마도 자기 감정을 보호하거나 나를 시험하려고, 아니면 청중을 자극하지 않으려고 그랬을 것이다. 우리가 관리자들의 동기를 의심했던 것만큼이나 조지프로서는 무대를 향하는 시선이 의심스러웠을 것이다. 하지만 결국에는 확신을 갖고 자유롭게 쓰고 말하는 자기만의 기술을 터득했다. 그의 연설은 복종도 반란도 아니었으며, 우리 헌법의 이상에 관해 오시아틴스키가 던진 교훈*을

* 저자가 서론에서 언급한 내용으로, 오시아틴스키는 입헌주의가 복종과 반란 사이에서 다양한 입장을 펼칠 공간을 최대한 열어 두는 것이라고 했다.

제대로 담아냈다. 교도소 안에서 작성하고 발표한, 실로 공적인 문건이자 대단한 정치적 성취였다. 조지프는 자신과 동급생들을 지키고, 자신이 정말로 공들여 함께 키워 온 위태로운 대학을 지킬 방법을 깊이 고민했다. 그러면서도 현대의 교도소를 향해, 그리고 교도소가 갖는 의미가 우리의 역사적 유산과 여전히 우리를 가르고 묶기를 반복하는 과거 중에서 가장 깊숙한 부분과 공명하는 지점을 향해, 자신의 지적 역량을 집중했다. 무엇보다 대단한 점은 조지프가 그날 자기를 포함해 동료 학생 모두가 참여한 그 기이한 광경을 통해, 자신들이 거둔 성취에 나름의 의미를 부여하고자 하는 대학의 바람에 대한 비평을 내놓았다는 데에 있을 것이다. 일단은 축하와 감사의 형식을 취했다. 하지만 그러는 동시에, 미국사학자이자 바드교도소사업단에서 자주 강의를 맡는 크레이그 와일더의 말처럼 그 졸업식이 "경계선의 일부는 드러내고 일부는 숨긴 채로," 결정적으로 "축하이자 괴이한 재판이기도 한 자리에서 곤란한 역할을 맡으라는 불가능한 기대와 요구를 담았다는 점에서 얼마나 잔인한 행사인지"도 폭로했다.

18년의 형기를 마치고 출소한 지 4년 후인 2014년 5월, 조지프는 컬럼비아대학교에서 역학 석사 학위를 취득했다. 그가 출소 후 첫 졸업식을 컬럼비아대학교 본교에서 치른 직후, 나는 10년 전 바드교도소사업단의 첫 졸업식에서 했던 연설에 대해 기억나는 게 있으면 알려 달라고 편지를 보냈다.
다음은 조지프가 보내온 답장 전문이다.

> 안녕하세요, 대니얼. 역할 반전 축제는 암스테드 박사님의 '국민의 형성' 수업에서 나온 것이었죠. 제가 이해하기로 역할 반전 축제란 권력자가 노예에게 정부를 구성해 보라고 자리를 만들어 주는 순간을 가리키는 것이었어요. 이 행위를 함으로써 노예는 권력자의 비웃음거리가 되는 동시에, 권력자로 하여금 '무력한' 자들의 울분을 풀 기회를 베풀게 해 주는 중요한 기능을 했어요. 노예들은 지배층의 모습과 '주지사 선거' 과정을 우스꽝스럽게 재현하며 케이크워크*를 합니다. 하지만 그 선거에서 뽑히는 '주지사'는 권력자와 협상할 권한이 있었어요. 날이 저물면 그 권한을 주인에게 되돌려 주는데, 언제나 그렇게 되지 않을지도 모른다며 두려워하는 주인들이 있었어요. 그래서 제 생각에, 그날 연설에는 학생들이 축하/졸업 행사가 끝난 뒤에 반드시 권한을 다시 넘겨줘야 하는 건 아니라는 의미도 담겨 있었던 것 같아요. 사실은 넘겨줘야 하겠지만, 교도소와

* cakewalk, 19세기 미국 흑인이 백인 상류층의 걸음걸이를 희화하며 추던 춤으로, 백인이 우승한 흑인에게 케이크를 상으로 주어 'prize walk'라고도 한다.

교도소 안에 있는 대학이라는 공간이 지닌 강력한 의미를 우리가 계속 이어 나갈 수 있다고. 권한을 그저 뒤집기만 하는 것이 아니라 취함으로써, 자기결정권을 가진 인간으로서, 졸업식을 조롱하고 우리 자신이 조롱당한다고 느끼는 상황을 넘어설 수 있다고 말이에요.

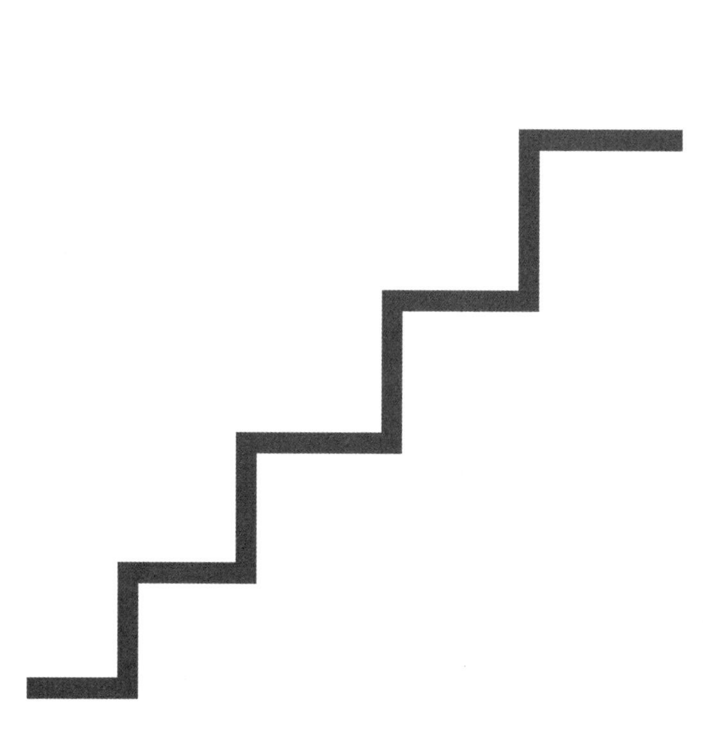

5

복제 그리고 결론: 대학, 교도소, 미국의 불평등

교도소 대학은 대학교와 교정 시설이라는 미국의 서로 다른 두 기관 사이에 위치한다. 건국하기 훨씬 전부터 부유층과 특권층을 위한 기관으로 존재해 온 미국의 대학은 마침내 공익을 위해 헌신하는 민간기관으로 자기를 정당화했다. 순전히 관료를 키워 내는 학교로 출발했지만, 그중에는 영적 해방이라는 지향을 구현하며 계속 진화하는 자유교양학 교과과정의 씨앗을 품은 곳이 더러 있었다. 동시에, 이런 대학을 설립하는 데에 얼마나 많은 자산이 들어갔는지, 그리고 '인종' 개념에 대한 인식 형성에서 대학이 맡았던 핵심 역할이 노예제도와 그 제도의 정당화뿐 아니라, 결국에는 해방까지 얼마나 깊이 얽혀 들어가 있는지 우리는 알고 있다. 미국에서 가장 오래된 이 교육기관과는 정반대로, 교정 시설은 언제나 국가가 만드는 것이었고 초기부터 대단히 집약된 공권력을 과시하는 기관이었다. 초기 미국에서 탄생한 이 기관은 공공이 개인을 강압적으로 갱생시킬 역량을 갖고 있다는 혁명적 낙관주의를 내재한 한편, 국가 폭력과 노예제도에서 기인한 상징과 실천으로 항상 얼룩져 있었다. 교정 시설이 어느 정도는 개인의 역량을 찬미하며 자유주의적 해방을 추구하는 개혁주의자의 열의에 뿌리를 두었다면, 그것을 급속히 성장시킨 맥락에서는 징벌적 노동과 영적 순응에 기반한 세속적 구원을 숭배하는 문화가 배어들었다. 대학과 교도소 모두 미국 사회의 여명기에 등장했고, 각각의 후신은 민주주의 사회에서 공권력과 사적 권력, 변화에 대한 믿음, 불평등을 놓고 벌이는 끝없는 갈등을 정의하는 데 기여해 왔다.

오늘날까지도 대학과 교도소는 미국 사회에 지나치게 커다란 영향력을 끼치는 특징적인 기관으로 남아 있다. 사립 자유교양대학은 수용하는 학생 수가 미국 대학생 전체의 1퍼센트에 불과한데도 정부 엘리트 선발과 구성에서 여전히 큰 역할을 맡고 있다. 전국적으로 훨씬 더 폭넓은 관계망을 형성하고 있는 공립대학교 및 종합대학교와 마찬가지로 이런 대학에서도 접근성, 미래상, 평등에 대한 문제 제기가 주요한 개선점으로 나타나고 있다. 인종 또는 계층을 기준으로 보나, 적절하게 그 두 가지를 다 놓고 보나, 교도소는 어쩌면 과거 어느 때보다 더 강력한 불평등 재생산 기관이 되었다. 대학은 여전히 중간층과 상류층을 형성하는 기관으로 작용한다. 교도소는 수많은 분석가가 '구금 국가'carceral state라고 일컫는 이 나라의 핵심에 자리하고 있으며, 수감 경험은 미국의 빈곤층, 그중에서도 특히 대학 학위가 없는 사람들 사이에서 유행처럼 번져 가고 있다. 더 심각한 문제는 그 경험이 사회학자 브루스 웨스턴의 표현으로는 모든 아프리카계 미국인 남성의 생애 주기에서 '양식화된' 체험이 되었다는 점이다.

대학과 교도소는 여전히 우리가 다양한 민주적

자아상을 상상하고 구축하는 장으로 남아 있다. 이 사실이 사회 전체와 그 기관을 통과하는 개인, 관계망, 지역사회에 끼치는 영향은 심대하다. '교도소 대학'의 존재 여부와 상관없이 미국에서 이 두 기관은 특권과 불평등의 재생산에 나란히 역할을 맡고 있다. 실제로 현대 미국에서 불평등은 상이한 이 두 가지 생애 경로, 즉 한편으로는 대학을, 다른 한편으로는 교도소를 통하는 길과 밀접하게 연관되어 움직인다.

교도소 대학을 위한 변론

이 책의 서두에 교도소 대학을 비판하는 몇 가지 상반된 주장을 제시했다. 그중에는 혹독하고 불평등한 미국의 대량 구금 현실에 개입하기에는 이 사업이 너무 미약하다는 비판도 있다. 교정 체계 전반을 급진적으로 개혁하거나 심지어 전면적으로 폐지해야 한다는 주장도 나오는 상황에서 이런 사업이 영향을 미치는 대상은 겨우 한 줌에 불과하다. 그러나 다른 한편에서는 교도소 대학의 존재가 너무 두드러지는 바람에 처벌에 도덕적 정치적 문제가 있는 듯이, 개인이 자기 행동에 합당한 처벌을 받지 않고 있는 듯이 보이게 만든다고 비판한다.

나는 이 중에서 첫 번째 주장에 어느 정도 공감한다. 그러나 지나치게 남용되는 교도소를 대대적 체계적으로 줄이는 작업을 수행하면서도 현재 수감 중인 사람들의 존엄과 미래의 가능성을 보장하기 위해 할 수 있고 해야 하는 일이 아주 많다고 생각한다. 언젠가 훨씬 더 심대한 변화를 이루어 내기까지, 당장은 임시방편이라도 개개인이 출소 후를 대비할 수 있도록 수준 높은 교육 기회를 제공하는 것이 시급하다.

결론적으로, 나는 교도소 대학을 옹호하는 세 가지 주요한 주장을 제시하고자 한다. 첫 번째는 도덕주의적 주장으로, 내가 가장 공감하는 것이다. 나는 이 주장이 일종의 처벌의 사회학에서 이 사업이 차지하는 위치를 제시해 준다고 생각한다. 이 주장은 곧이어, 국가가 형사사법을 활용하는 방식이 곧 우리 존재를 규정한다는 더욱 정치적인 견해를 이끌어낸다. 밀접히 연관된 이 두 주장은 '우파'와 '좌파'에 대한 기존의 사고를 대체하거나 둘 사이를 연결하는 가교로서 기능하는 듯하다. 뜻밖에도 세 번째 주장은 범죄나 처벌, 심지어 교도소와도 아무런 관련이 없다. 놀랄지도 모르겠지만, 바드교도소사업단의 창립 이념과 가장 가까운 것이 바로 이 세 번째 주장이다.

현대 보수주의자들은 교도소 대학이 우리 사회의 도덕적 선명성을 해친다고 불평한다. 하지만 그와 반대로, 교도소 대학은 형사 책임의 의미와 경험을 우리가 천명하는 자유에 대한 사랑을 더욱 솔직히 표현할 기회로 만드는 한 가지 방법이다. 형법과 민법의 상당 부분을 정당화하기 가장 좋은 전제가 자유인은 자기 행동에 도덕적 책임을 질 수 있고 져야 한다는 믿음이다. 그렇다고 한다면, 개인이 책임을 지게 하는 처벌, 갱생, 복구 또는 처벌이 아닌 경제적 보상에 기반한 배상 같은 체계는 역량과 존엄성을 모두 강화하는 것이어야 한다. 그러나 교도소는 인간의 존엄을 훼손하고 개인의 역량을 손상하는 경향이 있다. 존엄과 자유로운 선택의 존중에 기반하는 기관이라면 바로 그러한 능력을 양성하는 역할을 해야 한다. 그러지 않으면 헛수고로 전락하며, 내세우는 가치의 위선만 드러낼 뿐이다. 이렇게 생각하면 처벌이 결코 도덕적 책임을 수행하는 유일한 또는 최선의 기제가 아니라는 인식에 다다르게 된다. 계층 및 인종 불평등이 강하게 나타나는 사회적 현실에서는 교도소의 도덕적 정당성이 붕괴 수준까지 떨어진다.

마지막으로, 우리는 사회 전체가 공유하는 구조적 부정의에 대한 정치적 책임을 덜기 위해서 지나치게 개인의 도덕적 책임을 내세우고는 한다. 공동체는 이 두 가지 측면을 동시에 주목하지 않고 집단적 책무로부터 멀리 떨어져 개인을 희생양으로 삼는다. 교도소 대학이 이 긴장관계를 해소할 수는 없지만 이러한 모순 위에서 움직이고 있으며, 그렇기에 이 사업은 교도소와 같은 공공기관에서 그들이 지탱하는 공화국의 윤리적 가치에 부합하는 역할을 하도록 돕는 행동이라고 할 수 있다.

[정치적 주장]

두 번째는 더욱 직설적인 정치적 주장으로, 교도소 대학 같은 사업이 다른 무엇보다도 정치 질서의 성격을 드러낸다는 입장을 견지한다. 처벌을 대하는 태도에서 권력, 지향, 한계를 대하는 지배 체제, 즉 정부의 태도가 드러난다. 사회학자 데이비드 갈런드는 이 시대의 '통제문화'를 전 지구적 경제의 영향력과 이념적 공격에 약화된 정부가 권력을 '행사'하려 애쓰는 필사적인 노력으로 묘사했다. 사실은 힘을 잃고 있다는 두려움에 휩싸여 있으면서도 반대로 능력을 과시하고자 하는 가망 없는 몸부림이라는 것이다.

대안적인 방향을 추구하려는 사람에게 적절한 견해는 20세기 '일국 보수주의'의 가장 유명한 주창자인 윈스턴 처칠이 잘 표현한 바 있다. 영국과 미국의 정치 전통이 갖는 기이한 관련성과 뚜렷한 차이로 인해, 그의 발언이 어쩌면 이 주제에 대한 미국 진보주의와 보수주의의 견해를 잇는 가교 역할을 할 수 있을 듯하다. 내무장관 시절 하원에서 처칠이 한 연설은 전문을 인용할 가치가 있다.

> 범죄와 범죄자 처우를 대하는 대중의 정서와 감정은 한 나라의 문명 수준을 가장 잘 나타내는 지표입니다. 피고인, 심지어 유죄 선고를 받은 범죄자라 할지라도 국가에 대항할 권리가 있다고 차분하고 냉정하게 인정하는 태도, (……) 치료 및 재생 방안을 찾아내고자 하는 끈질긴 노력, 그리고 찾아낼 수만 있다면 모든 사람의 마음속에 보물이 담겨 있다는 흔들림 없는 믿음. 이러한 것이 범죄와 범죄자 처우에서 한 나라가 쌓아 올린 힘의 총량을 드러내는 상징이며, 그 나라 안에서 작동하는 미덕의 표지이자 증거입니다.

여기에는 교도소 대학을 개별 시민의 운명에 대한 개입으로만 아니라 정부를 정의하는 행동으로서 문화 권력 자체의 구성적 발현*으로 받아들이는 견해가 담겨 있다. 나는 이 책의 앞쪽에서 재소자를 어떻게 변화시킬 것인가보다 교도소의 역량과 질적 수준에 따라 규정되는 사회로서 우리 자신을 어떻게 변화시킬 것인가라는 관점으로 교도소 대학을 바라보아야 한다고 썼는데, 이 연설의 견해는 내가 이 글에 담은 정신과 유사하다.

미국 전역에서 바드교도소사업단과 함께 이 사업을 성장시키기 위해 일하는 교정 공무원 등 공공부문 핵심 협력자들이 가장 크게 공감하는 부분이 바로 문제를 바라보는 이러한 관점이다. 그들은 직업상, 정치적 상황상, 교도소 안팎에서 교육과 같은 인도적 활동을 줄이고 없애는 방향으로 제도를 운용하라는 압박을 갈수록 더 강하게 받고 있다. 이 시대의 공무원이 대체로 그러하듯이, 그들은 업무 시간 대부분을 전적으로 실용적이고 협소한 예산 범위에서 자신의 결정을 방어하고 설명하는 데 사용하도록 강요당한다. 이는 물론 우리 정치문화의 전반적인 하락과 공공정책의 둔화가 반영된 현상이다. 그러나 나는 바드교도소사업단에서 제시하는 것과 같은 교육 기회를 포용하도록 공무원들을 이끌어 갈 정치적 지향은 앞에 인용한 연설문에 담긴 낙관주의 및 확신의 감각을 상기시키는 쪽이라고 생각한다.

* constitutive expression, 생물학 분야에서 유전자에 의해 단백질이 형성되는 것을 발현이라고 하며, 구성적 발현이란 생존에 필요한 단백질을 일정하게 항구적으로 발현한다는 뜻이다. 여기서 저자는 교도소 대학을 문화 권력의 특성에 따라 당연하고 자연스럽게 나타나는 현상으로 표현하고자 한 것으로 보인다.

'정책'이라는 비교적 좁은 영역을 놓고 벌이는 논쟁도 물론 가능하고, 꽤 설득력이 있을 때가 많다. 그러나 내가 여기에 제시하는 것처럼 더 넓은 논의의 장에서 펼친다면 논쟁이 더욱 효과적이고 진솔해질 것이다. 교도소에 대학 수준의 교육 기회를 제공하는 일은 수년간, 사실상 수십 년에 걸쳐 '비용과 편익' 면에서 측정되고 연구되었다. 그리고 교도소 대학이 재범률의 극적인 하락과 관련이 있다는 주장을 뒷받침할 만한 설득력 있는 성과를 보여 준 것도 틀림없는 사실이다. 예를 들어 15년이 지난 지금까지 바드교도소사업단에 참여한 학생 전체의 재범률은 4퍼센트 수준이며, 학위를 취득한 경우는 2퍼센트에 가깝다. 비슷한 기준으로 뉴욕 전체 재범률은 40퍼센트 정도이다.

하지만 의회가 무상 학비 보조금 제도를 폐지한 1990년대에도 성과는 다르지 않았다. 이러한 개입 방법이 교도소에 적용하기에 가장 합리적이고 비용도 거의 들지 않는 것으로 드러났는데도 예산이 삭감되었다. 앞에서 언급했듯이, 실제로 교도소를 운영하는 사람들이 반대했는데도 불구하고 내려진 결정이었다. 한순간에 사업을 망가뜨리려는 극적이고 파괴적인 의회의 결정 앞에서 비용 편익 분석은 아무런 힘을 발휘하지 못했다. 당시 분석 결과는 2013년 랜드연구소Rand Corporation 등의 최근 연구를 통해 입증되고 있다. 이런 연구 성과는 고등교육 기회를 미국 교정 정책의 한 요소로 되살리고자 하는 주 공무원과 민간재단의 노력을 수사적 측면에서 뒷받침한다. 이런 일을 하는 이유를 우리가 어떤 존재가 되기를 바라는가에 대한 더욱 폭넓고 대담한 전망에서 찾는다면, 더욱 진솔한, 어쩌면 더욱 성공적인 활동을 펼치게 될 것이다.

바드교도소사업단과 미국의 고등교육

바드교도소사업단과 교도소 대학을 옹호하기 위해 내가 하려는 마지막 주장은 미국 고등교육에 관한 것이다. 이것은 범죄나 처벌과 아무 상관이 없다. 나는 이러한 폭넓은 시각이 바드교도소사업단을 설립한 맥스 케너와 우리의 가까운 동료이자 연장자이며 최근 이 주제에 관한 책을 직접 쓰기도 한 엘런 라그만의 심중에 가장 근접한 것이라고 생각한다.

과거에 탁월성과 포괄성을 모두 갖춘 고등교육을 실시했다면, 지금도 그렇게 할 수 있다. 백악관에서 내놓은 최근 보고서에 따르면 25년 전 미국에서 4년제 대학 학위를 취득하는 청년 비율은 선진국 중 최상위였다. 지금은 12위이다. 사실 고등교육 재정이 급격히 감축되고 고등교육을 감당할 수 있는 인구 폭이 꾸준히 좁아진 시기는 대량 구금이 도래한 시기와 일치한다. 앞서 언급했듯이 이 두 현상에는 간접적이고 구조적인 수준에 그치지 않는 인과관계가 있다고 주장하는 사람이 많다. 고등교육에 투자하던 공공지출을 줄여 교도소 및 기타 구금 관련 사업에 투입한 것으로 보인다는 뜻이다.

미국 전역에서 차별 철폐 조치가 무너지고 있는 와중에 대학들이 더 폭넓은 기회를 창출하고자 새로운 방식을 실험하고 있지만 충분하지 않으며, 특히 명문 대학의 참여가 저조하다. 학생과 그 가족의 대출금 부담이 늘어났다는 사연이나, 활용 가능한 공공기금이 체계적으로 줄어드는 가운데 지역전문대학들이 거의 감당할 수 없는 수준의 책임을 떠안은 채로 분투하며 갈등을 겪고 있다는 사실은 널리 알려져 있다.

사립 및 공립 종합대학들이 학부모, 학생과 함께 이른바 '포괄적 탁월성'을 성취할 새로운 방법을 모색하고 있는 상황에서, 아마도 미국 고등교육계에서 가장 눈에 띄는 활동을 펼치고 있는 곳이 바드교도소사업단일 것이다. 바드교도소사업단은 백악관에서 「대학 교육 기회를 위한 행동 촉구」Call to Action on College Opportunity의 핵심 전략 목표를 규정하면서 제시한 사항에 대응할 수 있는 한 가지 사례다. 백악관이 제시한 사항 중에는 실력이 뛰어나도 너무나 가난해서 자기 역량에 걸맞은 학교에 도저히 진학할 수 없는 학생들의 '하향 진학 현상' 극복과 함께, 안타깝게도 투자은행업계 용어로 '선별성에 따른 보상'이라고 부르는 현상에 대한 공격적인 구조조정도 포함되어 있다. 선별성에 따른 보상이란 '더 개방적인' 대학과 대조적으로, '선별형' 대학의 학생에게 갈수록 극단적이며 불평등하게 주어지는 자원 접근성, 그리고 경쟁률이 높고 자원이 풍부한 학교를 졸업한 학생에게 누적되는 엄청난 사회적 경제적 정치적 이점을 가리키는 말이다. 나는 이런 상황에서는 개방형 대학에 훨씬 더 큰 지원이, 그리고 어쩌면 더 높은 야심이 필요하며, 선별형 대학에는 훨씬 더 창의적이고 대담한 노력이 필요하다고 생각한다.

바드교도소사업단과 학생들이 지적 포부와 성실성, 학문적 성취, 직업 활동에서 그만한 성공을 거둔 사실은 그들이 지닌 강점뿐 아니라 자유교양학 학습이 갖는 회복력까지도 입증해 주는 증거다. 엄밀한 학습 기량은 물론이고 존엄성과 목적성을 깊이 느낄 줄 아는 능력을 배양하는 데 실패한 교육 체계 속에서 자라난, 비전형적인 학생들이 가진 비범한 능력의 증거이기도 하다. MIT의 역사학자이자 바드교도소사업단 교수인 크레이그 와일더가 말했듯이, 도전할 용기를 내기만 한다면 우리는 정말로 실패한 대량 구금 정책으로부터 벗어날 수 있다. 잘 알려진

대로 바드교도소사업단은 대학이 현재 우리 사회의 체계로 인해 만나지 못했던 재능 있고 의욕 넘치는 무수한 학생과 손잡고 미국 민주주의 재건에 기여할 수 있는 방법을 보여주는 사례다.

직업훈련 대 자유교양학이라는 이분법에 저항하기

교도소 대학이 자선 및 공공정책 영역에서 되살아나고 있는 이 시점에 추가로 강조할 점이 있다. 첫째는 직업훈련과 자유교양학 교육 사이의 과도한 구분이다. 현재 대학 현장에는 자유교양학 학습의 정신적 정치적 실제적 이득을 경시하고 미국의 모든 대학생을 직업을 염두에 둔 훈련으로 몰아가게 만드는 엄청난 압력이 존재한다. 나는 이런 압력이 부적절하고, 경험이 아닌 이념에 근거하는 편이라고 생각한다. 와튼스쿨에서 교육과 고용 시장의 관계를 연구하는 전문가인 피터 카펠리 같은 전문가들의 연구를 보면 특정 분야에 초점을 맞춘 훈련과 자유교양학 교육이 취업률이나 소득 수준에서 초래하는 격차가 별로 크지 않은 것으로 나타난다. 하지만 교도소 내부와 재소 학생에게는 교육보다 직업훈련의 이점을 극찬하는 압력이 유독 과하게 작용한다. 그러나 더 중요한 사실은 바드교도소사업단의 활동이 이러한 선택 자체가 잘못일 수 있음을 보여 준다는 것이다. 바드교도소사업단은 직업훈련과 자유교양학 교육 중 하나를 선택하는 게 아니라 둘을 통합하는 편을 택했다. 우리는 직업훈련 과정을 우리가 야심 차게 마련한 자유교양학 교육과정 안에 녹여 넣고 후속 교육으로 연결시키는 편을 택했다. 예를 들어 공중보건 과정은 역사학과 문화인류학에 적절히 녹아들어 있고, 컴퓨터 코딩 과정은 수학과 분석적 추론 수업에 통합되어 있다. 우리는 현대 직업훈련의 가치뿐 아니라 엄격한 자유교양학 교육에 뒤따르는 실용적인 기량도 인정한다. 바드교도소사업단 졸업생의 출소 후 취업률은 60퍼센트에서 80퍼센트 사이로, 같은 연령대 성인 취업률에 비해 놀랄 만큼 높다. 그리고 낮은 기대치에 따라 미리 정해 둔 협소한 일자리에만 머무르지 않고, 기회와 의지에 따라 어떠한 영역에서든 직장을 얻고 폭넓게 활약한다. 앞에서 썼듯이 이들은 유통 및 제조업, 사회복지 및 공중보건, 학술 관련 업종 등에 종사하고 있다.

복제

바드교도소사업단은 뉴욕에서 거둔 성과를 복제하기 위해 외부의 사립 및 공립 대학과 2010년부터 협업을 진행했다. 우리는 선별형 대학들이 비전형적인 시공간에서 뛰어난 역량을 가진 학생들과 조우하게 만들 새로운 방법을 널리 퍼트리기 위해 노력해 왔다.

교도소자유교양학협력단Consortium for the Liberal Arts in Prison을 통해 우리는 교직원을 양성하고, 교정 공무원과 새로운 협력 관계를 다지고, 보조금을 교부하고, 우리가 설계와 실행을 지원하는 새로운 사업에 집중적이고 장기적인 자문 및 기술 지원을 해 왔다. 바드교도소사업단에서 약 10여 개 주에 걸쳐 같은 뜻을 품은 사업을 시작하고 육성하도록 지원해 온 대학은 다음과 같다. 인디애나주 노터데임대학교와 홀리크로스칼리지, 세인트루이스주 워싱턴대학교, 밀워키 마켓대학교, 코네티컷주 웨슬리언대학교, 켄터키주 베레아칼리지, 미니애폴리스 옥스버그칼리지, 워싱턴주 시애틀 외곽 터코마에 있는 퓨젓사운드대학교, 아이오와주 그리넬칼리지, 볼티모어주 가우처칼리지. 사립 및 선별형 자유교양학 대학과 종합대학에 폭넓게 기반을 둔 이러한 사업은 일례로 미네소타주립대학교-맨케이토, 터코마 지역전문대학, 미들섹스 지역전문대학이 그러하듯 지역전문대학과 공립 종합대학의 협력 관계 속에서 구축된 경우가 많다. 한두 세대 전에는 미국 고등교육 분야에서 공립대학과 사립대학, 2년제와 4년제 대학 사이의 이러한 협력 관계를 더 자주 볼 수 있었다. 교도소 대학을 설립하는 이 새로운 사업은 어쩌면 그토록 개방적이고 유연하고 의욕적이며 민주적이었던 학교 간 동맹을 널리 되살리는 계기로도 작용할 것이다.

미국 전역에서 이 각각의 사업을 펼치면서, 우리는 재정적 역량과 정치적 회복력*을 지닌 명문 대학을 찾아다녔다. 내 생각에 명문이라는 조건은 교도소 공간에 대한 기대 수준과 무력감, 편견을 떨치는 데 도움이 된다는 측면에서 중요하다. 유명세가 덜한 대학이 재소자에게 중요한 기회를 제공할 수 없거나 하지 않는다는 말이 아니다. 부유하고 경쟁률 높은 명문 대학은 학생의 의지를 자극하고, 시간이 흐르면 자기가 처한 가난과 모욕적인 환경을 벗어날 수 있다는 믿음을 전파해 교도소 내부를 크게 흔드는 힘이 있다. 이 점은 더 야심 찬 미래를 꿈꿀 때 더 폭넓은 지적 창조적 도전에 임하도록 무엇보다 재소자들을 북돋운다.

* political resilience, 정세 변화에도 흔들림이 없거나, 문제가 발생해도 극복할 수 있는 능력을 가리킨다.

교도소의 무게가 워낙 어마어마하다보니, 그 무게를 그토록 건설적으로 덜어 낼 수 있도록 도와주는 것이라면 무엇이든 이로운 것이다. 재정적 역량이 좋으면 교도소와 주 공무원을 대단히 독립적인 입장에서 대할 수 있기에 중요하다. 재정을 거의 또는 전적으로 교도소에 의지하지 않음으로써 교수진의 독립성과 학생의 최고 관심사를 보장하기 위한 협상에서 유리한 위치에 설 수 있다. 정치적 회복력이 있으면 그 대학은 공무원의 눈에 협업하기 더 좋은 상대로 보일 수 있고, 일단 교도소 내부에 자리를 잡고 나면 간단히 퇴거시킬 수 없는 존재로 만들어 주기에 핵심적이다. 주로 지역의 '붙박이 교육기관'인 이런 대학에서 창설한 교도소 내 교육과정은 다른 사업이라면 순식간에 쓸려 나가게 만들었을 정치적 격변이 발생해도 견뎌 낼 수 있다.

라그만은 교도소 대학에 관해 쓴 저서에서 캘리포니아 공립대학 체계가 이룬 성취를 강조했다. 그리고 이러한 역사적 관점에서, 최근 캘리포니아주에서 수립한 '성공을 이끄는 학위'Degrees of Success라는 대단히 야심 찬 교도소 교육 계획이 아주 적절하다고 평가했다. 캘리포니아주가 1960년대에 실행한 유명한 '종합계획'은 세계에서 가장 인상적인 민주적 학습 기반이라 칭해 마땅한 결실을 거둔 바 있다. 이 계획은 기존 교육기관을 조정, 통합해 지역전문대학과 주립 종합대학, 세계적으로 앞서가는 공립

연구소라는 삼분 체계로 재정립했다. 그중에서도 가장 특기할 만한 전략적 성공은 '대중' 교육 욕구와 '엘리트' 교육 욕구를 모두 포괄하는 공립대학 체계를 수립했다는 점이다. 여기서 대중과 엘리트라는 표현은 마틴 트로와 같은 고등교육 분야 사회학자들의 연구에 쓰인 것으로, 대학 교육에 참여하는 **주체**가 아니라 교육기관의 구조 자체를 가리키는 말이다. 그렇다면 여기서 '엘리트'란 캘리포니아 종합대학 체계의 설계자가 모두를 위해 대단히 개방적인 고등교육 기회를 마련하는 동시에, 학부와 그 이상의 연구 단계에 가장 강도 높고 엄밀하게 몰두할 수 있는 경로를 동시에 만들고자 한 시도를 가리키게 된다.

나는 교도소라는 공간에 진입하면서 개방적인 '대중' 교육과 엄밀하면서도 강도 높은 교육 형태를 이 정도로 야심 차게 통합하고자 하는 공립 고등교육 체계를 찾아보기 어렵다는 점이 염려스럽다. 대중 교육과 엘리트 교육 사이에 존재하는 이러한 긴장과 경계를 극복하는 것이 미국 고등교육 전반이 맞닥뜨린 과제라면, 교도소만큼 그 일을 해내기 어려운 곳은 없을 것이다. 문제는 재소자를 대상으로 기획하는 사업 중에서 이처럼 학습 주제와 미래의 지적 직업적 삶의 경로를 좁히지 않고 다양화하는, 개방적이면서도 탁월한 교육 구조를 창설하려는 목표를 내세운 사업이 드물다는 점이다.

목표치를 낮게 설정하는 편견이 만연한 것은 이런 사정 때문이다. 나는 앞으로 대중적 포괄성뿐 아니라 다양하고 야심 찬 교육 기회를 제대로 촉진하는 역할을 모두 이끌어 내는 관계망을 형성하는, 탁월성에 대한 진정으로 민주적인 전망을 바탕으로 하는 교도소 대학의 혁신을 설계하지 못할까 봐 걱정스럽다. 이 일은 쉽지 않고, 실제로 해낸 곳은 아마 캘리포니아가 유일할 것인데, 교도소 안이라면 더욱더 어려운 일이다. '질적 수준'을 따지는 것만으로는 부족하다. 그 의미에 대한 이견이 많고, 공허한 구습이라는 비판도 너무 쉽게 나온다. 그보다는 직업, 경력, 지적 창조적 활동, 무엇보다도 교육 참여자들이 추후 학업을 지속할 고등교육 기관 자체가 그만큼 민주성을 갖추었음을 증명할 수 있어야 한다.

제1장에서도 밝혀 두었고 우리가 협력단을 통해 사업을 복제하면서 수립한 전략에도 담겨 있듯이, 우리는 재정적 역량, 유력한 사회관계망, 정치적 회복력을 지닌 명문 사립 교육기관의 중요성을 강조하는 접근법을 택했다. 이와 유사한 역할을 공립대학이 할 수도 있다. 그러나 공립학교가 재소 학생 사이에 이미 자리 잡은 문화와 방침을 해체하고 최고 수준의 직업적 학문적 성취로 이끄는 일을 해내려면 더 큰 벽을 넘어야 할 것이다. 이 일을 실현하고자 한다면 캘리포니아에서 추구했던 바와 같이 철저히 개방적인 기회와

더불어, 분야와 과목을 불문하고 최고로 엄밀한 창조적 학습 공간을 만들어 내려는 진정 민주적인 야심을 새로이 받아들여야 할 것이다.

핵심 원칙

그 밖에 우리가 이 사업을 하면서 협력자들과 함께 지키는 핵심 원칙은 바드교도소사업단 동료 제프 저진스가 잘 정리해 준 바 있다. 그중에서 가장 중요한 원칙은 교도소 내에서 대학의 기능이 모든 면에서 최대한 독립성을 유지해야 한다는 점을 꼽을 수 있다. 직원은 전적으로 대학 소속으로 대학을 대표할 수 있도록 채용할 것 그리고 당연히 교수진 급여도 대학에서 지급하고 절대 다수 혹은 전원을 종신직 교수로 구성할 것 등이다.

각 교육과정의 학문적 관점과 학교 운영 방침은 협업 관계인 교정부 측이 아니라 전적으로 대학의 감독 아래에 둔다. 최우선 목표는 본교 재학생 및 교정 직원을 교육하거나 교도소를 교수진의 연구 장소로 삼는 것이 아니라 재소자가 가능한 한 온전히 대학 생활을 경험하도록 하는 것이다.

과목별 교육 내용에는 해당 대학의 강점과 사명을 반영한다. 동시에 각 과정은 대체로 '교도소와 무관'하게 구성하는데, 이는 재소자로서 학생이 가진 경험이나 그들을 구금하고 있는 교정 시설을 교육 내용의 중심에 두지 않는다는 뜻이다. 그러한 주제나 소재가 교수진이 기존에 쌓아 왔거나 개발하고 있는 전문 영역 및 연구 분야에 녹아들어 있다거나, 학생 개인 또는 집단이 주도하는 방식으로 다루는 경우라면 강의계획서에 포함할 수도 있다. 그러나 대학이 재소 학생을 위해 특별히 새로운 교과목을 개발했다거나 개발하고자 한다는 혁신적인 의도로 그런 주제를 다루지는 않는다. 대학은 교정 또는 개발을 위한 학습이 전면적이고 광범위한 자유교양학 학습 과정에 엮여 들어가도록 종합적인 노력을 기울인다. 1년 차 학생은 거의 다 고졸 검정고시 합격 또는 그에 준하는 학력으로 출발하지만, 처음부터 모든 학생이 대학의 최정점인 4년제 학사 학위를 목표로 학업에 임하며, 전체 교육과정은 바로 이 최종 목표로부터 출발해 역방향으로 설계된다.

이를 위해서는 독립적으로 일하는 대학 측과 교육 공간을 제공하는 교정 공무원 사이의 균형이 섬세하게 유지되어야 한다. 상호 간의 깊은 존중과 신뢰가 대단히 중요하다. 긴밀하게 협력할 분야는 사업의 학문적 필요에 맞추어 설정해야 한다. 바드교도소사업단과 협력자들에게 이러한 협력은 다소 예외적인 수준까지 이른다. 이를 가장 잘 보여 주는 실례로, 재소 학생은 교도소 내 특정 대학에 지속적으로 재학할 수 있는 '학습 우선권'을 부여받으며, 이 경우 공무원은 등급 변경이나 교도소 내부 또는 타 교도소로의 이감 조치를 취할 수 있는 다른 교정 규칙을 해당 재소자에게 적용하지 않아야 한다. 이런 우선권이 있어야 진정한 대학과 지속적인 학생 공동체를 교도소 안에서 키워 낼 수 있다. 대학과 구금 중 입학한 학생 사이에는 장기적 관계가 형성되고 유지되어야 하는데, 그러다 보면 교도소 운영 체계의 표준적이며 편리한 운영 규정에 다소 어긋나는 경우가 생긴다.

대학이 지적인 면에서, 그리고 무엇보다 운영의 측면에서 독립성을 유지할 경우 교도소 측이 규정을 적용하는 데에 한계가 있으리라는 것은 짐작이 가능하며, 심지어 그럴 가능성이 높다. 어떤 기준으로 보더라도 교도소 운영의 효율성을 침범하는 면이 분명 있을 것이다. 그래도 나는 이것이 불가피하다고 생각한다.

교도소 안에서 학생들이 일상적으로 경험하는 내부 환경에 변화를 주지 않은 채로 설립한 대학은 실패했다. 평상시의 운영 방식을 침범하는 것은 필수적인 과정이다. 그래야만 구금 상태의 일상적 시공간 경험과는 다른, 이 글에서 묘사하고 서술한 모든 것이 달려 있는 대체 공간을 실현할 수 있기 때문이다. 혹시라도 미국 전역의 각 주에 있는 교도소 안에 제도적으로 고등교육 기회가 복원된다면, 이와 같은 핵심 원칙이 **반드시** 필요하다. 교도소 안에서, 학생으로서, 미국 고등교육의 결정적인 전략적 기회를 보여 줄 무수한 사람을 찾아내지 않고 그저 교정의 영역을 확장하는 데만 그치지 않으려면 말이다.

감금 상태에서 말하기

바드교도소사업단의 활동을 근본적으로 낙관함에도 불구하고, 나는 오류와 타협점, 심지어 교도소 안에서 실현 불가능한 지점까지 냉정하게 살피는 비판적이고 신중한 태도를 유지하고자 한다. 다른 무엇보다도, 수감 상태에서 진정한 해방적 교육을 추구한다는 교도소의 자유교양학에 대한 관점을 유지하고자 한다.

조지프가 출소하기 며칠 전, 그를 만나러 우드본에 찾아갔다. 바드에서 교도소 대학을 시작한 첫 학기에 만난 인연이 어느새 10년을 넘기고 있었다. 우리 둘의 나이는 딱 한 살 차이였다.

나는 『버드나무에 부는 바람』을 함께 읽던 중 재판 장면이 나왔을 때 아들이 했던 말을 조지프에게 들려주었다. 아이는 학교를 무척 좋아했고, 일찍부터 바드교도소사업단에서 내가 하는 일에 대해 또렷이 인지하고 있었다.

"아빠, 교도소를 운영하는 사람들은 **그 안에** 학교를 **두고 싶어 해요**?"

그 일화를 들은 조지프는 이렇게 말했다. "그 아이가 굉장히 인상적인 질문을 했네요." 우리는 처음 만났던 10년 전, 헨리 클레이의 1850년 타협안을 주제로 조지프가 썼던 논술 시험을 떠올리면서, 2001년 그때 함께 했던 첫 수업을 돌이켜 보았다.

작별 인사를 하면서, 나는 곧 다시 만나자고 말했다.

잠시 정적이 흐른 후 조지프가 대답했다. "글쎄요, 대니얼. 다음에는 아마 처음 보는 사이가 될 거예요." 특유의 간결하고 역설적인 화법으로, 조지프는 지난 수년 동안 함께한 우리의 대화와 공부, 활동 등 그 모든 일이 교도소라는 한정된 공간에서 벌어졌음을 상기시켰다.

우리는 서로를 잘 알았지만 어디까지나 그 맥락 속에서만, 전방위적 통제력을 지닌 그 구조의 그늘 아래에서만 그러했다. 우리가 서로를 잘 알게 된 것은 그토록 강도 높은 공동 작업을 그토록 오래 함께했기 때문이었을까?

당연히 그랬을 것이다. 하지만 서로에 대한 이해 역시 교도소에 의해 결정되고 왜곡되고 규정된 것이었다. 학생, 교사 또는 대학이 서로 아무리 깊이 신뢰하고 비판적 성찰이나 배려를 한다 해도 그 틀을 넘어설 수는 없을 것이다. 우리 둘 중 한 사람, 또는 둘 다 자유롭지 못한 또 다른 측면에는 또 다른 진실의 영역이 존재했다.

흘려보내기

조지프는 18년을 교도소에서 보내고 출소한다는 엄청난 도전을 앞두고 오래전부터 그 순간에 대비해 왔을 것이다. 대학은 그런 미래의 삶으로 넘어가기 위해 그가 마련한 발판 중 하나였다. 하지만 그 미래를 받아들일 때가 된 지금은 자기 앞에 놓인 커다란 균열, 그 간극을 직면해야 했다.

이제, 한때 재소자였다가 지금은 시인이자 소설가로서 명성을 얻은 이지 워터스의 이야기로 이 책을 마무리하려 한다. 수년 전 웨슬리언대학교 학생들이 교도소 대학을 준비하던 때에 개최한 그의 강연 시간에 들은 이야기다. 이지는 청소년기에 교도소에 들어가 청년기를 거의 대부분 그 안에서 보냈다. 그리고 2015년에 첫 소설 『분노의 거리』Streets of Rage를 발표했다.

십 대 시절 라이커스섬에 수감 중이던 이지는 이후 12년을 보내게 될 주 북부 중경비 교도소로의 이감을 앞두고 현실을 잊기 위해 책을 읽기 시작했다. 그때 어머니로부터 이런 말을 들었다고 했다. "가진 것은 다 잃을 수 있어. 벌어서 얻은 것은 언제든지, 항시 빼앗길 수 있거든. 하지만 배운 것은 달라. 그건 누구도 네게서 빼앗아 갈 수 없단다."

처음에는 마치 마약을 하듯, 현실도피를 위해 책을 읽었다. 게걸스럽게, 무의식적으로, 닥치는 대로 읽어 댔다. 이지가 책 읽기에 대한 자신의 열정과 끈질기고 느리고 집요하게 그러모은 책 더미에 관해 이야기하면서 쓴 이 단어들이 마음에 와닿았다. 배운 것만큼은 누구도 앗아갈 수 없는 소중한 자산이니 배우라고 한 어머니의 언명에 담긴 힘이 느껴졌다.

주 북부로 이감되고 한 해 한 해 지나면서 이지는 점차 진지한 독서가로 변해 갔다. 이미 상당한 수준의 독학자가 된 그는 뉴욕 교도소에 수감 중일 때 그곳의 교도소 대학에 입학했다. 거기서 훌륭하게 성장했고 학위도 취득했다. 그러는 사이에도 계속 책을 모았다. 재소자는 수감동에서 한 명당 소지할 수 있는 책의 수량이 정해져 있었는데, 당시 이지는 한 번에 스무 권까지 가질 수 있었다. 학사 학위에 이어 석사 학위를 딴 뒤로도 교도소에서 수년을 더 보냈고, 그사이에도 점점 더 많은 책을 모았다. 처음에는 절박한 처지에서 다른 세계로 향하는 구원의 동아줄이었던 책이 마침내 그의 주위를 둘러싸고 그만의 또 다른 세계를 구축했다. 보유 가능한 수량인 스무 권을 넘어설 때마다 그 책을 모아 브루클린에 있는 어머니 집으로 보냈다.

20년이 지난 후 서른여섯 나이에 학위 두 개를 갖고 출소한 이지는 자신이 보낸 책을 한 권도 빠짐없이 보관하고 있던 어머니의 집으로 돌아갔다. 조그만 연립주택의 벽이 꽉 찼을뿐더러 지하실에도 줄지어 늘어선 선반마다 수십 년간 쌓인 책이 넘쳐났다. 수 마일 떨어진 주 북부의 조그만 감방 안에서 쌓아 올린 그의 욕구와 집착 그리고 온갖 인용문의 목록이었다. 수천 권의 책이 집을 둘러쌌다. 교도소에서 지내는 동안 정신적 지적 피난처가 되어 준 그 책들이 이제 그가 어린 시절을 보낸 집 안에 그득히 들어차 있었다.

출소 후 어찌할 바를 몰랐던 이지는 집 안에 틀어박혔다. 몇 주를 허덕이며 보내고 나니 갑자기 무언가 탁 끊기는 순간이 왔다. 어느 날 아침잠에서 깬 이지는 꿈에 취한 듯한 상태로 지하실에 내려가 두 팔 가득 책을 들어 올렸다. 그러고는 집 밖으로 나가 길모퉁이에 그 책을 쌓기 시작했다. 계속계속. 처음에는 말리고 몸으로 막아 보기도 하던 어머니는 결국 체념한 채, 하루 종일, 밤까지도 쉬지 않고 묵묵히 책을 옮기는 이지의 모습을 눈물 흘리며 지켜보았다.
이지는 한마디 말도 없이, 잠시도 멈추지 않고 종일 분주히 오가며 수천 권의 책을 한 아름씩 옮겨 길모퉁이에 쌓아 놓고는, 지나가는 사람이 집어 가거나 쓰레기통에 쓸려 들어가도록 내버려 두었다.

이지는 말했다. 그제야 새 삶이 시작되었다고.

[감사의 말]

이 책은 다른 사람들이 생성하고, 재생성하고, 유지해 온 한 기관에서 자라난 결실이며, 재능 있고 용감한 학생들의 성취에 뿌리를 두고 있다.

25년 동안 함께한 친구이자 사랑하는 반려인 로라 쿤루서보다 이 작업에 더 큰 영감을 주고 지지해 준 사람은 없었다. 뛰어난 작가이자 인류학자로서, 로라가 생각하는 방식과 세상을 보는 시각은 나의 지적 성년기의 모든 측면에 속속들이 영향을 미쳤다. 우리의 아들 라파엘 실번과 사차 벤저민은 부모가 책을 쓸 때마다 떨어져 지내는 시간을 견뎌야 했다. 내가 이기적으로 이 작업에 몰두하느라 자리를 비워도 돌아가면 언제나 두 팔 벌려 나를 반겨 주었다. 이 아이들이 솜씨 좋게 마법을 부린 덕분에 여기까지 올 수 있었던 게 아닐까. 이미 둘 다 눈치챈 모양인데, 이제 함께 놀 시간이 늘었다. 사랑하는 내 동생 타니아와 나의 오랜 친구인 제부 앤드루는 예술가이자 내가 존경하는 어른들이다. 두 사람은 삶과 일에서 늘 나의 모범이 되어 주었다.

이 책을 쓰는 동안 거의 같은 시기에 바드에서 학부 과정을 보내고, 토론토대학교에서 정치학 석사 과정을 지낸 다나 락스미 하말에게 특히 신세를 졌다. 내가 아는 가장 현명한 정치학도인 그녀는 특유의 명석함을 바탕으로 바드교도소사업단이 하고자 하는 일을 누구보다 잘 이해하며, 가족이자 친구로서 매번 나를 가르쳐 주고 북돋워 주었다. 나는 엄격한 그녀의 기준에 부응하고자 노력했고, 늘 그랬듯이 그녀의 무한한 용기에 감탄하고 있다.

교육기관으로서 바드는 교도소사업단을 키워 내는, 다른 어느 대학도 하지 않았거나 할 수 없었을 일을 해냈다. 리언 보츠테인 총장의 용기, 부총장 로버트 마틴이 초기에 보여 준 관용, 그리고 나를 처음 바드교도소사업단에 소개해 준 학장 미셸 도미니의 슬기로운 관대함에 감사를 표하고 싶다. 바드 교수진이 15년 동안 보여 준 너그러움과 헌신은 헤아릴 수 없을 정도였다. 그들은 대학 운영 과정에 온갖 요구 사항이 부가되는데도 바드교도소사업단을 처음부터 자기

일의 일부로 자연스럽게 받아들였다. 바드교도소사업단은 교수진의 수고 덕에 존재하며, 세계 속에서 그들이 존재하는 방식이 사업단의 바탕에 깔려 있다. 바드교도소사업단에 가장 크게 기여했고, 이 일을 바라보는 나의 시각을 다듬어 준 대니얼 버솔드와 마이라 암스테드, 타바사 유잉, 제프 저진스, 프랜츠 켐프, 유스투스 로젠버그에게 특별히 감사한다.

나를 이 일로 이끌었을 뿐 아니라 수많은 단계마다 믿고 역할을 맡겨 준 바드교도소사업단 창립자 맥스 케너에게 큰 빚을 졌다. 우리는 거의 20년 가까이 동지이자 친구로서 함께했는데, 그만의 독특한 **안목**menschenkenntnis을 나는 여전히 존경한다. 바드교도소사업단에 관해 내게 많은 것을 알려 주었고, 뉴욕에서 그리고 전국에 걸쳐 우리 활동에 정말로 많은 지혜와 애정을 쏟는 또 한 명의 오랜 운영자 제드 터커에게도 감사한다. 더불어 바드교도소사업단을 이끌고 지금의 모습이 되기까지 기여한 운영진 메건 캘러헌, 델리아 멜리스, 로라 리브먼에게도 특별한 감사 인사를 보낸다. 도러시 알버티니와 초기에 나눈 수많은 대화를 통해서도 큰 도움을 받았다. 학생 한 명 한 명을 위해 끈질기게 싸웠던, 두려움을 모르고 패기만만했던 교사이자 조언자 어니타 미코시도 떠오른다. 그녀는 너무 일찍, 너무 갑작스럽게 우리 곁을 떠나고 말았다. 엘런 라그만은 누구와도 비할 수 없을 만큼 품 넓은 조언자, 교사, 친구였다. 이 영역에서 아무리 대단한 성취를 이룬 사람이라 할지라도 그녀의 너그러움을 절반밖에 따라잡지 못할 것이다. 직업 인생에서 중대한 순간에 그녀의 도움을 받은 무수한 사람들의 목록에 내가 들어 있다는 사실이 자랑스럽다. 마지막으로, 이 책은 엉뚱하고 두서없는 원고를 내밀곤 하는 검증받지 않은 작가에게 기회를 준 럿거스출판사의 선임편집자이자 역사가인 피터 미쿨라스가 없었다면 나오지 못했을 것이다. 지성, 이상주의, 현실 원칙 사이의 균형을 맞추는 그의 능력 덕분에 이 일이 가능했다.

여기서 다 언급하기 어려울 정도로 너무 많은 학생으로부터 너무나 많은 것을 얻었다. 무엇보다 나의 소중한 동료가 되어 준 학생이 참 많다. 그래도 특별히, 심오한 인간성과 한결같은 침착함, 한없이 기뻐할 줄 아는 능력을 보여 준 웨슬리 케인스와 내가 운 좋게 함께 공부할 기회를 누릴 수 있었던 최고로 뛰어난 교수인 아니발 코르테스에게 감사인사를 전해야겠다. 에리카 마테오의 재치와 삶에 대한 어마어마한 사랑, 예리한 정신에 늘 자극 받았다. 처음 시작할 때부터 통찰력과 진심을 담아 내 곁에서 함께해 준 수많은 이들 중에서 윌리엄 도언, 프랭크 피세트, 저스티스 웰스턴, 쥴 홀, 살리 이스라일, 데릭 롤링스와 작고한 미겔 산티아고에게 특별히 감사한다.

미국 형사사법 정의의 지형을 바꾸기 위해 분주히 움직이는 미국저스트리더십의 글렌 마틴, 대학과 지역사회 지원기금의 비비언 닉슨, 코넬의 버네이 루빈스테인과 버클리의 조디 르웬 등은 나보다 앞서 활동해 온 동료로서 말과 행동을 통해 내게 많은 가르침을 주었다. 최근에는 룰 테스파이, 재스민 그레이브스, 제시카 넵튠을 통해 앞으로 다가올 일에 대해 확신을 얻었다. 오래전 겨울 시카고대학교에서 만난 데이비드 코헌과 마사 누스바움은 기꺼이 내 삶에 끼어들어 나를 구원해 주었다. 말 그대로 내게 문을 열어 주었고, 그 문을 통과하도록 도와주었다. 두 사람에게는 지금도 고마운 마음이다.

도처에 있는 교정 전문가들이 이 일을 하는 방법과 이유를 내게 가르쳐 주었다. 린다 홀먼, 데이비드 밀러, 작고한 찰스 피어라 그리고 그 누구와도 견줄 수 없는 존 날리 박사에게 특별히 감사한다. 열린사회연구소가 초석을 다지던 시기에 빼놓을 수 없는 역할을 한 인물인 수전 터커는 지혜를 나눠 주고 초기 조언자 역할을 해 주었다. 그녀가 용기 있게 지지해 준 덕에 바드교도소사업단이 일어설 수 있었고, 나도 그 안에서 활발히 움직일 수 있었다. 활동을 시작하던 시절부터 나는 스티븐 친런드 목사에게 깊이 감동했고 그가 했던 말은 지금도 기억 속에 생생히 남아 있다. 친런드 목사는 바드교도소사업단과 같은 활동에 영감을 주는 힘을 칭송할 때마다 이렇게 말했다. "우리는 이 힘에 여러 가지 다른 이름을 붙이지만, 그 어느 이름으로도 제대로 이해할 수 없습니다."

하워드 쿤루서는 필요할 때마다 항상 재치와 애정을 담아 적절한 조언을 해 주었고, 이 책에도 헤아릴 수 없는 도움을 주었다. 마지막으로 너그러운 만큼이나 지혜로운 사람 크레이그 와일더에게 무한한 감사를 전한다. 앞으로도 그에게 배울 기회가 이어지기를 기대하며, 그가 이 작업에 보내 준 귀중한 비판과 지지를 제대로 담아내고자 최선을 다했다.

품 안에 들어온 사람의 삶을 바꾸어 놓는 마법 같은 힘을 지닌 나의 부모님 조앤과 스티븐에게 이 책을 바친다.

이 책이 다른 무엇보다도 바드교도소사업단을 함께 일으키고 통과해 나간 학생들이 남겨 준 소중한 유산의 일부로서, 그들의 용기와 노고에 대한 찬사로 남기를 바란다. 바라건대 새로운 세대의 도전이 우리 시대에, 전혀 다른 공간에서 결실을 이루기를.

[참고 자료]

다음에 제시하는 자료는 모두 내가 바드교도소사업단에서 맡았던 강의에서 다룬 교재로, 이 책에서 학생들과 주고받은 대화도 모두 여기서 비롯했다. '헌법과 노예제도'는 제2장 뒷부분에서 로이드 애덤스라는 학생이 프레더릭 더글러스의 자서전을 가지고 썼던 연설문 이야기에서 등장한다. '법과 문학: 도스토옙스키의 죄와 벌'은 제3장, 그리고 도덕적 자유, 사회 구조, 변화에 관한 담론의 중심축으로 삼은 수업이다. 마지막으로, 미국 자유주의 전통을 비판적으로 살펴보는 '공민학'이라는 강의는 제4장에서 최초의 졸업식 준비 도중에 노블이 제임스 볼드윈을 인용해 작성했다가 결국 폐기했던

— 헌법과 미국 노예제도의 역사: 건국부터 남북전쟁까지
ON SLAVERY AND U.S. CONSTITUTIONAL HISTORY FROM THE FOUNDING TO THE CIVIL WAR

Douglass, Frederick. *Narrative of the Life of Frederick Douglass, An American Slave, Written by Himself.* Edited by William L. Andrews and William S. McFeely. New York: W. W. Norton, 1997. (프레더릭 더글러스, 손세호 역, 『미국 노예, 프레더릭 더글러스의 삶에 관한 이야기』, 지식을만드는지식, 2014)

Finkelman, Paul. *Slavery and the Founders: Race and Liberty in the Age of Jefferson.* 제3판. Armonk, NY: M. E. Sharpe, 2014.

Phillips, Wendell. *The Constitution A Pro-Slavery Compact; or, Extracts from the Madison Papers, etc. Wendell Phillips* 엮음. New York: American Anti-slavery Society, 1856.

Potter, David M. *The Impending Crisis, 1848-1861.* New York: Harper & Row, 1976.

— 대량 구금
ON MASS INCARCERATION

Alexander, Michelle. *The New Jim Crow: Mass Incarceration in the Age of Colorblindness*. New York: The New Press, 2012.

Forman, James Jr. "Racial Critiques of Mass Incarceration: Beyond the New Jim Crow." *NYU Law Review* 87 (2012).

Garland, David. *Culture of Control: Crime and Social Order in Contemporary Society*. Chicago: University of Chicago Press, 2001.

Gottschalk, Marie. *Caught: The Prison State and the Lockdown of American Politics*. Princeton, NJ: Princeton University Press, 2015.

Mauer, Marc, and The Sentencing Project. *The Race to Incarcerate*. New York: The New Press, 1999.

Wacquant, Louïc. "Deadly Symbiosis: Rethinking Race and Imprisonment in 21st-Century America." *Boston Review* (April/May 2002).

Bakhtin, Mikhail. "The Hero's Monologic Discourse and Narrational Discourse in Dostoevsky's Early Novels." In *Fyodor Dostoevsky*, edited by Harold Bloom. Philadelphia: Chelsea House Publishers, 2003.

Fanger, Donald. "Apogee." In *Dostoevsky and Romantic Realism.* Cambridge, MA: Harvard University Press, 1967.

Frank, Joseph. *Dostoevsky: The Seeds of Revolt.* Princeton, NJ: Princeton University Press, 1976.

Lukacs, Georg. "Dostoevsky." Trans. René Welleck. https://www.marxists.org/archive/lukacs/works/1949/dostoyevsky.htm.

Zenkovsky, V.V. "Dostoevsky's Religious and Philosophical Views." In *Dostoevsky: A Collection of Critical Essays*, edited by René Wellek. Englewood Cliffs, NJ: Prentice-Hall, 1962

— '공민학'과 미국의 자유주의 전통
ON "CIVICS" AND THE LIBERAL TRADITION IN AMERICA

Baldwin, James. "Many Thousands Gone." In *Notes of a Native Son*. Rev. ed. Boston: Beacon Press, 2012.

Du Bois, W.E.B. *Black Reconstruction in America, 1860-1880*. New York: The Free Press, 1998.

The Federalist Papers, No. 10 & No. 51. Edited by Terence Ball. Cambridge: Cambridge University Press, 2003.

Foner, Eric. "Introduction: The Idea of Free Labor in Nineteenth Century America." In *Free Soil, Free Labor, Free Men: The Ideology of the Republic Party Before the Civil War.* New York: Oxford University Press, 1995.

________. "Not All Freedom Is Made in America."" Op-ed. *New York Times*, April 13, 2003.

Greenberg, Edward S. *The American Political System: A Radical Approach.* 5th ed. London: Longman, 1997.

Hartz, Louis. *The Liberal Tradition in America.* San Diego: Harvest/HBJ, 1991.

Hofstadter, Richard. "The Founding Fathers: An Age of Realism." In *The American Political Tradition.* New York: Vintage, 1974.

Smith, Roger. "Beyond Tocqueville, Myrdal, and Hartz: The Multiple Traditions in America." *American Political Science Review* 87, no. 3 (September 1993).

Taylor, Charles. "Atomism." In *Philosophy and the Human Sciences: Philosophical Papers: 2.* Cambridge: Cambridge University Press, 1985.

________. "Hegel: History and Politics." In *Hegel*, reproduced in *Liberalism and Its Critics*, edited by Michael Sandel. New York: NYU Press, 1984.

Tocqueville, Alexis de. "Introduction," "Tyrrany of the Majority," and "On Individualism in Democratic Countries." In *Democracy in America.* Chicago: University of Chicago Press, 2000. (알렉시 드 토크빌, 이용재 역, 『아메리카의 민주주의 1』, 『아메리카의 민주주의 2』, 아카넷, 2018.)

참고. 조지프라는 이름의 학생 연설자가 바드의 마이라 암스테드 교수가 진행한 '국민의 형성' 수업에서 참고한 책은 다음과 같다.

David Waldstreicher, *In the Midst of Perpetual Fêtes: The Making of American Nationalism, 1776–1820*]], Chapel Hill: University of North Carolina Press, 1997.

[추천사]

"감동적인 첫 일화부터 불평등에 대한 반성에 이르는 결론까지, 『교도소 대학』은 흥미롭고 감동적이며 매우 중요한 책이다. 대니얼 카포위츠는 교도소 내에서 자유교양학이 꼭 필요한 이유를 설득력 있게 역설하며 엘리트 기관에 앉아 있는 사람들이 엘리트가 아닌 학생을 위해 더 많은 일을 하도록 과제를 부여한다. 그 과정에서 진정한 자유교양학 교육이 무엇인지 알려주며 이것이 우리의 결함 많은 사회와 어떻게 상호작용하고 있는지 잊을 수 없는 이야기를 들려준다."

— 마사 누스바움, 시카고 대학교 법윤리학 종신교수, 『지혜롭게 나이 든다는 것』Aging Thoughtfully 저자

"교도소 대학에 입학한 수형자들의 신뢰할 만한 사례를 보여 주며, 졸업생들이 받는 많은 이익을 꼼꼼히 들여다본다. 동시에 우리의 고등교육 시스템에 인문학적 이상에서 얼마나 벗어나 있는지 상기시킨다."

— 『뉴욕리뷰오브북스』

"시의적절한 책이다. 대학 교육 기회를 교도소 개혁 의제의 핵심 사안으로 명확히 세워 두고, 그 의제에 인간성과 희망을 불어넣는다. 카포위츠는 교사와 학생 간의 교류를 다정하고 솔직하게 그려 냄으로써, 영혼을 말살하는 공간이 되기 일쑤인 교도소 안에 호기심과 참여의 삶을 심고자 투쟁하는 실존 인물들의 면면을 드러낸다. 교도소 개혁에 관심이 있는 사람이라면 이 책에 눈이 번쩍 뜨일 것이다."

— 토드 클리어, 『감금하는 공동체』 Imprisoning Communities 저자

"『교도소 대학』은 미국의 대량 구금 문제에서 가장 절박한 사안, 즉 창살 너머에서 진행하는 고등교육에 담긴 독특하고 귀중한 힘을 진지하게 숙고하는 책이다. 카포위츠는 이 중대한 주제에 현장 전문가로서의 민감성과 학자로서의 꼼꼼한 분석을 겸비하여 머리와 가슴을 모두 두드리는 소중한 연구 성과를 일구어 냈다."

— 바즈 드라이징어, 『구금 국가: 전 세계 교도소의 정의를 찾아가는 여행』 Incarceration Nations: A Journey to Justice in Prisons Around the World 저자

"카포위츠는 미국 교도소 내 고등교육을 재건하고자 노력하는 과정을 사람을 중심에 두어 흡인력 있고 세밀하게 그려 낸다. 그 이야기를 따라가다 보면 우리는 도덕적 시험에 맞닥뜨린다. 우리가 무슨 권리로 이 나라의 가장 잔혹한 자리에서 허덕이는 이들이 최고의 혁신을 누리지 못하게 막는단 말인가?"

— 글렌 마틴, 미국 저스트리더십 창립자 겸 대표

"『교도소 대학』은 비교적 규모가 작은 뉴욕의 한 대학교에서 야심 차게 추진한 사업이 어떻게 그리고 왜 미국의 대량 구금 대응 방식을 재창조할 혁명적 방법의 열쇠를 쥐게 되었는지에 대하여 대단히 인상적인 이야기를 전한다. 카포위츠는 재소자와 그들의 실현 가능한 미래에 놀라울 만치 진지한 태도로 접근하는 이 영향력 있는 사업에 성인기의 상당 기간을 바치기로 마음먹은 사연을 지극히 섬세하고 감동적으로 풀어냈다. 이 책을 세밀하게 읽는다면 수감에 담긴 의미가 완전히 새롭게 다가올 것이다."

— 존 잭슨 주니어, 펜실베이니아 대학교 사회정책실천 연구소 소장

"카포위츠는 학술적 검토와 소설적 내러티브를 오가며 학생들의 목소리를 들려 준다. 독자들이 은근한 편견에 맞서 싸울 수 있도록 수형자들의 이질성과 인간성을 부각시키면서 그들의 새로운 모습을 보여 준다."

—『퍼블리셔스위클리』

"교육자는 물론이고 고등교육의 초월적인 힘을 이해하고 싶은 사람이라면 반드시 읽어야 할 책."

—『뉴욕저널오브북스』

"이 절망스러운 시기에 영감을 얻고 싶다면, 계속 나아갈 단 하나의 품위가 필요하다면, 도널드 트럼프의 오만이 우리 문화 전반에 퍼질 것이 우려된다면, 더 필요한 것은 없다. 이 책을 읽어라."

—『카운터펀치』

교도소 대학
: 가장 낮은 곳에서 교양은 사람을 어떻게 높이는가

2022년 11월 4일 초판 1쇄 발행

지은이 대니얼 카포위츠
옮긴이 장상미

펴낸이 조성웅
펴낸곳 도서출판 유유
등록 제406-2010-000032호 (2010년 4월 2일)
주소 서울시 마포구 동교로15길 30, 3층 (우편번호 04003)

전화 02-3144-6869
팩스 0303-3444-4645
홈페이지 uupress.co.kr
전자우편 uupress@gmail.com
페이스북 facebook.com/uupress
트위터 twitter.com/uu_press
인스타그램 instagram.com/uupress

편집 김은우, 이경민
디자인 오새날
조판 오새날
마케팅 황효선
제작 제이오
인쇄 (주)민언프린텍
제책 국일문화사
물류 책과일터

ISBN 979-11-6770-041-4 03100